「軍都」を生きる

「軍都」を生きる

霞ヶ浦の生活史 1919-1968

清水 亮

Ryo Shimizu

岩波書店

プロローグ　この世界のもう一つの片隅で

そこにだって幾つも転がっていた筈の「誰か」の「生」の悲しみやきらめきを知ろうとしました。
呉市は今も昔も、勇ましさとたおやかさを併せ持つ不思議な都市です。

（こうの史代「あとがき」『この世界の片隅に　新装版　下』コアミックス、二〇二二年）

戦時下の軍港都市・呉《くれ》の日常生活を描いたアニメ映画『この世界の片隅に』は二〇一六年の公開以来、多くのファンに愛され、さまざまな議論や企画を呼び起こしてきた。こうの史代《ふみよ》が原作コミックスで描いた、軍港都市の片隅でけなげにたくましく(も屈折や闇を抱えて)[1]生きた女性の等身大の人生物語と、片渕須直《かたぶちすなお》監督による、町並などの緻密な考証にこだわったアニメーションは感動を呼んだ。

では、この映画が最も長く上映されたのはどこの映画館か？

舞台となった広島県呉市……ではない。正解は、遠く離れた茨城県土浦市《つちうらし》にあるミニシアター「土浦セントラルシネマズ」である。公開以来二〇一九年一二月一九日まで一一三三日間連続上映され、国内史上最長記録といわれている。さらに翌日公開の新版『この世界の(さらにいくつもの)片隅に』は、

図0-1　土浦セントラルシネマズのファンアート展示の一部
「この辺は土浦云うて　みな海軍さんにおつとめなのかしらねえ」と主人公の「すず」がつぶやくイラストもあった．海軍に勤務した女性の生活史については第3章を参照

二〇二一年一一月一二日まで記録的な連続上映が続いた。コロナ下の緊急事態宣言発令中にも上映記録を途切れさせまいと、休業しながら無観客上映を続けたほどだ。

二〇二二年一〇月現在でも、ファンアートやメッセージ、監督のサイン入りポスターやグッズなどが、待合室から廊下まで所狭しと展示されている(図０-１)。全国から「聖地」を訪れたファンあってこそだが、同館の寺内龍地《りゅうじ》社長(一九五五年生まれ)によれば採算は「正直厳し」かった。それでも、「どこまで記録が伸びるか。いけるところまでいきたい」という個人経営者の意地で上映が続けられた。

社長は上映を続けた理由に、土浦も呉と同じく海軍の町で、隣町の海軍航空隊からの来客で映画館を含む繁華街や花街が栄えた歴史を挙げている[2]。「おやじから昔の町の様子は聞かされていた。軍港だった呉の街を見て、土浦もこうだったのかなあと」[3]。そう、土浦と呉には、海軍の強い影響を受けて形成された町という共通点があったのである。

龍地さんに軍都の賑わいを語った「おやじ」も、ただ者ではない。寺内龍太郎は、真空管や製材の工場、そして電器店を経営し海軍航空隊にラジオや無線機などを納入した御用商人だ。市議も務め、敗戦後には旧海軍施設の転用による現・土浦第三高校の設立を提言し、自ら柳行李《やなぎごうり》いっぱいの十円札で五〇万円を寄付した逸話も残る[4]。

土浦の町のあちこちに軍都の記憶は垣間見える。かつて海軍士官御用達だった料亭・霞月楼《かげつろう》のエントランスには、充実した資料室がある。真珠湾攻撃直前に山本五十六から送られた手紙や、世界一周飛行中に海軍飛行場に寄航したツェッペリン飛行船の歓迎会の献立表、海軍士官たちのつけ帳などが展示されている(図0－2)。あるいは近隣の観光拠点「まちかど蔵」には、二〇一八年に蔵を利用して「土浦ツェッペリン伯号展示館」が開館し、「土浦ツェッペリン倶楽部」の会員たちの手作りでさまざまな展示品が並べられている(図0－3)。

また、筆者は二〇一九年春には土浦市民が作成したフリーペーパー『時代の風景――この世界の片隅の映画館のあるまち』を入手した。[5]「この世界の片隅に」製作委員会と、特別展「町の記憶――空都土浦とその時代」を開催する土浦市立博物館が協力しており、キャラクターや戦前の土浦の建物や町並の写真が掲載されている(図0－4)。

土浦の映画館で『この世界の片隅に』を観たあと一

図0–2　1889年創業の料亭霞月楼の資料室
海軍士官たちのふるまいについては第2章を参照

図0–3　土浦ツェッペリン伯号展示館の内部
「まちかど蔵」ではツェッペリンカレーも販売.
飛行船については第1章を参照

図 0–4 『時代の風景――この世界の片隅の映画館のあるまち』表紙中央部

九四四四年にタイムスリップした「あなた」が「主人公のすずさんに似た雰囲気の女性」から、町を案内されるというストーリー仕立てだ。たとえば現在も営業している「小林パン店」は、「私はここの「航空パン」が好きなんです。昔は餅菓子店でしたが、航空隊の指導にイギリスから訪れた一行のために、パン屋になったんですって！」と紹介される。最後のページには「すずの人生」と「土浦のあゆみ」を並べた年表までつくってある。一九二六年「栄町（現在の桜町）に料理屋・飲食店が集団移転」の付近には、映画に登場する遊女の「白木リン」のイラストがおかれる。なかなか凝ったつくりだ。

編集後記は「この世界の片隅は呉だけではありません。土浦のどこかにも、すずさんのような女の子がいたのだと想像の翼を羽ばたかせ、この街の来し方を見直してみませんか」と結ばれる。土浦はいわば、〝この世界のもう一つの片隅〟として想像されている。

本書は、その土浦市と、海軍航空隊が立地した隣の阿見町《あみまち》の人々が、基地や軍人たちと関わりながら経験してきた出来事と日常生活を描きだす物語である。

物語といっても、フィクションではない。記述は、資料や聞き書きに基づく。その意味では、さまざまな「片隅」に生きる被爆者たちの声を集めた一九六五年のルポルタージュ『この世界の片隅で』のほうに近いかもしれない。[6] 特定の主人公の物語でも、歴史教科書のような俯瞰する歴史でもない。

軍都の片隅で暮らしていた人々のそれぞれの視点から、出来事や日常生活を描く。地域文化史であり、生活史である。

もう一つ、この物語は、終戦でも占領期でも終わらない。『この世界の片隅に』の呉は、占領が終わってほどなく海上自衛隊の基地となり、二〇〇〇年代に建設された大和ミュージアム（呉市海事歴史科学館）やてつのくじら館（海上自衛隊呉史料館）が多くの来館者を集める。「すず」と夫「周作」と、二人の養女となる被爆孤児は、きっとそのような呉の片隅で、戦後も生きていったのだろう。設定によると「すず」は終戦時二〇歳、まだまだ人生は始まったばかりだ。「呉市は今も昔も、勇ましさとたおやかさを併せ持つ不思議な都市です」と書く、一九六八年生まれのこうの史代の脳裏には、きっと自衛隊の姿がある。一方の阿見町も、同じく一九五〇年代前半に陸上自衛隊が誘致され、予科練平和記念館というミュージアムも二〇一〇年代に建設された点で、似た者同士の地域である。

最後に、本書は説明的な物語をつくる挑戦である。漫画や映画は、ドラマチックな出来事や人々の繊細な心情に迫る物語をつくりだす。一介の社会学者にそんな芸当はできない。けれども、軍都の「片隅」で実際に起きたさまざまな出来事――軍人への嫁入りや喧嘩から、「ボイコット事件」と呼ばれた紛争や自衛隊の誘致・広報まで――を説明することはできる。地域の片隅に巻き起こる出来事には、当時の軍都が抱えていた問題や葛藤が露頭している。だから、表面的には牧歌的・情緒的にみえる素材にも、分析的・批判的なメスを入れる。現在の基地問題にも通じるような、軍都の暗部にも目を配る。

それでいて、Story（物語）の趣を失わない History（歴史）を実践してみたい。(7)

＊引用文について次の通りとした。
・漢字は原則として新字体に改める。
・旧仮名遣いやカタカナは現代仮名遣いに改める。
・読みにくい語にはルビを振る。
・〔 〕内は本書執筆者注。
＊特に断りのない写真は筆者撮影。

目次

序章　基地を抱きしめて

〔『この世界の片隅に』について〕ある種の〝わくわく感〟ですね。やっぱりそこはどうしても避けられないというか、戦争の悲惨さだけを語っていても、そういうものが好きなひとにしか届かないんですよ。ひとが戦争に惹きつけられてしまう理由を説明するには、その魅力も同時に描かないといけない。そこに分かちがたいものがあるということをどこかでいいたくて〔後略〕

（「対談　片隅より愛をこめて　こうの史代　西島大介」『ユリイカ　特集・こうの史代』二〇一六年、三三～三四頁[1]）

「魅力」という危険な問題

呉と土浦はともに海軍の町だった。そのような軍事都市は珍しいものだろうか。いや、戦前日本には、各地に陸海軍の基地があった。終戦後に旧陸海軍から大蔵省へ引き継がれた軍用地の総面積は、三二七六平方キロメートルにのぼった。[2]東京都や沖縄県の総面積は二二〇〇平方キロメートル前後だから、その約一・五倍というと驚かざるをえない。主要都市のほとんど、特に旧城下町は明治期に軍隊を抱えた。軍隊と地域が「共犯関係」を取り結ぶ「軍都社会」において、「人々はみずからが生き住まう地域の現状と未来を、軍隊の存在を意識せずには考えられなかった」(3)。

徴兵制と都市の兵営が存在した時代の軍隊は「現代の私たちが感じるよりもはるかに身近な存在」だった(4)。軍隊は単純に国家から地域へ強制的・一方的に押しつけられたとはいえない。各地で誘致運動が盛り上がることも少なくなかった。なにも愛国心や国防意識が強かったからではない。軍事基地には迷惑施設としての側面のみならず、兵員の消費などによって地域経済を活性化する側面もあったからだ。ともすると地域社会にとって、基地は、工場や学校に似たものにみえていた。

数百人から数千人に兵士としての訓練が実施され、生活する駐屯地は、食材や生活資材の購入・納付を通じて、地域経済と関わる。海軍では、工廠が併置されることにより、さらに地域経済と関わりを強くしている。それまで田畑や森林であった土地を売り払ったり、提供した地域は、国民の義務というより、駐屯地の設定によってなんらかの見返りが期待された結果、それに応じている。原発の誘致や工場の誘致と変わりはない。人びとは、軍隊は何も生産しないが、訓練を続ける一種の学校だと考えて、その存在を受け容れる。その先に戦場があることはあまり考えない(5)。

軍都は、単に国家が基地を置くことだけではなく、地域の人々の多くが基地を〝抱きしめる〟、すなわち利害を共有する親密な〝隣人〟として受容することをもって成立する。ジョン・ダワー著『敗北を抱きしめて』は、勝者と敗者との相互的・共犯的な抱擁として占領空間を捉え、「民衆意識」を「内側から」「すべての階層の人々の声を回復」するような仕方で活写した。[6] 同様に本書も、実にさまざまな基地の抱きしめ方を発掘し生き生きと描くことを通して、軍都が成立する仕組みに迫っていく。

軍隊と地域の関係について本格的な歴史研究の成果が出され始めたのは意外と最近で、二〇〇〇年代以降である。松下孝昭によれば、戦後日本において対外侵攻や治安出動の記憶が残り、基地反対闘争や自衛隊の違憲論争などが注目されるなかで「都市市民が軍隊と共存しあっていたことなどは、できれば目を向けたくない史実」であり、自治体史の叙述も少なかった。しかし、一九九〇年代以降は自治体史でも光が当たるようになり、歴史学の「軍隊と地域」研究が「両者の間の対立と妥協、相互利用など、地域の「主体性」や関係の多様さを明らかにする」実証研究を蓄積してきた。地域側の「主体性」については、たとえば誘致や「歓迎」などの動機付けや背景が説明されてきた。[7]

これらを踏まえて、冒頭に掲げた、こうの史代の発言を、軍都の「魅力」への注目を示唆するものと受け取りたい。それは、地域の主体性の源泉の一つである。対談では「戦争」という言葉だが、本書が捉えようとし、『この世界の片隅に』も端々に描いているのは、[8] 軍都の「魅力」である。

なにも、軍都は良いものだ、基地は地域に損害を上回る利益を与えるといった素朴な肯定をするわけではない。おおよそ「魅力」は主観的で曖昧な、半ば幻想であるといってもよい。それでも、一定の「魅力」を感じているからこそ、嫌々ながらではなく、ある程度は主体的に生活し行動していることで、軍都が成り立っている。

しかも、こうの史代がいうように「魅力」は、「悲惨さ」と「分かちがたいもの」である。[9] 人々は、明るい面のみならず、暗黒面もみているにもかかわらず、基地を「抱きしめて」放さない。いやむしろ薄々感じ取れる〝ヤバさ〟がスパイスとなって「わくわく」してしまうのかもしれない。「魅力」はそんな陰影に富んだ、アンビバレント(両義的)な深淵をもつ。迷惑や苦難をかこちながら、それでもなお魅惑される。だとすれば、暗黒面を知れば夢から醒めるという単純な解は成立しにくい、難しい問題である(10)。

さらに厄介なことに、軍隊は戦争と密接に連関しつつも独立した要素である。戦時ではなくても存在する軍隊は、戦争という一時的な出来事よりもずっと日常に根付いている。戦争は存在するだけで人を殺し町を破壊するが、軍隊は存在することそれ自体では、殺すことも破壊することもない。むしろ人を育てるといって隊員をリクルートし、町を活性化させるといって駐屯する。軍隊や基地と密接に結びついて営まれる生活がある。戦争という悪と比べて、軍隊・軍都の〝魅力〟は、即座に否定しがたい、複雑な問題である。

軍都の饒舌

通りや花街を軍人が行き交い、上空を軍用機が飛び回る。そんな日常を、軍都の住人たちはじっと沈黙して耐えていたわけではない。むしろ彼らは饒舌《じょうぜつ》だった。しかも多くは軍を非難する抵抗の言葉ではない。軍隊とともに発展する郷土を誇り、軍人たちとの交流や基地の恒例行事を楽しむ言葉も少なくない。たしかに、なにがしかの「魅力」を(たとえ弱く疑わしいものであれ)感覚していた。

本書は、その饒舌自体も研究対象としている。土浦・阿見には、筆者の調査以前に、郷土史や証言集が数多く刊行され、旧軍関係のモニュメントが建立され、語りがあふれていた。平和主義を掲げた戦後においても、軍都の歴史は抹消すべき地域の暗部ではなかった。

こうもあけすけな饒舌を前に、軍隊と地域の共犯関係を暴きだす、と息巻いても、どこか空回りになる。むしろ饒舌のリアリティに一度身を浸すことを通して、軍都の日常を内側から捉える作業が必要だ。饒舌は、軍都の「日常の何気ない雰囲気（アトモスフィア）[11]」を醸成する重要な要素である。軍都は、権力や金銭だけではなくて、語りという潤滑油によって受け入れられている。政治や経済に加えて文化が重要となる。実際、「軍都」自体が語りを通して現れてくるものであった。

どういうことかといえば、実は「軍都」は、軍隊自身が自称した言葉ではないのだ。一般には、「衛戍地《えいじゅち》」や「兵隊町」、「軍郷」といった言葉もあり、軍隊以外の世界はおしなべて「地方」と呼ばれていた。つまり軍都とは「行政や民間、とくに地元マスコミによって普及された造語」であり、一九三〇年代の満州事変や日中戦争のなかで使われだした、意外に新しい言葉である。全国的な戦時の歌謡曲や映画などの大衆文化において「軍都」をタイトルに冠したものは稀だ。「軍都」はまさに地域が、基地を「抱きしめた」自らを誇示するために生み出した自己の肖像画である。[12]

まして憲法九条のもと、軍という言葉を避ける自衛隊はなおさらだ。「軍都」という言葉は、「満州事変期から一九四五年の敗戦までのせいぜい十数年の寿命であった[13]」ともいわれる。ところが、土浦については第四章でみるように、「軍都」は、戦後の警察予備隊・保安隊誘致をめぐって、ローカル紙が堂々と用いていたのである。軍都の饒舌は、敗戦後に完全に沈黙したわけではなかったのだ。

戦後なお回帰する軍都

平和主義を掲げた戦後日本では、全体的に、軍事組織への強い忌避感があった。その一方で、自衛隊(前身の警察予備隊・保安隊)の駐屯地・基地を一九五〇年代に誘致し、七〇年以上の長きにわたり、さまざまな問題を抱えつつもまがりなりにも受容してきた地域が各地にある。平和主義と必ずしも折り合いがよくない「もう一つの戦後日本」がある。だからといってその地域の人々が「好戦的」であるわけではなく、単純に「保守的」といってわりきれるものでもない。特定の近現代史の歩みのなかで、基地の存在が半ばあたりまえとなっている地域である。

本書が取り上げた地域もその一つだ。軍港都市(要港)としては、呉に加えて、横須賀、舞鶴、佐世保が、「日本遺産」への認定もあって、よく知られている。[14] 最初の海軍航空隊は横須賀に、二番目は佐世保に開設されるが、三番目の霞ヶ浦海軍航空隊は、初めて軍港都市ではない地域に設置された。それは、およそ一〇〇年前の一九二二年、当時の土浦町の隣の阿見村であった。

第一次世界大戦の講和条約が結ばれた一九一九年に始まる開拓地買収を経て、「東洋一」と呼ばれた広大な飛行場が造成された。国際交流や観光の場となり、経済発展を生み出す一方で、墜落事故や犯罪ももたらしていく。さらに軍の工場である海軍航空廠《こうくうしょう》や、少年航空兵「予科練」の軍学校である土浦海軍航空隊などが立地し、一九四〇年に土浦町が市制施行し、四五年の海軍記念日に阿見村が町制施行するに至る。

しかし、敗戦・占領によって軍都の中核たる軍隊は消え去り、旧軍用施設に学校が入って、文教都市として再出発を果たす。占領期は、軍国主義から平和国家へという、戦後日本の自画像に沿った歴史をたどっていた。ところが、日本が独立を回復し警察予備隊が創設されると、阿見町は基地誘致に動き、地元ジャーナリズムは「軍都」の復活を喧伝する。そして経済効果や広報活動を通して自衛隊は地域に根付いていく。

このように本書は、一九四五年の敗戦をはさんで、およそプラスマイナス二五年の歳月を駆け抜ける。それを通して、一般的には戦前と断絶しているかのように思える戦後日本の片隅に脈打つ、戦前と戦後の強固な連続性を見出す。

先述した「軍隊と地域」研究も、当初は明治から敗戦・占領期までを中心とする歴史記述が多かった。しかし、二〇一〇年代以降は「軍港都市史研究」シリーズ(清文堂出版)や「地域のなかの軍隊」シリーズ(吉川弘文館)などを中心に戦後に関する論考も増えてきた。自衛隊基地に関する研究は米軍基地研究に比べて圧倒的に少ないものの、基地反対運動に関する研究に加え[15]、特に冷戦の最前線に位置した北海道を中心に、自衛隊を受容する地域社会を問う研究も現れてきた[16]。

戦後も自衛隊を誘致し〝歓迎〟した地域は、呉のような軍港都市をはじめ少なくない。一度は軍都から解放された地域社会が、平和主義のもとで再び軍都たることを選んだのはなぜか。そのような地域社会にとって、戦前・戦後にわたって「抱きしめて」きた軍事基地はどのような存在だったのか。そのありかたは地域の諸条件によって多様であり、さまざまな事例研究の蓄積が求められている。

軍隊と地域をつなぐ結節点のドラマ

本書の歴史記述は、やや独特の方法をとる。詩的ないい方をすれば、軍都の片隅で人と人とが出会い、関わり合う結び目で繰り広げられる日常のドラマを描く。

地域では、無数の場で人々がつながりあって生活している。なかでも本書は、軍人・軍関係者と地域住民が相互に関わることで、軍隊と地域社会をつなぐ機能を果たす「結節点」[17]となっていた場に着目する。さまざまな結節点を取り上げていくため、必ずしも時系列に沿った通史にはならない。時間より空間を基盤とした歴史記述であり、当時の写真も積極的に用いて空間を描写する。また、結節点という舞台に登場する一人ひとりの生活史[18]に着目して、人々の目線から出来事がどのようにみえていたかを重視する。

第一章では、まず戦間期の霞ヶ浦海軍飛行場をみる。そこは、日本軍機のみならず、イギリス・アメリカからドイツまで、各国の飛行機が飛来する国際的な空間だった。仰ぎみる最先端技術の飛行機や外国人パイロットの来訪は地域の文化的な誇りとなる一方で、航空隊は記念日に一般開放され仮装行列を見物できるような身近さをもっていた。また、軍人たち向けの外泊用の間貸し下宿は興味深いドラマの舞台である。一つ屋根の下で、農作業を免除された農家の女性たちは軍人を歓待し、軍人たちは子どもたちと遊び、やがて農家の娘と軍人との結婚までが生じていく。これら結節点における軍人と地域住民の対面的な交流が軍隊と地域をつないでいた。

第二章では、飛行場のある阿見村に隣接する県南の地方都市・土浦町の市街地をみる。町には外出してくる軍人たちがあふれ、巨大な歓楽街が形成され、商店は歓迎し、水兵は時に犯罪を起こし、警察やヤクザが軍といがみあう。町中のさまざまな結節点は、軍隊と地域をつなぐがゆえに、緊張の発火点ともなる。さらに、海軍御用達の料亭でみられた、芸者たちの面前で士官たちが暴れまわる「芋掘り」と呼ばれた習慣の仕組みや意味を読み解く。

第三章ではいよいよ戦時期となり、基地は急速に拡張され、かつての「世界の空の港」は、軍国の「空都」と呼ばれるようになる。十代の少年兵たちが町に現れ、民家や指定食堂に日帰りでくつろぎ、結節点が増えていく。かつて日米両国旗を振って歓迎したアメリカの飛行機は、一九四五年には爆弾を落とす死神となってやって来る。敗戦とともに基地は消滅する。軍用地は農地や学校へと続々と転用されていき、基地に依存しない生活が立ち上がる。

第四章では、自衛隊(前身の警察予備隊・保安隊)の誘致をめぐって狂奔する商店や、基地拡張のための農地買収に抵抗する開拓者などに着目する。また、ローカル紙『常陽《じょうよう》新聞』も、軍隊と地域をつなぐ間接的な結節点といってもよい。『常陽新聞』は自衛隊駐屯による経済効果の期待を煽り、「軍都」復活を連呼し、地域住民たちの基地認識の形成に寄与する。駐屯後は、海軍航空隊の消滅でさびれていた繁華街に自衛隊員が繰り出し、間貸し下宿も復活する。しかし、高度経済成長という未知の経験が、基地の意味を根本的に変えていく。

第五章では、駐屯地のパレードや仮装行列から、災害出動や広報施設まで、自衛隊が地域住民とつながる結節点をつくる広報活動をみていく。そのいくつかは、戦前の海軍航空隊にもみられたものや、海軍航空隊を思い出させるようなものであった。海軍の記憶が自衛隊を地域に根付かせていく。その一つの結果として、東京で全共闘運動やベトナム反戦運動が盛り上がる一九六八年に、茨城では駐屯地内の予科練記念館の開館を祝う盛大な式典が開かれるといった、めまいのする別種の光景が出現する。

このように本書は、半世紀にわたって、さまざまな結節点から軍都を多角的に描き、軍隊と地域を結びつける仕組みを見つけ出していく。基地が地域に根付く理由は、地域住民が国防に理解があるから（政治的理由）でも、単に基地がお金を落とすから（経済的理由）でも説明しきれない。結節点で起きる出来事の積み重ねが醸成する「日常の何気ない雰囲気（アトモスフィア）」も重要な役割を担っている。それを内在的に理解し伝えようとするとき、歴史を物語るという書き方が可能性をもつ。

これからページをめくると現れる、軍都のいくつもの片隅のドラマに、悲惨さのみならず、一抹の「わくわく感」（あるいは「ゾクゾク感」）を感じてしまうかもしれない。その瞬間あなたはもう、軍都のアトモスフィアに片足を突っ込んでいる。

第1章 空に飛行機、地には下宿
——戦間期の海軍航空隊は「世界の空の港」

本章前半は、仰ぎみる群衆を魅了した海軍航空隊のスペクタクルを、後半は地上の農民たちの生活の苦楽をみていく。戦間期の軍都は、国家的で閉鎖的で厳粛な場というよりも、国際的で開放的で賑やかな場でもあったという側面を追体験しよう。

航空隊は観光地

霞ヶ浦海軍航空隊について、まずはパイロットと同じように、「鳥の目」で俯瞰してみよう。ここに航空隊開設から一〇年後の、一九三二年頃の地図がある(図1-1)。中央の空白は霞ヶ浦、その河口に県南の中心商業都市(旧城下町)の土浦がある。現在と同じく常磐線は水戸や東京につながっている。

地図には、現存しない土浦—阿見間の常南電車の線路もみえる。この地図は、路面電車を運行させていた常南電気鉄道が作成した。そして、終着地の阿見駅周辺に描かれるものといえば、霞ヶ浦海軍航空隊関連施設ばかりである。「水上隊」のある湖畔には、水上飛行機が浮かぶ。内陸の台地には

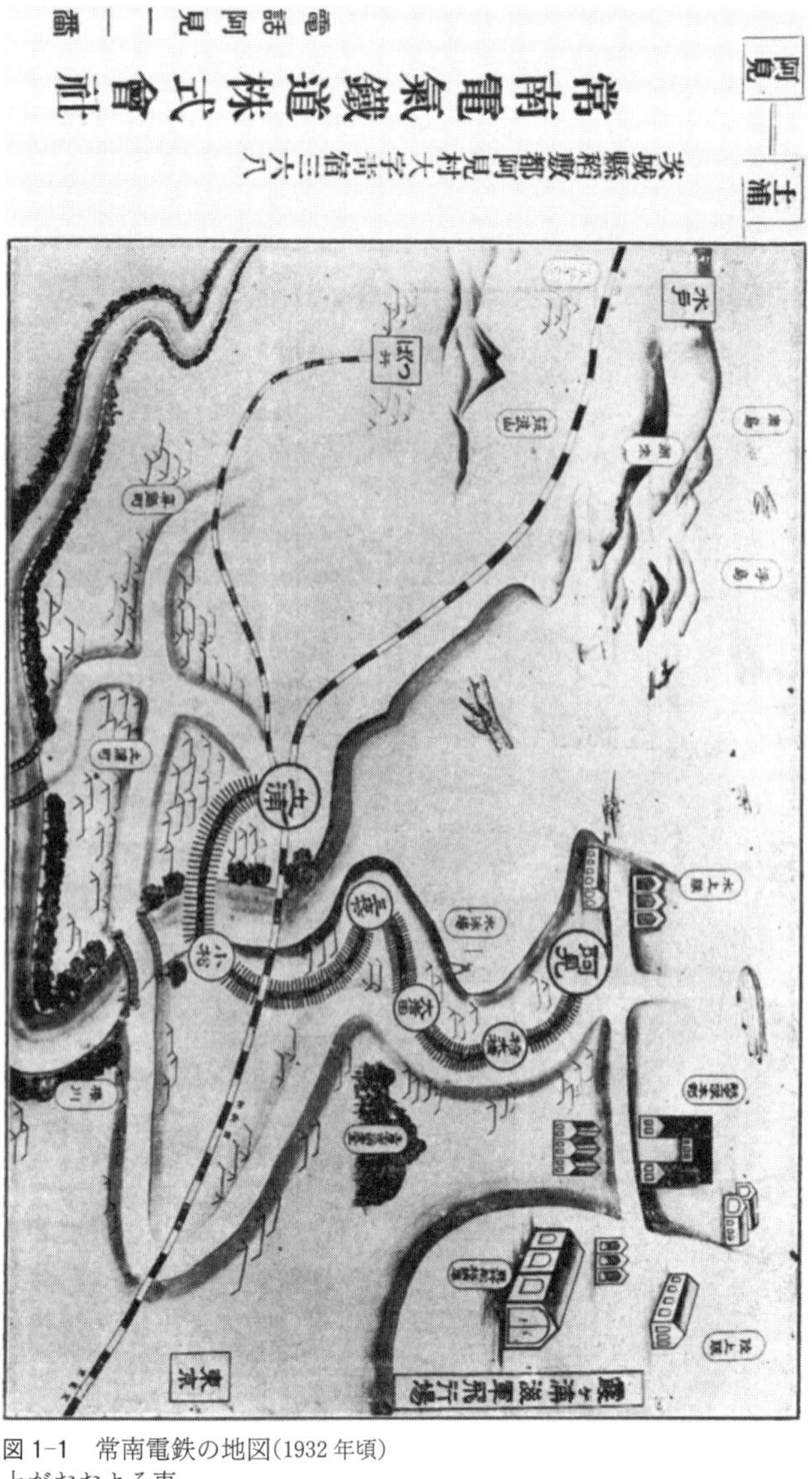

図 1-1　常南電鉄の地図(1932 年頃)
上がおおよそ東

「航空隊本部」の西洋建築があり、「陸上隊」の飛行場には格納庫が並ぶ。とりわけ大きなものは「飛行船格納庫」で、空に浮かぶ飛行船もみえる。軍事都市でありながら、いささか牧歌的な光景である。

この地図は土浦商工会が発行した『土浦商工会誌』に掲載されている。同書冒頭には「土浦町の沿革」がある。(1)その「案内」の項目に、霞ヶ浦や鹿島神宮、筑波山と並んで、「東洋第一の称ある霞ヶ浦海軍航空隊(陸上班)湖岸に(水上班)在り此《これ》には電車、自動車の便あり」と記述される。「遊覧」の項目では、霞ヶ浦海軍航空隊が、飛行機という最先端技術と、霞ヶ浦という景勝地を組み合わせて紹介される。

一、霞ヶ浦海軍飛行場は水上、陸上、飛行船の三隊で東洋唯一の飛行場であります。

二、飛行場は将士の教育部隊で、一般見学者に開放的に隊員の案内にて懇切丁寧に説明し見学を自由に一般皆さんに対し航空思想の普及発達に努められて居ります。

三、水上隊は風光明媚、眺望絶佳、曲浦長汀の霞ヶ浦阿見村沿岸に設置せられ、四季の変幻の佳趣に富み、湖に漁る白帆の影趣、浮島、潮来を雲煙の中に望み、日光山の麗姿亦《また》西空に聳え、筑波の霊峰は倒影を湖上に映じ、飛行将士の妙技に一段の興味を加え、壮快極りなきものなり。

四、陸上隊、飛行船隊は阿見村広漠数百万坪の原野に約百万坪を擁し、常総の平野を双眸に収め、飛行将士の壮挙に一段の威力を加うるものなり。

軍事機密に満ちた軍都は一般に、「見せる―見る」という関係を拒絶する空間と考えられる。しかし、航空隊は「(広報のために)見せる―(観光地として)見る」関係を積極的に構築していた。さまざまな種類の霞ヶ浦海軍航空隊に関する絵葉書も売られていた。一九二四年にはすでに『霞浦航空隊めぐり』という観光ガイドが、土浦町の商業者である柳旦堂によって編纂・刊行されている。

観光名所となった航空隊の〝魅力〟はどのようなものだったのか。ここで、時間をさらに一〇年巻き戻して、「原野」に飛行場が出現してから巻き起こった出来事を追っていこう。

飛行機のスペクタクル

一九二一年七月二二日、霞ヶ浦海軍飛行場の開場式が行われた。前日には小学校児童や青年会らによる旗行列が行われ、当日は飛行場入口に大きなアーチができあがった(図1-2・3)。「阿見村は勿論、近郷近在の老若男女、実に五万人が空の妙技を見んものと朝まだきからつめかけ、一年前の狐狸の棲家だった阿見原は人で埋まった。アヴロ陸上機三機編隊飛行、特殊飛行、オードリース少佐の落下傘降下に一同賛嘆措くところを知らなかった」[2](図1-4)。飛行場開設は人々が興奮して見入った一大スペクタクルだった。

当時、飛行機は物珍しい最先端技術であった。ライト兄弟の有人動力飛行成功が一九〇三年、日本における航空機の初飛行は一九一〇年である。歴史学者の荒川章二によれば、一九二六年の陸軍飛行連隊の浜松駐屯に際しても、市民一万五〇〇〇人が爆撃機見物に詰めかけた。『浜松新聞』社説は、飛行機は「軍国主義のシンボル」ではなく、「人智の産物の偉大」「科学文明の精巧」を意味するものだと主張した。つまり、市民とジャーナリズムは「国防という観点以上に、先端科学文明のシンボルを自分の地域に受け入れるという文化的側面を重視」したのである。軍縮の世論が高まっていた大正デモクラシー期であり、飛行連隊は、歩兵連隊に比べて兵員数が三分の一程度で経済効果も弱かったにもかかわらず、「科学文明への期待感が、新しい軍事力の受容論理を導いた」(3)。

霞ヶ浦海軍航空隊の場合は、このような「先端科学文明」という観点に加えて、「国際」という観点とも結びつく点が特徴だ。まず、飛行場の開場まもなくから一九二二年一〇月まで、日英同盟を背景にして、イギリスのセンピル大佐の教育団による講習が行われた(先の引用に出たオードリース少佐は

図 1-2　1921 年，霞ヶ浦海軍飛行場開場式にて飛行場開場式の群衆(4)
7 月 22 日当日の『いはらき』新聞記事「今日！待たれし霞浦飛行場開場式　午前十時格納庫に祭典　式後は大宴会飛行観覧　阿見は協賛会で大景気」が催しもののプログラムを案内していた．軍楽隊の演奏や，神奈川県の横須賀へ軍用伝書鳩を飛ばすなどといった内容

図 1-3　1921 年，霞ヶ浦海軍飛行場開場式にて飛行場入り口のアーチ
7 月 23 日『いはらき』新聞記事「昨日霞浦湖畔飛行場開場式　七機夏空に乱れ飛ぶ　最後は落下傘の妙技　見物幾万空前の殷賑」いわく「遠近より〔飛行場へ〕入り込むもの午前三時頃より陸続群を成し土浦町より飛行場付近まで恰も人を以て埋まれるの観あり」．アーチを建てた阿見村協賛会は，朝から百数十発の花火も打ち上げた

図1-4　1921年，霞ヶ浦海軍飛行場開場式にてオードリース少佐(中央)の落下傘降下
7月23日『いはらき』新聞記事いわく「幾万見物人の歓呼は天地を震撼するばかりなりき」

落下傘担当の教官である）。

さらに太平洋に面した霞ヶ浦飛行場は、おりしも航空機の発達が可能にした世界一周ブームのなかで、海外から飛来する飛行機の離着陸場となった。一九二四年には、アメリカ陸軍航空隊のスミス中尉率いる三機（図1－5）、イギリス軍少佐の水陸両用機、アルゼンチン軍中佐の航空機が相次いで飛来している[5]（本書カバーの絵葉書参照）。『霞空十年史』には、「嘉永年間浦賀に黒船が来たより以上に世間の耳目をそそった米国機[6]」という大仰なキャプションがつけられている。執筆者の写真店店主をはじめ村民たちにとってみれば、相応の驚嘆があったのだろう。こうしてスペクタクルは日常化していく。

やがて飛行機を見物する人々が日常的に現れるようになる。飛行場が開場した一九二一年に霞ヶ浦海軍航空隊に赴任した整備兵は、「土浦はもちろん、十里四方からは見物人が大勢見物に来る。ゴザを敷いて弁当を広げて酒なぞを飲みながら一日中空を眺めているわけですよ」と回想する[7]。霞ヶ浦海軍航空隊水上班に隣接する青宿《あおやど》集落では、「飛行場ができてから霞ヶ浦の名物類、航空隊のお土産など、ミセヤやってた」という家もあった[8]。

学校の団体見学も多かったようだ。たとえば東京・神田の錦城中学校(9)(現・錦城学園高校)が、一九二七年六月三日に見学した際の記念葉書「錦城中学校霞ヶ浦飛行場見学記念」をみると、霞ヶ浦海軍航空隊の本部や飛行船格納庫をめぐり、格納庫内の飛行機とともに記念撮影を行っている(図1－6)。『土浦商工会誌』には、阿見村柿木橋《かきのきばし》(水上班付近)の橋本屋旅館の広告があり、「航空隊見学団体歓迎」とある(10)。このような付近の旅館に宿泊したのかもしれない。

航空隊を契機に農村にもたらされた先端技術は、飛行機に限らない。飛行場開場の一九二二年には土浦自動車商会が阿見線などの乗合自動車路線を開業し、一九二三年のアサヒ自動車商会をはじめ

図1-5　1924年，海軍道路の阿見坂上付近に掲げられた米機歓迎の日米両国旗

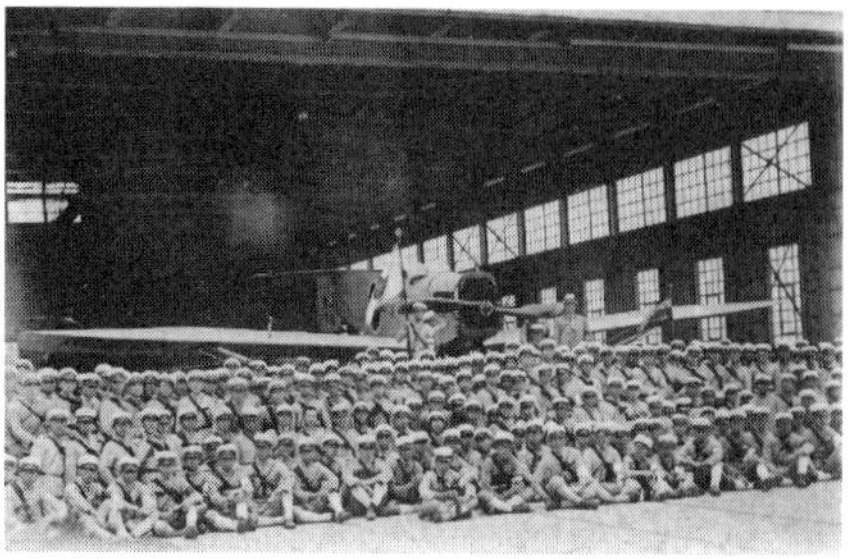

図1-6　1927年，「錦城中学校」の飛行機格納庫内での記念撮影絵葉書

図1-7　1926年，常南電車開通式
列車先頭に，海軍の「軍艦旗」が飾られていることに注目

続々と参入があり、当時は高級品だった自動車が走るようになる。一九三二年には土浦市内の自動車会社四社が計五〇台の自動車を保有していた[11]。阿見村にも多田自動車という会社が開業し、近隣から自動車で嫁入りしたという話も残っている[12]。そして一九二六年には土浦と阿見を結ぶ常南電車が開通した(図1-7)。いずれも航空隊人員や見物客の利用をあてにしたものだ。

とりわけ先端技術に目を見張ったのは子どもたちだっただろう。当時九歳で土浦に住む保立俊一は、一九二三年に飛来したイギリス製S・S型軟式飛行船の牧歌的な光景を「三〇〇メートルぐらいの高度でゆったりと飛んで来たので黄色い風船の下にぶら下がったゴンドラに載っている乗員の姿がハッキリと見えた。小学校の校庭に集まって手を振ってむかえるこども達に乗員も手を振って答える」と鮮やかに回想する。彼が抱いたのは「メルヘンの世界につれて行かれるような思い」であり、「海軍の飛行船としてこれが戦争に使うものだというイメージからは程遠いものがあった[13]」。なるほど、たしかに飛行船は第二次世界大戦前に時代遅れになり、日本では戦争に関わらずに済んだテクノロジーだ。

航空隊開設前後の阿見尋常小学校の沿革誌年表[14]をみると、子どもたちが頻繁に飛行機見学や高位顕官の奉送迎をしている。一九二一年六月に練習飛行のために所沢飛行場(埼玉県)から飛来した飛行機を全児童で参観し、翌月は飛行場開場式の旗行列に参加、九月には海軍軍人の東伏見宮依仁《よりひと》親王、東郷平八郎元帥、海軍大臣加藤友三郎を奉送迎する。一方で、翌一九二二年一月にはセンピル教育団のイギリス人パイロットの飛行機が運動場の南隅に墜落したり、五月には霞ヶ浦航空隊最初の殉職パイロット上田善夫大尉の海軍葬儀に訓導《くんどう》五名と児童代表一五名が参列するなど、航空事故に関する記述も増える。とはいえ相変わらず、同年二月には小学四年生以上の児童が湖岸から水上飛行機を見学し、四月には横浜へ入港した英国皇太子エドワードの来日を歓迎して、イギリス人教育団の宿舎前で万歳三唱した村民一〇〇〇人の旗行列に小学三年生以上が参加する。一九二四年には先述したイギリスとアルゼンチンの世界一周機の歓迎に向かい、一一月には航空隊の「空中諸演習」を見学し、航空隊卒業式に臨席した摂政宮(のちの昭和天皇)の奉送迎を行う。このように、阿見小学校の子どもたちは、飛行場設置を機に、各国の航空機を目の当たりにし、従来の農村生活では見かけるべくもなかった人々と出会う経験を重ねていく。

仮装行列とキング・コング

一般住民も、航空隊を見学することができた。飛行場に近接する阿見村鈴木区の女性(一九一一年前後の生まれ)は回想する。「海軍記念日には飛行場が解放(開放)されて隊内が見学でき、飛行機を見ることができた。演芸会があって、それが終ると午後から仮装行列があった。みんなこれが楽しみで航空隊に出掛けたものです[15]」。やや時代はくだるが、一九三七年五月二七日の海軍記念日には、航空隊隊員と隣接小学校児童がともに参加する運動会を航空隊本部前グラウンドで開催するとの報道がある[16]。プログラムは不明だが、小学生も大人の隊員も参加できる仮装行列があってもおかしくはない。もちろん航空隊の広報活動の一環であり、記事は三週間前に出された予告で、「当日は隊内を開放し一般人に参観させる」という客寄せの文言で締めくくられる。

一九三一年刊行の『霞空十年史』には、海軍記念日に隊内開放を行ったという記述はないが、航

図1-8　1930年，霞ヶ浦神社春季大祭における「慰安会」の盛況
左下は，海軍最初の航空殉難者・安達東三郎の飛行服姿の銅像．
台座は四枚羽のプロペラがつけられている独特のデザイン

空隊内に一九二六年に創建された、航空事故殉職者を祀る霞ヶ浦神社の春季大祭の賑わいを伝えている。『霞空十年史』の年表部によると、一九二九年四月の霞ヶ浦神社春季大祭は、招魂祭後に「隊員家族慰安会を会催して仮装行列、軍楽隊等で一日隊内大いに賑う」とある。一九三〇年四月二〇日の春季大祭には「軍紀厳粛の軍隊にも斯《こ》んな長閑《のどか》な日がある」というキャプションとともに、芸者や老翁、背広の紳士に扮した航空隊員たちの仮装行列の写真が載せられる。笑顔で眺める士官たちや赤子を抱いた女性、子どもたちの姿も写っている（図1－8・9）。阿見村岡崎の野口一夫（生年不明、終戦時陸軍幹部候補生）は、子どもの頃、霞ヶ浦海軍航空隊の仮装行列について回り、終了後に仮装の着物をもらうことが、恒例の楽しみだったという(17)。

図 1-9　1930 年，霞ヶ浦神社春季大祭における仮装行列
芸者役が牽く人力車には「乗るな芸者の口車　乗れば家庭は火の車」とある．第 2 章でみるように実際に土浦には芸者が多く，さまざまなトラブルの発生ゆえに書かれた文句であろう

死者にまつわる日でありながら、殉職者の合祀の儀礼以外は、厳粛どころか、騒がしい祝祭なのである。不思議に思えるが、明治大正期の靖国神社も賑やかな祝祭空間であった[18]。

一九三一年四月三〇日に行われた霞ヶ浦神社春季大祭の『いはらき』新聞記事から当日の様子をみてみよう。まず初めに九時から一九三〇年度の殉職者六名の合祀を、遺族五十余名参列のもとに行っておく。厳粛な儀礼が終われば、一〇時半からは「余興」として、戦闘機三機の特殊飛行や、飛行船からの落下傘降下が行われるが、これは航空隊の外からでもみえたことだろう。いよいよ正午から一般観覧者も航空隊内に入れるようになり、目玉の「喜劇浪花節分隊対抗競技の仮装行列飾物《かざりもの》」が行われる。この「競技」は、「関係者投票で審査〔し〕等位を決定〔し〕賞品を授与する」という。注目すべきは、以上のような紹介記事が、約一週間前の『いはらき』新聞に掲載されていて、客寄せが行われていたことだ[19]。翌五月一日には、一般観覧者が入場を許された午後のお祭り騒ぎの様子を報じている[20]。

人出一万余を数えさしも広い本部広場や軍用道路は人波で

図1-10　1934年，霞ヶ浦神社春季大祭における「キング・コング」映画のクライマックスで，キング・コングは，エンパイア・ステート・ビル頂上で飛行機と戦い，墜落死する

埋まり飾物や仮装行列が人気を呼んで殺風景な軍隊内が一時に湧き返る混雑、奉納角力〔相撲〕演劇もあり士官宿舎脇のグラウンドでは家族慰安会が催され六才以下の坊ちゃん嬢ちゃんを出場資格としているだけに此処にも可憐な悲喜劇を演ぜられて笑いと喜びのうずまき〔〕かくて無礼講の一日は夕刻まで賑わった。

航空隊は、このような広報イベントを通じて受容されていったのである。これと似た祝祭の光景は、戦後の陸上自衛隊駐屯地でもみられることとなる。

驚くことに、一九三四年の霞ヶ浦神社春季大祭を写したとみられる写真に、飛行機を鷲づかみにする「キング・コング」にしかみえない巨大な張りぼてが写っている[21]（図1-10）。映画『キング・コング』は前年九月から日本でも公開され、大ヒットしていた。張りぼてにも先輩がいる。封切に合わせて輸入会社の千鳥興行は、一〇〇〇〇円の宣伝費を投じて、鎌倉の海岸に、鎌倉大仏を上回る高さ四五フィート（一三・七メートル）の、両眼が電気で光るコングの張りぼてを建てた。映画館・浅草大勝館の入口にも、大の字に屹立し飛行機と自動車を鷲づかみするコングの張りぼてがつくられ、客はコングの股をくぐって入場した。満州事変をめぐって一九三三年三月に国際連盟を脱退し、アメリカとの対立は深まっていた時期にもかかわらず、ハリウッド映画の人気は海軍兵士たちにも浸透していたようだ。

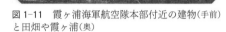

巨大格納庫にツェッペリン飛行船

図 1-11　霞ヶ浦海軍航空隊本部付近の建物(手前)と田畑や霞ヶ浦(奥)

図 1-12　霞ヶ浦海軍航空隊本部

航空隊の建物にも注目してみよう。ほとんど木造家屋しかなかったであろう農村の空間に出現したのは、各種の西洋建築であった(図1-11・12)。

軍隊施設が西洋建築からなることは、航空隊に限らない。しかし、巨大な格納庫の存在は、霞ヶ浦海軍航空隊ならではだ。第一次世界大戦でドイツから得た戦利品である。ドイツ本国から解体輸送したうえで、一九二二年九月から一年半の歳月をか

図1-13　1927年，格納庫で飛行船N3号を組み立てる日伊の人々

図1-14　1929年，格納庫から出るツェッペリン伯号
地表の軍人たちと比べると大きさがよくわかる

けて組み立てられた、全長約二四〇メートル、高さ約三九メートル、間口約六五メートルの格納庫だ。これは、一九一四年に開業したばかりの「東京駅一個又は丸の内「ビルディング」二個を包容して余《あま》りあり」といわれた。[22] 前掲地図(図1－1)にも大きく描かれている地域のシンボルだった。しかし、あまりに巨大だったため、空襲の標的になりかねないと、一九四四年初めに解体されてしまうという皮肉な運命をたどる。

この巨大建築物は、さまざまな出来事の舞台となっていく。たとえば一九二七年には北極探検で有名だったイタリア人のノビレ少将と技師たちが、日本軍が購入した飛行船N3号の組み立て作業を行った。「組み立て工事の暇に歌う伊太利技師の南欧の民謡は、このベラ棒に広大な格納庫の空気を異国情調〔緒〕にした」と、『霞空十年史』は書いている(図1－13)。航空隊は〝西洋〟との交差点であった。

ドイツから来た巨大格納庫は、奇しくもドイツからの巨大飛行船を呼び寄せる。一九二九年八月一

図 1-15　1929 年，霞ヶ浦海軍飛行場の群衆

九日から五日間、飛行船ツェッペリン伯号（LZ127）が、約三週間にわたる世界一周中に、霞ヶ浦海軍飛行場へ寄航し、巨大格納庫に滞在する。全長二三六・六メートルもの、当時世界最大の飛行船だった。当時の海軍のシンボルであり、世界最大級を誇った戦艦長門の全長二一五メートルよりも大きい。戦艦以上のサイズの巨体が、空を飛んできたのである（図1－14）。

ツェッペリン飛行船の飛来は、大手新聞各社が報道合戦を繰り広げた全国規模のメディア・イベントであった。霞ヶ浦海軍飛行場近辺には、約三〇万人の見物人が来たといわれる（図1－15）。また、「就中《なかんずく》町民を驚かせたことは、各新聞記者の活動で使用自動車数の如きも二百余台にのぼると称された」と三年後に編纂された郷土史が記すように、大勢の人だけではなく大量の自動車も見物だったのだろう[23]。

各地から霞ヶ浦海軍飛行場へ押し寄せた群衆に対して地域住民が「にわか商人」となっていく様子を、一九二五年に阿見村で開業した医師の妻・丸山恒子が回想している。

> 阿見村は人の波で、開放した飛行場の草原は、夜ともなればしとねとなり、夏なればこそ野宿も出来たものの、話の他の大騒ぎであった。〔中略〕飛行場に席を得た観衆の人々は、自分の獲得した飛行船の最もよく見える場所を、離れがたく草茫々の上に紙を敷いたり被ったり、夜露をしのぐ覆《おおい》ともなった。新聞紙を売る者もあり又、農家の米俵の俵ボッチが一ヶ五十銭で飛ぶように売れたということである。腰を据えるには新聞紙よりははるかに気分好かったのだと思う。又広い飛行場のこと故買出しにも行けぬ人々に、アイスキャンデー、ラムネ、おにぎり、弁当、パンなど、又何より不足した飲料水も売る人があり、にわか商人に早変わりして売りさばけば、喉をうるおして助かったと喜ぶ人あり、思わぬお金儲けをした人も、大分あったということである[24]。

軍用地とは思えない自由な光景である。霞月楼の後継ぎで当時七歳の堀越恒二さんが、顔見知りの海軍士官の手引きで、ひそかにツェッペリン飛行船内部をみて回ったという逸話もある[25]。

実際、戦前の霞ヶ浦海軍飛行場は、柵などが設置されていない開放的な空間だった[26]。たとえば一九三二年に阿見村鈴木区で生まれた抜井重智さんにとって、すぐ近くの飛行場は、子どもたちが鬼ごっこやかくれんぼをする遊び場だった。「芝生がね、たいらに敷いてあって、そうするとたいがい、グラウンドみてえなんですよ。だからそこに飛び込んで歩くっちゅうのも気持ちいいよね、ははは」と懐かしそうに語っていた[27]。

「国際」的な「空の港」

『霞空十年史』のキャプションは、第一次世界大戦中にロンドンなどを空襲したツェッペリン飛行船の飛来を、国防思想の普及と性急に結びつけることはない。「欧州戦争当時は空の魔神とさえ言われし硬式ツエ伯号も今日は国際親善の楔《くさび》として又世界地図を事実の上に於《おい》て短縮した」。キーワードは「国防」ではなく「国際親善」なのである。

これは当時の新聞報道の論調とも軌を一にする。『朝日新聞』はツェッペリンを「平和の天使」と呼ぶ。

世界はたしかにせまくなった。狭くなったのは、関係が緊密になったことである。〔中略〕単に地理的距離の短縮ではなくて、世界平和に有害なる民族の心の隔絶をなくして、互《たがい》に精神的歩みを近づけることにおいて意義が深いのである。かくの如くしてウラルの嶮《けん》も欧亜を画するに足らず、太平洋の波も日米両国を隔るに足らない。ツエペリンは空界の魔王ではなくて、平和の天使である。世界の人を乗せて、国境なき欧亜米の空を旅する天空の王者である。(28)

海軍飛行場は、このように「世界平和」と結びつく、「国境なき」空間と語られた。ツェッペリン号が去った同年一一月の茨城県通常県会では、阿見村と土浦町に隣接する朝日村の村長が、朝日村を通って常磐線の荒川沖駅から海軍軍用道路へつながる県道の補修促進を求める陳情書を提出している。そこでも、軍事的重要性に加えて、航空隊のある地域の「文化」的・「国際的」な重要性がアピールされる。

〔補修対象の道路は〕霞ヶ浦海軍航空隊に関連する、則ち軍事上の主要路、且《かつ》本村文化の関門にして、殊に貴顕士及外客の来往頻繁を累《かさ》ね学生其他見学団体の往来四季絶えず、且《か》つ自動車の通用愈々《いよいよ》繁にして其不便を歎くこと益々《ますます》多し。加之《しかのみならず》這般《しゃはん》独逸国ツェッペリン伯号飛行船の来航するや海相遁相其他顕官と共に内外紳士の観衆来往し、数日に亘り雑踏を極め混乱裡に於て李王殿下の御召自動車は走行し得ずして徐行せるを拝し、〔中略〕誠に地元村民の黙止するに忍びざるものあり、惟《おも》うに霞ヶ浦海軍航空隊と共に国際的軍事的要路に当る該路線は将来猶《な》お一層の頻繁を予測し得る(29)〔後略〕

軍都が、自身のイメージを発信する際に、「文化」「国際」という語り方が可能であったのである(30)。

さらに一九三一年八月二六日には、やがて戦火を交えるアメリカから、大西洋横断飛行達成で有名な「空の英雄」リンドバーグ夫妻が飛来し、大歓迎を受ける(図1－16・17)。大阪へ飛び立つ前夜の九月一二日に海軍航空隊士官たちが霞月楼で開いた送別会では、芸妓の踊りを気に入ったようだ(31)。作詞家の西條八十はリンドバーグの飛来について、「平和の使者は空より来れり」「われらのリンディ！」と詩を書いている(32)。リンドバーグは九月一七日に福岡から中国へ飛ぶ。なんと、「平和の使者」が飛び去った翌日に、満州事変が勃発する！

とはいえ霞ヶ浦海軍航空隊がすぐに戦争に飲み込まれるわけではない。本章冒頭で掲げた地図(図1－1)を掲載した『土浦商工会誌』は、実は満州事変の最中の刊行である。しかし、商工会の案内自体には国防や軍事に関わる記述はない。むしろ「霞ヶ浦海軍航空隊創設当時」と題されたページには、万国旗が飾られた「英国教官歓迎会場」の写真があり、続く「霞ヶ浦の国際航空時代」と題されたページには、「ツェ伯号着陸の刹那(陸上班)」と「リンディ機の飛来(水上班)」の写真が並ぶ。「国際航空」という言葉で語られるイメージを活用して、土浦商工会は、世界恐慌の影響にあえぐ商業都市・土浦の不況打開を図っていた。いわく、「航空隊見学等を利用して外来客の吸引に努むべきだ[33]」。

同じく一九三二年に編纂された土浦の郷土史も、一九二〇年代前半の世界一周機ブームを「霞ヶ浦も愈々《いよいよ》世界の空の港にならんとした」、ツェッペリン飛来を「霞ヶ浦は世界の「空の港」として世界に紹介された」と誇らしげに記述する[34]。日本ではなく「世界」の、軍事基地ではなく「空の港」＝空港であるという表現は、軍事的性格を隠蔽しようとしたわけではなくて、それまでの一〇年間の出来事に裏打ちされ

図 1-16　1931 年，霞ヶ浦に着水したリンドバーグ機に対して日米両国旗を振って歓迎する人々
左上にリンドバーグ夫妻のサインがあるが，戦後に霞ヶ浦海軍航空隊水上班・土浦海軍航空隊跡地にできた陸上自衛隊武器学校が夫妻のもとに写真を送付してサインをしてもらったものだという

図 1-17　1931 年，オープンカーで土浦駅前に到着したリンドバーグ夫妻と歓迎の人垣
沿道で市民が歓迎．運転席には海軍水兵の姿

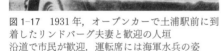

図 1–18 「遭難機」
飛行機は原型をとどめていない．墜落の衝撃を物語る

たものであった。

それは科学文明ともつながる。満州事変直前の五月に刊行された『霞空十年史』も、当時最新技術であったロケットなどの写真に次のキャプションをつけている。「現代は世界一周も古臭くなって月の世界へでも行こうと言う野心家は是非ロケットを用うべきである。毎秒三万七千呎〔フィート〕の速度が得られると言うならば数分ならずしてロケットは地球引力圏外に出て宇宙遊弋《ゆうよく》の第一歩を踏み出すことが出来る」。

もちろん実際は、ガガーリンが「地球は青かった」というまで、二度目の大戦を越えて三〇年の歳月を待たねばならない。それでも一九三一年に、霞ヶ浦湖畔の写真店店主は、押し寄せる世界一周機たちの先に、宇宙飛行の未来をみていた。霞ヶ浦海軍航空隊は、科学技術としての飛行機を媒介に、国家のスケールをこえた想像力を喚起する場だったのである。

墜落飛行士と農家の娘

科学文明への期待の一方で、現実の技術はそうそう追いつかない。特に一九二〇年代当時の航空技術では墜落事故が多かった（図1－18）。特に航空隊開設当初の一九二二年六月から一九二五年一二月までに、殉職者は二五名を数え、一九三五年までに墜落は六〇機、殉職四八名にのぼる[35]。海軍すべての航空殉職者を祀る霞ヶ浦神社が航空隊内に一九二六年に創建されるほどであった[36]。

　君原小学校児童(一九一八年入学)の戦後の回想によれば、隣接する君原村にも練習機がたびたび低空飛行していたという。「ある時などは、〔台地にある〕小学校校庭よりも低く、前の水田すれすれまでに飛んだり、校庭の桜の木にさわる程に飛んだりして、その為にロクボクの上で見ていた生徒が驚いて落ちた程でした。とうとうある朝、塙《はなわ》の戸張治郎兵エ《ママ》さんの林の上の杉山に墜落してしまいました。乗員は二人でした。血塗れの上官が軽傷の部下よりも気丈夫に対応している様は感心致したものでした」[37]。地域住民たちも、低空飛行を目撃し、墜落現場を見に行っていたのだ。

　やがて地域住民の死者も出てしまう。航空隊が開設された三年後の一九二五年、航空隊の飛行機が畑に墜落し、農家の四女、一六歳の中島なをが死亡する[38]。海軍の病院で治療を受けたが、事故時点で腕がとれており、失血死したという。軍から一時金が給付されたが葬式をだすのがやっとだったそうだ。とりわけ父が娘の死を嘆いたそうである。

　しかし、奇妙なことに、この犠牲者家族は、墜落した飛行機の操縦士で、同時に事故死した小島兼男少尉(のおそらく遺骨の一部)を、娘の墓に合葬する。なをの姉かめ代は、「飛行士の方は未だ独身で愛知県の出身の方でした。なをも独り身で結婚するなら飛行士の方としたいと、いつもいつも言っていたそうなので、ままごとのようですが、結婚させて骨を一緒に埋めてやったと言うことです」と語っている。

　胸がつまる話だが、それにしても、なぜ農家の娘は、このような海軍のパイロットとの結婚への強い憧れを抱いていたのか？　先取りすると、その憧れは、この娘の個人的嗜好ではなく、この農村の女性たちが共有していた経験なのである。以下の本章後半では、飛行機を中心とする「鳥の目」から、地表に広がる農村生活の「虫の目」へと視点を移そう。

開拓地買収への抵抗

阿見村は、江戸時代にさかのぼると、霞ヶ浦湖岸に近い、稲作を中心とする農村集落群と、内陸の台地の「阿見原」と呼ばれる入会地《いりあいち》からなる。前者に、湖面から水上機が離着陸する霞ヶ浦海軍航空隊水上班が、後者に、広い土地を占有する霞ヶ浦飛行場(陸上班)ができた。『霞空十年史』は飛行場建設前の阿見原について、「狐狸の棲家」と書いたほか、「昼間さえ不安に思われていた阿見ッ原」などと記している。

しかし、実際の阿見原は、一八八〇年前後から、他県出身者が開拓して少しずつ切り開いてきた土地だった。キツネとタヌキ(狐狸)のみならず、れっきとしたニンゲンの生活もあった。『霞空十年史』執筆者の写真店主である廣岡幽峯は、航空隊設置後の移住者であったために経緯を知らなかったのか、政治的な意図があったのかはわからないが、いずれにせよ航空隊が破壊した人々の生活には触れていない。

もちろん開拓は挫折の連続だったが、一九一〇年代には、阿見原の酸性土壌は、過リン酸石灰の普及によって改良され、野菜や麦などの収穫量が増していた。養蚕も普及していく。生活水準の向上に伴い、開拓当初の掘っ立て小屋から本格的な家屋へ建て替えつつあった(39)。開拓できたのは広大な阿見原のうちの一部だが、その片隅に、たしかに開拓民たちの生活が営まれていたのである。

しかし突然、開拓地に測量が始まる。鈴木区の抜井源一によれば、「桑畑で桑摘みをしていた。ある日の昼下がり、赤と白い棒を持った測量隊が自分の畑付近を測量し出した。何をしているのかと聞きただしたが、要領を得ない返事がかえってきた(40)」。開拓のリーダーが役場に聞きに行くと飛行場建設だとわかり、「それから、みんな寄ると触るとそのことにばかりに頭が行ってしまって、まったく仕事が手につかない有様だった」。なにしろ苦労して開拓してきた土地なのである。一九一九年一一月に、零細な開拓民は買収に抗議の態度を示した。

〔すでに海軍省が買収を決めていた四〇〇町歩の敷地の住民三十余戸は立ち退きが成立したが〕今回新《あらた》に買収せる敷地五十町歩は多く他地方よりの移民の新開地にして、其の数四十余戸、人口凡《およ》そ二百五十名あり、是等《これら》は多く細民にして、移住後日尚《な》お浅き者少からず、而《しか》も目下の処《ところ》適当の土地なく、且《かつ》移住を嫌う結果、主務省並《ならび》に県当局を非難し、果ては喧噪を極むるより、他部落の永住村民に迄《まで》波及し、敷地内に住む者約八十戸、四百数十名は七日頃より一斉に騒ぎ出し、家業も手に付かざる始末にて、移住民の不平殊《こと》に甚だしく(41)〔後略〕

一九二〇年二月中旬に県や農商務省が動いて官有地を利用した代替移住地が設定されるも、三週間あまり大地主らが買収価格で折り合わず契約拒否を続け、強制的な土地収用法の適用をちらつかされるなかで買収契約が完了した(42)。こうして二〇年三月に当時の阿見村の面積の約一八%が海軍用地となるに至った。

土地ばかりではない。航空隊水上班の設置に伴い、霞ヶ浦の漁業利用も制限された。ただ、漁業は副業的性格が強かったこともあり、大きな抵抗はなく、阿見漁業組合に対する補償が成立した。(43)それにしても、土地買収が始まった一九一九年といえば、膨大な人命を奪った第一次世界大戦の講和会議において、国際連盟規約を含むヴェルサイユ条約が調印された年である。

農村生活の激変

航空隊の開設によって農村は、急激な非農業人口の流入に直面した。飛行場開設前の一九二〇年には阿見村の総戸数は六二〇戸、うち農家戸数の割合は九三・九%だったが、一九二四年には総戸数は五割以上増加して九六五戸となり、農家率は六五%にまで低下した。(44)阿見尋常小学校は、移住者の児童の増加により、航空隊開設から一年半後には学級数が一〇から一四へ増加し、校舎一棟を増築しなければならなかった。(45)先に触れた同小学校の沿革誌年表には、一九二三年四月に飛行場埋め立て工事に従事する朝鮮人の児童二名が三学年に入学したとの記述もある。

『阿見村発達史』によれば、買収により所有地を失うなどした村人が、商業へ転換したり営利会社を設立した例もあったが、なにより「一攫千金を夢み、各地より移入して来る諸事業者は、日増に戸をかまえ軒を並ぶるの盛況を呈し」(46)た。この商工業者人口が流入して形成されたのが「新町《しんまち》」と呼ばれる盛り場である。まずは自転車屋、床屋、食堂、旅館などができ、一九二〇年代後半には、土産物屋、酒屋、薬屋、下駄屋、建具屋、呉服屋、魚屋、染物屋等が店を構えはじめ、「新町に行くときは着替えて行く」といわれるに至った。「料理屋が十何軒あって、芸者がいて、海軍のナグサミモノだった。いっぱしの兵隊は遊びに行った。(青宿の)若い衆は兵隊と喧嘩しに行った」などと語られる花街でもあった。新町の商店主たちは、「日本一の霞ヶ浦航空隊、その新町なんていばっていた」そうだ。[47] まさに航空隊の門前町である。

農家の生業にも航空隊は影響を与えていった。台地の航空隊本部と湖畔の水上班とを結ぶ、幅一五メートルの県内初の舗装道路(通称「海軍道路」)がつくられた一方で、広大な飛行場によって、農具や資材の購入、農作物の運搬、冠婚葬祭、病気見舞い、信仰などの相互扶助的な生活に利用された各集落を結ぶ小道の多くが寸断された。あるいは買収を免れた開拓地・鈴木区の男性は、化学肥料が高価だった時代ゆえ、航空隊から出る大量の人肥を汲み取りに行き、糞尿槽に入れて発酵させ畑にまいたという。収穫された野菜は、鑑札をもって、頻繁に航空隊へ納入しに行った。一九三〇年代に入ると、小規模ながら牛舎を経営し、航空隊へ納入する牛乳を製造する者も現れた。[48] 商人のみならず、農民の生活も軍隊と密接な関わりをもつようになっていったのである。

軍人向け間貸し下宿

とりわけ海軍軍人と地域住民の関わりについて注目すべきは、民家に軍人たちを迎え入れた下宿の存在である。[49] 先述した阿見村の医師の妻・丸山恒子の懐かしげな語りをみてみよう。

阿見村も海軍ならでは、というほどの軍隊の中に囲まれた環境にあって発展してきたのである。農商にかかわらず、大ていの家では軍人を歓待し、部屋を貸したり、下宿になったりして、限られた軍隊の休日を、のんびり過す憩いの場となれるよう、心尽くしたのであった。あの頃の海軍さんの下宿に上る時の、元気なうれしそうな顔、日曜ともなれば村中に又、バスのなかに賑わったものである。(50)

地域住民たちが営んでいた兵隊向け下宿は海軍が制度的に認めたものであった。霞ヶ浦海軍航空隊整備分隊の新兵は、戦後の回想で「海軍の施設場所には必ずこのような下宿制度があった。海軍に籍を置いた兵隊で、この下宿生活を経験しない者はほとんど居ないであろう」といって、次のように語る。

外出は厳しい勤務からの一時的解放であり、兵隊という身分ではあるが、世の中の空気に触れる事の出来る唯一の機会でもあり、何よりも楽しい一時であった。兵隊は殆ど外出先に下宿を取り、そこでの休憩もまた何よりの安息所であった。

私は他の同僚、先輩と共に阿見の○○さんという家を下宿先とした。どんな理由からであったかは明らかでないが、とても優しくねぎらってくれるいい下宿先であった。〔中略〕奥の座敷に寝転んでだべり、何か食べつつの休息は、本当に心休まる一時だった。(51)

海軍航空隊の下士官・兵はふだん、海軍施設内で、艦船と同じくハンモックを用いて寝泊まりし、日中は訓練を行う。しかし、階級に応じて、日曜日の日帰り外出、もしくは週に数回の外泊が許されていた。下宿は軍人と戸主との個人契約の形態をとっており、軍人の間での口コミによる紹介や、下宿経営者側の張り紙による募集が行われた。下宿といっても基本は、農家の住宅の座敷や離れの間貸しである。間貸しは家が一定程度大きくなければ不可能であり、小作など家が小さい場合は、昼に兵隊を家に上げて昼食を食べさせるだけが精いっぱいだった(52)。

さらに下士官で所帯をもつ者は借家をし、さらに偉い士官はそもそも海軍住宅や借家から通勤した。いずれも三町(約三ヘクタール)ほどの田畑に加えて山林をもつ裕福な農家には、軍人向けの別棟貸家を一四軒も建てたり、貸家三軒を建てて戦後もアパート経営をしていた者もいた。ある地主は、霞ヶ浦海軍航空隊による農地買収費を元手に貸家四軒を建てたという(53)。つまり、農民たちも軍人相手のサービス業を営んでいたのである。

阿見村の霞ヶ浦湖畔に位置する青宿集落で、下宿を営んでいた人々の声を、一九九三年に筑波大学で民俗学を学ぶ大学院生の小林将人さんが聞き取っていた。その記録から、文字の向こうの彼らの声に耳を傾けてみよう(54)。

「カネになっからな。百姓よりよかったのは事実。よろこんで兵隊さんの下宿置いた」と語るのは、一九一五年生まれの長南正志さん。この家は五町の田に加え畑と山林を所有していた裕福な農家で、航空隊が正式に開隊する以前の一九二一年頃から下宿を始めていた。当時は珍しい二階建ての家に、合計三〇人が、休みのたびに一五人ずつ来たという。

一九二六年生まれの長南栄さんの家は、三町ほどの田畑をもっていたが、住宅二軒と離れと間貸しの下宿に加え、父親が運送業を営むことで生計を立てていた。「宿屋じゃねえけど汚れないで、百姓やってるよりは良かった」。離れには二〜三人が宿泊し、一〇畳の間貸しには一般の兵隊が十数人で日帰りで来たそうだ。下宿料の詳細は不明だが、かなりの生計の足しになったことは間違いない。

しかし、なぜ軍人を「歓待」し「優しくねぎら」ったのだろうか。まず一つドライな理由を挙げておこう。一九一〇年生まれの元海軍軍人の話によると、下宿はたくさんあり、待遇が悪かったりすると隊内の口コミで「この下宿はろくなものを食わせない」などということがすぐ末端にまで伝わってしまうため、ひどい扱いもなく地付きの家の方と借りる方の間はわりあいと円滑にいったという[55]。なるほど、考えてみれば、下宿を利用した軍人が隊内で否定的な口コミを流すか否かを、下宿経営者は確認できない。リスクを避けるためには、ともかく最大限の待遇をしておくことが理にかなっている。

これに関して、館山海軍航空隊に、素行の悪い三等水兵がいた(が改心した)という「善行美談」が海軍省教育局によって書かれている[56]。上官の二等兵曹から「何《ど》うかな、今度の下宿は？」と問われると、「ええ、余りよくありません、食物は不味《まず》〔い〕し、部屋は汚ないし。その癖高いのです」と答える。この水兵の下宿評価が不当だったことは、「入隊後頗《すこ》ぶる素行が悪く、下宿は転々として変更し、その下宿料を払わず、而《しか》も外出すると何時《いつ》でも酒色に耽ると云う有様」との記述から明らかである。しかし、ここで重要なのは、食事や部屋の清潔さや下宿料金といったものが、兵たちが下宿を品定めする評価項目になっていたことをうかがわせる点だ。

憧れは軍人の花嫁

しかし、軍人と地域住民の間柄は、商売の経済的な関係にとどまらない。間貸し下宿という一つ屋根の下のプライベートな空間では人間同士の交流も芽生えていく。たとえば、下宿の家の子どもたちは、「兵隊さんと一緒に遊んだり」「かわいがってもらったり」する。「オジチャン〔義父〕、長女を連れて花見に連れてってくれた、土浦まで歩きで」という語りもあるが、おそらく桜の名所だった桜川堤に行ったのだろう。軍人の実家から名産品や野菜などが贈られてきたケースもある。さらに転勤後も年賀状交換は続き、戦後に訪ねてきたりといった家族ぐるみの長期の交流もあった。それは、下宿を営む家族にとっても「とても楽しかったよ。うちでは面倒も良かった。親切にしてあげたもんだから」「兵隊さんあの頃だから親しみがあった」などと語られる思い出となった。

そもそも下宿した軍人たちは、本章前半でみた外国人や高位顕官とは対照的に、身近な人々であった。下士官・兵の主な供給母胎は農村だったからだ。土浦の大きな農家から一九三三年に嫁入りした長南サクさんの「農家生まれでも農家のことは何もできなくてナワナイ〔縄綯い〕教えてもらった時、ヘイソ〔兵曹＝下士官〕の人が四人も並んで私とオジチャン〔義父〕やってるのを見てる。それで見られてるのでアセカク〔汗かく〕」という語りに垣間見えるように、同じ農民としての生活文化をもっていた。

注目すべきは、下宿で軍人を応援する役割を果たしたのは女性であったことだ。農家の女性にとって、それは家族経営の農業の労働力という役割から解放される一時であった。一晩おき交代で下士官四名の宿泊、日帰りの水兵一五名などを迎え入れていた長南サクさんはその様子を生き生きと語っている。

おもしろかった。兵隊のあがんないうちに、女の人エプロン〔割烹着〕かけてお化粧しておしゃれしてきれいにして、食事の準備した。嫁に行ってずいぶん片づいた人がいる。土曜日曜男の人はノラ、女の人らが兵隊さんのトリモチ〔接待〕、おもしろかった。実家にいる頃、習い物してたけど、こっちへ来てから兵隊さんの相手初めて(した)。最初はキマリワルクテ、なれるにつれて、名前覚えちゃうと兵隊さんと話しながら楽しかった。ハズカシ半分。あの頃は良かった、オダヤカで良かった。三等兵の人らからは、お姉さんなんて呼ばれた。

野良仕事を免除されて、自らは「化粧しておしゃれして」軍人と交流することが許される女性たちにとって、下宿は端的に「おもしろ」く「楽し」い経験だった。未婚女性の場合には、軍人との結婚という選択肢を浮上させた。

農家の娘は兵隊さんにあこがれた。兵隊さんと一緒にやれば百姓なんてやんねえできれいに楽しくできたっていうので。男と女だから好きになって行っちゃったテイもあるし、一〇人位いる。土曜、日曜になるとどこの家でも兵隊あがってごろごろしてる。そったの百姓なんてやってる娘等憧れるに決まってる。

語り手の吉田はなさんは、一・五町の田畑をもつ自作農に一九三〇年に嫁入りした女性だが、やはり「百姓」との対比で「きれいに楽しく」と強調している。では、当時の農民生活とはどのようなものだったのか。土浦市郊外の農家の嫁の語りには「きれい」とは程遠い生活がうかがえる。

朝から番〔晩〕まで野良着を脱ぐつうことはありやせんでした。あの頃の百姓の嫁はみんなそうでしたが、寝てる間ぐれえしか畳の上にゃいられなくて、腹さ赤ん坊が出来た時なんぞも「そんだらば早く帰《けえ》ってろ」なんてゆわれて、家さ駈けて来る間もなく産んじまうなんてことが当たり前でしたよ。〔中略〕私は田のくろ（畦《あぜ》）さ腰かけて赤ん坊を抱えて〔乳を〕呑ませましたが、仕事の最中だから野良着は泥まみれだし、手だってそこら辺でちょっと洗うぐれえ。[57]

つまり、兵隊との結婚の憧れの背景には、農家の嫁たちの過酷な労働がある。一九三〇年代に日本各地の農村を調査した丸岡秀子によれば、女性たちは家事と農作業に一日一〇〜一六時間にものぼる労働を強いられた。

朝は誰よりも早く起きて飯ごしらえをし、昼は一日中、男子と共に田圃や畑で働き、夕方は文字通り星をいただいて家に帰る。このとき男子は一度家にもどればまずは一服、まず一杯とくつろぐこともできるが、婦人は支度をとる間もおそしと大急ぎで家にかけ上がって、子供に乳をふくませながら、暗い寒い台所で鍋釜の下に炊きつけしなければならない。[58]

もちろん下宿を営む家には地主や裕福な自作農が多いが、「楽しかった」[59]「おもしろかった」という感想も、農村女性の娯楽が非常に乏しかったことを考慮すべきだろう。

四反の小作で、下宿をしていなかった長南源一さん(一九一三年生まれ)・たつさん夫婦は語る。

良い娘はほとんど海軍に持ってかれた。ずいぶんいた、二〇人くらいいる。下宿してて、外泊で泊まれる人が自然に良くなって、古い兵隊など有力な人に頼んでナコウド見つけてもらった。きれいな若い人は自然と海軍にあこがれた。百姓と違って憧れの的だった。

軍人は、農業のように肉体労働ではなく、給与によって生計を成り立たせる俸給生活者であった。軍人との結婚は、肉体労働力としての農家の嫁ではなく、サラリーマンの主婦として生きるという人生の可能性を開くものだった。全国的にみても、第一次世界大戦後は、都市農村格差の拡大を背景に、「農村の女子は土にまみれて苦労するばかりの百姓の嫁となることを厭い、都市サラリーマンの「奥様」となることを希望するものが増えつつあった(60)」。

娘の意思とは別に、親が希望することもあったのだろう。下宿先が農家か商家か不明だが、一九一三年生まれで戦時勲章持ちの霞ヶ浦海軍航空隊勤務の下士官・柿沼富蔵は語る。

下宿の親たちは娘と結婚させたがった。甚だしい場合には、娘を夜這《よば》いに行かせるなんてこともあった。〔中略〕なんで親が俺を気に入ってたかというと、海軍というだけではなくて、私の親元から米俵を下宿にどんどん送って来るから、これは財産家だと思われたらしい。いろいろとお世辞を言う。娘をもらって欲しいというようなことを言う。〔中略〕ところが私の場合は親には気に入られたが、娘には大してよく思われてはいなかった。その頃から飲兵衛《のんべえ》で、町から帰って来ると玄関でひっくり返って寝ていたりする。それでこんな男を亭主にしたら大変だなんて思っていたんだろう。親がけしかけても、娘は夜這いには来なかった(61)。

いずれにせよ、はっきりとした人数はわからないものの、下宿を通して、地域のあちらこちらで、軍人との一定の縁戚関係が生まれていったことになる。下宿という結節点が、軍隊と地域を強く結びつけていったのである。

ただ、農家の娘が軍人と結婚していくことは、農家の若い男性にとっては不満の種になった側面も見逃せない。長南源一さんとたつさんは、「こっちの若い人にはいくらか不満な気持ちもあるでしょ。あの野郎連れてったなんて。〔中略〕若い衆は兵隊と喧嘩しに〔新町へ〕行った」と語っている。もしかすると、一九一三年生まれの源一さんも「若い衆」の一人であったのかもしれない。長南正志さんも、「〔下宿には〕いいとこと悪いとこがある。農家のとこに嫁が来ない。嫁さんになるシュウがないなんて問題はどうにもならない問題だった。兵隊はみんな戦死しちゃったし」と語っている。結節点は、軍人と地域住民の間に多少の緊張関係も生んだことは注意しておきたい。

また、ここで語られている下宿を利用する軍人は、軍隊の階級でいうと下士官・兵クラスである。基本的に士官には、洋風の海軍住宅が用意され、間貸し下宿は利用しなかった。語りからは、嫁ぎ先がどのような階級の軍人だったかは明示されていないが、長南源一さん・たつさんが「外泊で泊まれる人」と示唆したように、多くは職業軍人の下士官との結婚だったのだろう。ただ、一九四三年の給与をみてみると、巡査の初任給が四五円だったのに対して、二等下士官(兵曹)が二三円、一等下士官が二八円、ようやく上等下士官になって五五円である。(62) 衣食の官費支給や手当を考慮しても、決して俸給生活者のなかでは豊かな部類ではない。たしかに農家の嫁と違って野良仕事から解放される喜びは大きかっただろうが、戦死・事故死のリスクや敗戦後の失業を考えれば、決してバラ色の未来が待っていたわけではないだろう。

さて、先述した中島なを死亡事故を思い出してほしい。二五歳で殉職したパイロット小島兼男は、海軍兵学校五〇期卒業のエリートで、士官の少尉であった。航空兵は加俸や手当も手厚かった。中島家の農業経営規模は不明だが、なをの両親は事故当日に麦刈りに、なを自身は畑の草刈りに汗を流していた。地主などではない農家の娘にとって海軍士官との結婚は、なかなかありえない玉の輿である。彼女は単に、〝かっこいい〟からパイロットとの結婚に憧れていたわけではない。憧れは、農業労働からの脱出と社会的地位上昇をも意味していた。

一口に軍人といっても、階級によって生きる世界が異なり、地域住民との関わりも異なってくる。この点について次章で、阿見村に隣接する地方都市・土浦町に舞台を移してみていこう。

コラム❶ 聞き書きに文字の声を聴く

私は遅く生まれすぎた。本章で取り上げた一九二〇~三〇年代に、ものがわかる年齢に達していたのは、おおよそ一九一〇年代生まれの人である。私が調査をしていた二〇一〇年代に、一〇〇歳前後の人々に話を聞くのはほとんど不可能だった。

しかし、彼らの声を残してくれた人々のおかげで、本書を書くことができる。本書で頻繁に引用している、民俗学徒・小林将人さんの修士論文「むらと海軍」にまとめられた調査は一九九三年に行われている（私はまだ二歳！）。各種の地図や聞き書きの記録からなる重厚なモノグラフである。教官への謝辞には、宮田登、関一敏、池上良正といった民俗学・宗教学のビッグネームが並ぶ(63)。博士課程には進学せず、社会人として活躍する人生を選んだ。

この論文との出会いを仲立ちしたのは、阿見町の郷土史家の井元潔氏（予科練平和記念館歴史調査委員・防衛大学校出身の元幹部自衛官）である。調査対象者へ贈られたものを所持しており、紹介していただいた。二〇一四年九月二四日のことだが、小林さんの聞き書き対象者のうち、存命者は、終戦時に十代だった一名のみとのことだった。筑波大学へ問い合わせると小林将人さんの連絡先がわかり、大宮の喫茶店で調査当時のお話を伺ったのは二〇一六年春のこと。数々の人々と、書き残された資料との出会いの向こうに、今は亡き人々の声に耳をすませる。

第二章でしばしば引用する土浦の開業医・佐賀純一も、通院者から町の昔話を聞いて何冊かの本にまとめた。『田舎町の肖像』には著名な日本研究者ロナルド・ドーアが序文を寄せている。純一は一九四一年生まれだが、佐賀医院は、すでに一九三二年の『土浦商工会誌』巻末「土浦著名医院案内」に掲載されていた。専門はなんと「花柳病、皮膚病、老人科、性病内科」。彼の元芸妓からの聞き書きは貴重な資料である。学術の遺産を築くのは学者だけではない。

開拓地だった阿見町鈴木区在住の郷土史家の赤堀好夫さん（予科練平和記念館歴史調査委員・一般大学出身の元幹部自衛官、コラム5参照）も、精力的に地域住民への聞き書きを行ってきた。その聞き書きが多数収録された『阿見と予科練』は、『阿見町史』と異なり、当事者目線の生活史的な記述が豊富だ。単なる聞き取りと、聞き書きには雲泥の差がある。個人が聞き取りしたことを文章に書いて、作品として世に送り出してくれたから私に届いたのだ。

一方で、歴史資料も人の手から手へと伝わっていくことがある。小林論文もその一つだ。実は私の手元にある『霞空十年史』も、かつて赤堀さんが執筆に活用していたもので、現物を撮影した写真をスクラップ帳に貼って自作した複写物を譲り受けた。さすがに後日、写真利用のために古本屋で現物を購入したが、赤堀版にはあちこちに書き込みがあって重宝する。資料にも、歴史のなかを生きた所有者の記憶が詰まっている。

コロナ下の二〇二一年三月五日、赤堀さんは電話で「清水先生、もう私長くないんですよ」と沈んだ声で別れの言葉を告げてきた。その際に「受け取っていただきたい」と託された資料群の一つが赤堀版『霞空十年史』だ。翌々日に郵送で届いたので御礼の電話をすると、旧第一海軍航空廠の倉庫（戦後は陸上自衛隊武器補給処の四〇号倉庫となる）の窓の開閉に使っていた丸い金具について、いつもの饒舌さを取り戻して説明してくれた。「まだまだ教えてもらいたいことがたくさんありますから」と励ましを込めた言葉に、「また何か聞きたいことがあったら、いるかわからないけど電話してもらっていいよ」と赤堀さんは応じて、電話は切れた。翌週入院した赤堀さんが、退院することはなかった。「ワイヤーにひっかけて使うんだ」と赤堀さんが語った、小さな金具はずしりと重かった。

生き生きとした生活史は、私がインタビューする「いま・ここ」の声だけで描かれるのではない。「かつて・あそこ」で語られた声が、さまざまな聞き手によって記録されて、文字の声となる。さまざまな〝声のかたち〟の重ね合わせによって、生き生きとした生活史が描けるはずだ。(65) 戦前は、いや、もはや戦後も、そんなアプローチが不可欠な時期に突入している。

第2章 盛り場は「ボイコット」、料亭で「芋掘り」
――暴力の諸形態

第一章では航空隊が立地した阿見村を中心にみたが、今度は航空隊の消費地だった土浦町で巻き起こるさまざまな事件や出来事をみていこう。ほのぼのとした下宿とは対照的に、盛り場では暴力やいさかい、葛藤が噴出する。

繁栄と底辺

土浦は、江戸時代から城下町として発展し、江戸期の水運に加えて、明治期に鉄道が開通し、大正期の海軍航空隊設置とともに、県南の中心的都市として成長していく。商業関係者は、膨大な消費者をもたらす海軍航空隊を歓迎した。一九〇九年生まれの柳田豊三さんは、航空隊の開隊前から「小さな料理店だの呑屋、お茶屋、女郎屋」が土浦駅南の三好町に建ち始め「土浦には今後兵隊が大勢来っから、景気が良くなるぞ」などといって町外から店を開く者が大挙してやって来たと語る。海軍航空隊開隊翌年の一九二三年には、湯屋組合が「海軍兵に限り入浴料の値下げ」を行い、料理店組合も「同様に非常な割引をもって優遇」するなど、海軍兵たちの消費により利益を得ていく。一九三一年末における霞ヶ浦航空隊の一日分の食料費は四四六円に達し、白米は一一四〇トン、生牛肉二〇〇トンの量にのぼった(1)。

また土浦では、霞ヶ浦海軍航空隊の開隊と並行して、町内の川の埋め立てや区画整理が行われた。霞ヶ浦海軍航空隊やそれに伴う県道の工事に引き続き、三五十余名の朝鮮人土工をかかえていた藤川捨吉「親分」率いる藤川組がこれを引き受けた(2)。一九一四年生まれの保立俊一は、朝鮮人土工たちの飯場の情景を書き残している。

低い板張りの屋根の小屋の中心に、大きな鉄鍋をぶらさげてぷんぷんとんがらしとにんにくの臭いを立てながら汁を煮ているのを窓ごしに珍しげにのぞきこんだこどもの頃の思い出や、朝鮮服の女の人達の声高に話していた、わけのわからない異邦の言葉に好奇心を燃やしたものである(3)。

この飯場に、一九二三年九月の関東大震災で危機が訪れる。当日に怪我人がでたわけではない。しかし「四、五日経って不逞鮮人の流言蜚語《りゅうげんひご》が嵐のように伝わり何処の家でも鳶口《とびくち》や棍棒、竹槍、日本刀、拳銃など携えて一人ずつ義務的に出動徹宵《てっしょう》警戒し」ついに五日目の夕方には「土浦駅構内で貨車の下にむぐり込んで乗って来た鮮人を寄ってたかってぶち抜き人事不省に陥らしめた」。関東一円に広がった朝鮮人虐殺事件の波が土浦にも押し寄せていた。しかし藤川が飯場からの外出を厳禁し、組の者に警備させたため、朝鮮人土工たちは難を逃れた(4)。

埋め立てにより桜川の北岸新開地として造成されたのが桜町であり、一九二六年に土浦市内の各所

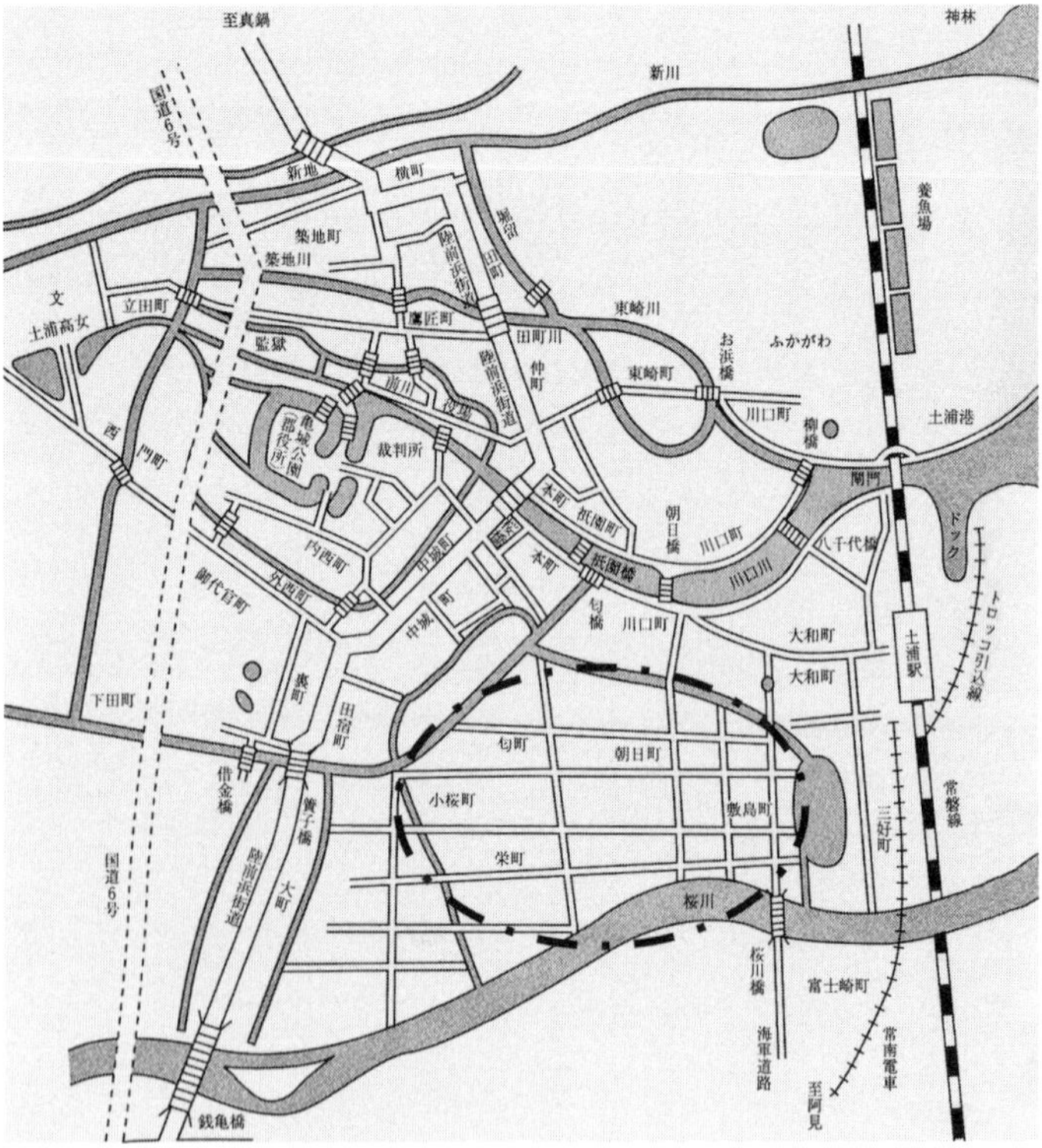

図 2–1　昭和初期の土浦町の地図
中央下の川に囲まれた点線円内部(敷島・朝日・匂・小桜・栄町)が桜町．埋立地の新町名の由来は本居宣長の歌「敷島の大和心を人問わば朝日に匂う山桜花」といわれる

から、待合《まちあい》や芸妓置屋《おきや》、カフェーが集団移転して巨大な歓楽街となった(図2－1)。集団移転は、軍の非常召集や取り締まりに都合がよかったからだといわれる。待合と芸妓置屋と料亭の三つの業種は、風俗営業のため警察の許可が必要であり、これらを集約した指定地域は、「三業地《さんぎょうち》」と呼ばれる。土浦の場合は、いくつかの料亭が移転を免れたためか、桜町は主に「二業地」と資料に記載される。霞ヶ浦海軍航空隊の隊員が七〇〇〇名を

超えた一九三六年が最盛期で、土浦の芸者数は県都水戸並みの一二三名、芸妓置屋は二八軒、待合は二三軒にのぼった。(5)

一九四〇年から四三年にかけて、桜町の中心にあった「巡邏控え所《じゅんら》」で海軍兵を取り締まっていた下士官・巡邏伍長の柿沼富蔵によると、「一般の人間も遊びに来るが、土日はほとんど海軍の兵隊」だった。兵士たちは外出時の持ち物検査の際に全員、避妊具と性病予防の軟膏をもたされた。「なんせみんな若いんだから、精力は余っているよ。そのはけ口をこしらえてやらねば、とても軍隊なんてやっていけない。命令ばかりして、ぶん殴って、それで若い兵隊がちゃんとついてくるかというと、そんなもんじゃない」と柿沼は悪びれた様子もなく語っている。(6)

公娼制度があった時代である。土浦の元芸者・梅香が語るところによれば、士官は待合へ、下士官以下は「女やさん」(遊女屋・貸座敷)へ行くという厳格な区別があった。「玄関があって真中に暗い廊下がずーと通ってる」遊女屋には、二〜八名の遊女がおり、最盛期には七〇〜八〇軒にのぼったと語っている。(7) 公娼の供給源は、貧農や都市下層民、不況で解雇された女工、被差別部落の女性、そして植民地支配下の朝鮮人女性や「満州」などの中国人女性たちなどであった。一方で、需要を増大させていったのが軍都で、軍隊誘致において兵営と遊郭の設置はセットであり、商業的利益に加え地方税増収をもたらした。(8)

芸者も貧しさとともにあった。一九〇九年生まれの小千代は、小学校卒業後すぐに芸者屋に入れられた。卒業前に奉公に出されることも多かったので「私などは六年を卒業しましたからまだ良い方」だという。「女中だの子守りになったのでは前金がもらえませんが、芸者屋に入れば何百円とまとまったお金が入って、それで借金も払えるし、暮らしも立ちいく」と、どんな表情で語ったのだろうか。(9)当時の芸者たちは、前金に縛られ、客からの祝儀も置屋などに搾取され、カフェーとの競争で値下げのしわよせがくるなかで、表稼業だけでは生活が成り立たなかったとされている。(10)社会の周縁や底辺におかれた人々の上に、軍都の繁栄は成り立っていた。軍都の饒舌の陰にたしかに存在した彼らの声は、耳をすましてもなかなか聴こえてこない。

婦女暴行からボイコット

一九三二年編纂の郷土史『土浦史』は、航空隊の開設当初から、お客様扱いでちやほやされていた水兵たちがおごり高ぶっていた様子を書き留めている。(11)

土浦町は航空隊の開設により裨益《ひえき》するところが頗《すこぶ》る甚大なのと、珍らしいために海軍人を非常に優遇し、当時海軍にあらざるものは人に非らざるものの如き感が濃厚であった関係から水兵連が大いに発展し、兎角《とかく》粗暴の振舞が多く浄真寺事件の如きも表面に現われた一つの事実に過ぎなかった。

軍への批判は書きにくかった時代でありながら、軍隊関係者も読んだであろう公的な郷土史に「海軍にあらざるものは人に非らざるものの如き」などと書いたのだから、よほどひどかったのだろう。「浄真寺事件」とは、一九二四年二月に、内西町のカフェーで飲食した水兵が泥酔し、浄真寺(立田町)

付近で通行中の婦女を待ち伏せし、工女を捕まえて境内に担ぎ込んで凌辱した事件である。土浦署が捜査したところ、カフェーで水兵の着ていた外套を押収し、(おそらくカフェーを再訪した)犯人を検挙し処罰を行った。

これで一件落着かに思われた矢先、航空隊が反発する。警察に対して、水兵の身柄の引き渡しを要求したのだ。たしかに海軍航空隊は先述した巡邏伍長のような、風紀取り締まりや犯罪処理を行う警務班を町内に巡回させており、二業指定地内の隊員同士の喧嘩や傷害事件などの小規模な事件は巡邏が処理していた。しかし、いくらなんでも、指定地外で起きた婦女暴行事件である。警察は身柄の引き渡しを拒否する。妥当な対応のはずだが、メンツをつぶされた航空隊は強硬措置に出た。

巧妙にも、軍の矛先は直接警察ではなく、土浦市街地の商店へ向けられた。航空隊は「料理店が犯人たる水兵を庇護せぬのは不誠意極まると憤慨し」水兵の外出を一週間禁止したのである。当時隊員数二四〇〇名ほどの航空隊に依存していた二業地や商店は閑古鳥が鳴くようになり、「大いに狼狽《ろうばい》し」た。商工会は町長に解決を求め、町長ならびに町議会、商工会、三業組合の代表が航空隊へボイコットの解除を嘆願したが、なかなか聞き入れられなかった。数次にわたる折衝の結果、ボイコット一〇日目にして「遂に物価の値下げをして謝罪、ボイコットを解禁して貰《もら》い料理店側は水兵に限り特に酌婦の賃貸料及び飲食代迄値下げし歓待振りを示した」(12)。航空隊関係者に対して一般の商店は一割引き、特殊飲食店は三割引きとなった。

海軍側の資料として、霞ケ浦海軍航空隊の教官で副長付きも務めていた戦闘機パイロットの三和義《よし》勇《たけ》の回想録がある。元副長・山本五十六死去時の追悼文で、細かい事項の信頼性は低いけれどもいくつか興味深い点を挙げよう。[13] 注目すべきは、土浦に借家していた五〇名ほどの下士官が全員立ち退き、「航空隊に近い方に、借家がなかなかなかったので、百姓屋の間借り等をし」「土地の有力者を説いて、水上隊との間の坂の中腹に、下士官が入る手頃の借家を建てさせ」たと書かれていることだ。借家までボイコットしていたことも驚きだが、代わりの間借りや借家は、ちょうど第一章で論じた青宿集落近辺である。ボイコット事件は阿見の下宿・借家の繁栄を後押ししたことになる。

また、士官や航空隊来訪者も含めて土浦駅ではなく隣の荒川沖駅を使わせるほど土浦への外出自粛を徹底した。兵員たちは外出できない代わりに隊内で野球や陸上競技をして楽しんだという。そして和解に際して土浦町は、外出時に過ごす下士官兵集会所の献納を約束したとある。実際に一九二六年に霞ヶ浦海軍航空隊司令から海軍大臣へ下士官兵集会所の設立認可を求めた公文書に、土浦町が「営造し無償提供し来れるものを使用」と書かれているので、土浦町がボイコット事件後に無償献納したことは間違いない。郷土史が書いた以上に、ボイコットの影響は大きかったようだ。

この事件を海軍側も単なる外出(海軍用語でいえば上陸)禁止ではなく「ボイコット」と呼称し、郷土史も「第一回ボイコット事件」と呼称している点が興味深い。いかに航空隊がモノ・サービスを買う巨大な消費者であり、地域を経済的に依存させていたかを物語る。

第一回ボイコット事件後、「浄真寺事件以来土浦署と航空隊との反目が露骨にな」り、一九二五年五月、中心市街の仲城に、陸軍の水戸憲兵分隊土浦分駐所が開設された。[14] 軍隊と警察の反目については、一九三三年に信号無視をした陸軍兵を巡査が取り締まったことから大阪で起きたゴー・ストップ事件が有名だが、[15] 軍と警察との犬猿の仲は、ここ土浦にも早々みられたのだった。旧日本軍の憲兵は陸軍大臣が管轄し、海軍は一九四二年の海軍特別警察隊設置以前は憲兵を置いていなかった。つまり、法的な司法警察権をもっていたわけではない海軍の巡邏を補うものとして、陸軍の憲兵分隊を置き、警察に対して軍の治安維持領域を拡大していったことになる。

ちなみに治安悪化は土浦に限らない。『阿見村発達史』は、飛行場建設開始後の数年間について「村内には多数の兵員職工が散存寄寓《きぐう》し、或いは土工の争斗〔争闘〕に、鉄工の殺傷にしばしば忌むべき事態を演じ、或《あるい》は賭博姦淫の風説すら伝わり、兵員の行動の如きもまたひんしゅくすべきものなきにあらず」と記している[16]。たとえば一九二四年春には、阿見小学校前の飲食店で、泥酔した水兵同士の喧嘩による傷害事件が起きていた[17]。全治三週間のケガを負わせた水兵は、外出禁止と善行証書没収の処分を受けているが、民間人が巻き込まれていないため、記事に警察は登場しない。この事件は氷山の一角であろう。

第一章で触れた「善行美談[18]」のなかにも、水兵に関するエピソードがある。霞ヶ浦海軍航空隊に近い大岩田小学校に匿名の寄付金が届いた際に、同校の職員たちが「水兵さんと云うとなんだかお酒のみのお金使いの荒い人を想像するのに、その方余《よ》程《ほど》感心な方ね」と話したという。この会話は創作であるにせよ、当時の一般市民が水兵に対して抱いていた放蕩者のイメージをうかがわせる。

殉職パイロット慰霊の花火大会

第一回ボイコット事件の翌年（一九二五年）九月、土浦では、神龍寺住職の秋元梅峯が率いる大日本仏教護国団主催の「煙火大会」が開かれ「十万余の観衆を集め全町を埋め、町民を驚嘆させた[19]」。こ

図2-2　霞ヶ浦海軍航空隊航空殉職者供養塔(現存)

の花火大会こそ、現在も日本三大花火大会の一つに数えられる土浦全国花火競技大会のルーツである。詳細は不明だが、当時霞ヶ浦海軍航空隊副長だった山本五十六が神龍寺境内の借家に住んでいた[20]。彼の故郷である新潟県の長岡は、明治から花火大会が催されており、現在も三大花火大会の一つである。山本が秋元に入れ知恵をしたのかは、読者の想像に委ねたい。

大日本仏教護国団は、「免囚保護事業」から「施療、助産、人事相談、職業紹介、授産、救済」、さらに「産業展覧会」開催まで、幅広い公共事業を手掛けていた団体だ。また、秋元は「〔外出中の〕海軍兵が帰営時間に遅れぬよう、サイレンを架設し毎朝六時に汽笛を鳴らし」ていたなど、海軍に対して親和的な人物であった[21]。一九三五年には神龍寺境内に、「霞ヶ浦海軍航空隊航空殉職者供養塔」を建立しており、奥に立つ「供養塔賛助者芳名」には土浦の町民や団体の名前も多く並ぶ(図2－2)。

このような経緯で花火大会は、航空隊の殉職パイロットの慰霊を掲げていた。土浦町立図書館の日誌は、一九二五年六月二五日に発生した墜落死について「悲しむべきことなり」と書いている[22]。一九二六年一〇月九日付土浦町立図書館日誌には、「霞浦海軍航空隊殉職将士追悼会」が開かれ、「弔意を表する為 煙火大会を開催せらる」と書かれ、翌一〇日に第二回煙火大会が行われた。

第一回大会の様子を新聞から見てみよう。午前中の打ち上げ花火競技には、北は北海道から南は台湾までの花火業者が参加し、七〇〇発を打ち上げた。午後開催の霞ヶ浦海軍航空隊殉職者二一名の「追弔祭《ついとうさい》」は、秋元以下十余名の僧侶が読経し、航空隊からは司令・副官(山本五十六)以下一六名が、町からは町長や土浦警察署長など多数が参列し「厳粛」に行われた。一方、式典中に大勢の市民が見ていたのは空の花火と航空隊の飛行機であろう。「空には遠雷のとどろき七彩の綾が彩られて地には歓声わき」「空の勇士の霊を弔う同隊町田大尉指揮の偵察機三機と三和中尉指揮のアプロ三機とは編隊で各種高等飛行の妙技を演じ五万と称せられる群衆をすっかりよろこばせてしまった」。霞ヶ浦にも大小の船舶が浮かび、夜にも花火は打ち上げられた[23]。

なるほど、霞ヶ浦神社の例大祭と同じく、賑やかに航空殉職者を弔う「祭」である。一九三一年の大会では「汽車〔、〕自動車によって押かけた観衆は広大なる〔工業地の桜川〕埋立地を埋め拳闘、サーカス、犬芝居その他の掛小屋は大入り満員の盛況」だった。縁日のような光景だ。翌三二年には土浦煙火協会に主催が代わり、町を挙げての大会には、二日間で二〇万人ともいわれる人出があったと報じられた。一九三五年の大会の「花火景気」の様子を新聞は次のように報じた。「早朝から観客押寄せ大賑わいを呈したが会場付近の興行物、各種売店は勿論、全町各商店は花火景気に恵まれ鉄道バス業者と共に大ホクホク〔。〕中には白米十五俵を一日に炊いたと言う飲食店もある[24]」。

土浦市民が殉職将兵を慰霊し経済効果を得る花火大会は、海軍と地域を結びつける結節点の一つであった。

爆音の町の風情

花火に加えて土浦の町のサウンドスケープ（音風景）を構成した大きな音は、空を飛び交う、プロペラ機のエンジン音である。一九二八年に土浦を漫遊した評論家・茅原華山は、飛行機について次のように記している。

> 土浦に宿る毎に、飛行機で目を醒まされる。二十一日の朝も、亦《また》飛行機で夢を呼び覚まされた。〔中略〕欄干に依って望めば、水陸両様の飛行機が、プロペラの爆音凄まじく、数十台入り乱れて、千鳥の群れ飛ぶ如く、鵬《おおとり》の天翔るが如く、鳶《とんび》の輪を描く如く、或は雁陣《がんじん》の列をなし、時には横転、逆転、宙返りの妙技を演じている。殊にこの朝はノビレ少将を乗せて北極に向った飛行船と同じ型のアストラ第五号が、空中における怪魚として、飄飄乎《ひょうひょうこ》として、その姿を現わした。文明《バック・ツー・シヴィリゼーション》に戻った。(25)

たしかに「プロペラの爆音」はうるさかったのだろう。けれども、それは、騒音公害というよりも、この地域ならではの「文明」の音として聞こえていた。

また、芸妓たちが踊り歌う「土浦音頭」という民謡がつくられた。一九三二年四月には、常磐線の終着駅である上野駅の新築落成祝いで、同地にある松阪屋百貨店にてお披露目がなされた。歌詞をみると、四番あるうちの二番に、航空隊の飛行機が登場する。(26)

十六七は　砂山のつつじ
寝いろとすれば　起こさるる
逢いたさ見たさ　夢見てばかり
ねざめ優れぬ　暁かけて
手枕近き　プロペラの音
れんじあくれば　燕がえし
伸すは　翔るは　飛行機の
道を　遮る　雲とてもなし

「十六七」歳の娘の夢見がちな恋心を「つつじ」に、娘を気にもかけない男を、自由奔放に飛び回る飛行機にたとえた、と解釈できるだろうか。驚くべきは、飛行機の「プロペラの音」に早朝から起こされてしまうほどの騒音が問題視されるどころか、ある種の風情のように歌われていたことだろう。

水兵をヤクザがしばいて第二回ボイコット事件

地上に目を向ければ、「第一回ボイコットに勝った水兵連は上陸〔外出〕の際は言語に絶した乱暴狼藉を働」いていた。一九二九年四月、桜川堤が花見客で賑わっていた頃、『土浦史』いわく「第二回ボイコット」事件が起きた。[27] きっかけは、「二等〔業〕指定地を素見《すけん》中の一水兵が海上家〔という料理店〕の酌婦より羽織を奪い、矢庭《やにわ》に泉水の中に投げ入れ逃走したので目撃した地廻り連が憤慨追跡し、藤川組の土工と協力し引捕え散々殴打し負傷させた」事件である。水兵が「散々殴打」されるとあって航空隊は、外出禁止を行った。水兵たちの乱暴狼藉ぶりは「当時既に町民の非難をかっていた折」であり、「町民中には可成《かなり》頑強なものも居た」と郷土史は書く。しかし、結局は「料理店の大半が軟化し平謝りに謝って又も値下げをなし」たことで外出禁止は解かれた。

注目すべきは、道理があるとはいえ過剰な私的暴力を振るった「地廻り連」と「土工」は処罰されていないことだ。何も悪くない「料理店」の陳謝と値下げで「解決した」、奇妙な事件である。ここで少し軍都の裏社会をのぞいてみよう。

海軍が治安維持にあたり、警察が手出しできない二業地で、水兵をリンチしたのは「地廻り連」いわゆるヤクザの類である。彼らと「協力」した土工が属する藤川組は、先述した通り、朝鮮人土工を率いて、航空隊工事や二業地の埋め立て工事を請け負った土建業者である。「侠友会の山野辺政弥」らの「金筋〔筋金入りのヤクザ〕」を抱えて「いんぜんたる勢力」をもっていた。(28)「飲む買う打つの大やくざ」山野辺は、複数の組の土工が入り喧嘩や賭博がはびこった航空隊工事現場で顔役として幅を利かせ「喧嘩とくりゃ手が早くおまけにあたりかまわず喰らいつくのでスッポン政の綽名《あだな》があった」。(29)「地廻り連」が誰であったかは不明だが、山野辺の姿があっても不思議はない。

藤川捨吉親分も、黙っていたとは思えない。土浦劇場を建設し、侠友会の山野辺らを動かして「夜店市」を開くなど、自らが造成を担った二業地の振興に努めていた。さらに一九二七年には資本金四億円の独占企業「東京電灯」を相手に町民を巻き込んだ不納同盟を結成して値下げ運動を大々的に展開し、値下げを勝ち取って町民の人気を集め「一躍県下に名を知られるに至った」。やがて一九三二年には土浦繭糸《けんし》市場を経営する大事業家・豊島庄十郎に対する、朝鮮人日雇い人夫たちの労働争議に、身銭を切り配下の朝鮮人土工とともに加勢するような、反骨の義侠である。(30)「地廻り連」と「土工」の処罰なしにボイコットが終結した背後に、藤川の「いんぜんたる勢力」の影をみるのはあながち的外れな推理ではあるまい。ただ、藤川が「可成頑強なもの」の一人だったとしても、航空隊は工事を請け負う相手ゆえ全面対決は避けたのかもしれない。迷惑を被った側の二業地の料理店が陳謝するという顚末は、第一回ボイコットを踏襲した、政治的な幕引きにみえる。結末は同じだが、第一回よりも、水兵と航空隊にやられっぱなしではない様子がうかがえる。

さて、海軍による二業地内の治安維持はどうなっていたのか。一九四〇年頃の様子だが、巡邏伍長柿沼に語ってもらおう。そもそも巡邏伍長は、衛兵伍長とも呼ばれ、艦船の管内の警察・整頓・規律に関する全般に従事していた役職である。港の繁華街などでも巡邏兵を引き連れて巡回し、兵の取り締まりを行っていた。(31) 航空隊の町・土浦においては、花街の中心部にある「巡邏控え所」に詰めており、一晩に四回、定時的な巡回を行っていた。店に対しては立ち入り禁止、兵に対しては暴力による制裁と班長への報告を行っていた。

しかし実態をみれば、兵士たちは巡邏が来れば姿を隠し、店側も巡邏の巡回時間をおおよそ把握していた。柿沼の取り締まりも緩やかで、最も頻発した兵士と「女郎」のトラブルについても、個々の兵士の経歴に傷をつけないために、隊へは報告しなかった。(32) たとえば次のようなエピソードを語っている。

町の男ら四、五人と整備科の兵隊が土手で乱闘になって、町の男らはみんな川の中に投げ飛ばされたが、別に大した怪我《けが》もなくて、事件にもならなかった。それというのは、当時は警察は兵隊には手を出せない。あの辺りの海軍のことは全部私の管轄《かんかつ》で、たとえ町の人間が警察に訴えても、警察は海軍には頭が上がらなかったから、どうにもならなかったんだ。たとえ警察署長でも私の方が力があった。(33)

たしかに二業地内に限れば、一下士官が警察署長より力があったと威張るのも誇張ではないだろう。警察は手が出せず、海軍の巡邏は身内に甘いとなれば、「町の男ら」は喧嘩で憂さを晴らすほかなかったのだろう。

在郷軍人が調停した第三回ボイコット事件

一九三一年五月の「第三回ボイコット事件」は、警察もヤクザも登場せず、きっかけも「航空隊の一水兵が二業地料理店豊の屋に登楼し待遇問題より憤慨し器物を毀棄《きき》した」ことに過ぎない。航空隊は料理店の損害賠償請求額が不当だといって「兵員の二業地入りを厳禁し」た。(34)全面的な外出禁止ではなく、あくまで二業地の狙い撃ちである。当時の新聞記事によれば「〔泥酔した水兵が〕靴のまま座敷へ上がろうとしたため酌婦たちに押出された際硝子《ガラス》戸を破壊し」たとある。おそらく水兵側は、酌婦が押したから壊れたので自分は悪くない、とでも言い張ったのだろう。料理店は一五円の賠償を要求したが、折り合わず、「航空隊創設以来既に航空隊と二業地との間に禁足問題を起したことは三回に上った」[35]。

五月五日火曜日からはじまった「禁足」は厳格だった。「二業地を中心とする六ケ所の辻々に哨兵を立たせて出入を監視する一方（、）何《いず》れも下宿世帯等をたたんで禁足地外に引越す騒ぎで同地域の各営業者とも大恐慌を呈している」[36]。しかし、五月九日土曜日の朝には「航空隊側の希望を全部容認するかたちで調停が成立して、兵員の外出が多い日曜日には解禁された」[37]。

第三回ボイコット事件で注目すべきは、海軍出身の在郷軍人たちが調停に重要な役割を果たしたことだ。「航空隊と町との円滑を計るため創立された海軍班では事態容易ならずとボイコットの調停に乗り出し、（陸軍の）憲兵分隊長と共に航空隊並《ならび》に料理店側と折衝を重ねた」と翌年編纂の『土浦史』は書く。海軍班は、町から五〇円の奨励金を交付され、一九三一年二月に創立されたばかりの海軍出身の在郷軍人団体である。班長・大内常男は、日露戦争の日本海海戦（一九〇五年）で勲章を授けられ、海兵団からのたたき上げで海軍特務中尉まで出世した人物で、兄が元土浦署長であったことも調停に役立ったのだろう。副班長の倉知銀次郎は、海兵団あがりの元海軍パイロットで、センピル教育団（本書一五、一八頁参照）時代から霞ヶ浦海軍航空隊に勤務し、退役後は二業地の一角の匂町・小桜町の区長代理に挙げられた。憲兵隊、航空隊、土浦署の「懇望」により海軍班創立委員長となったという。地域と航空隊を結ぶ人材が育ち始めていたのである。日常的にも、海軍班は、軍人思想普及大会開催、花見シーズンの救護活動、航空隊から払い下げられた消防自動車を用いた防火活動を行っていった[38]。

払い下げと書いたが、もともと霞ヶ浦海軍航空隊は当時珍しい消防自動車を保有しており、町内で火災が起きれば派遣していた。『霞空十年史』は「派遣防火隊員の活動に依って平時に於ける軍隊の声望を民衆に示しつつあり」と消防自動車が並ぶ写真のキャプションに記している。一九一八年生まれの櫓戸博によると、小学一年生のときに五十銀行（現・常陽銀行）の暖房から火事が起きた。「海軍航空隊の消防自動車が数台、松床旅館と保立食堂の前に布陣して、消火作業をしたことを昨日のように覚えております」[39]。航空隊の出動が町民から歓迎されたことは想像にかたくない。

航空隊による水害救援

一九三八年と一九四一年、大洪水で市街地が水没した折には、航空隊からの災害救援が行われた。霞ヶ浦湖畔に位置し、多くの河川が市街地を通る土浦は、たびたび水害に見舞われてきた。

一九三八年六月二九日の水害は、江戸時代以来といわれる、市街が軒並み水没した大きな規模だった[40]（図2−3）。町当局は、午後三時に消防団と霞ヶ浦海軍航空隊に応援を求め、午後七時近くまで桜川堤防の補強作業が行われたが、水かさは増す一方で断念、深夜に堤防は決壊した。霞ヶ浦航空隊は、三〇日未明から隊員八〇〇名を派遣して、海軍の舟や漁師から借り上げた小舟に乗り、水没した市街地で逃げ遅れた人々の救助にあたった。結果的に市民の犠牲者は三名にとどまった。むしろ、二四歳の三等航空兵曹が閘門《こうもん》付近で救助作業中に、濁流にのまれ殉職している。

やがて三〇日夜には、水戸から陸軍工兵隊も到着、霞ヶ浦航空隊は、さらに沿岸漁民から大小三〇隻の漁船を借り上げ、食糧配給も行っていく（図2−4）。市街地は、霞ヶ浦や桜川の水位よりも低い位置にあり、排水を行っても三週間ほど水に浸かっていた。まだ水に浸かるなかで招集された町議会では、霞ヶ浦海軍航空隊と陸軍の水戸工兵第一四連隊を全議員が訪問して感謝の意を表し、殉職航空兵の遺族に弔慰金一五〇〇円を贈ることを議決した。同時期に編纂中だった『土浦郷土読本』の「第二十五課　噫《ああ》！　大水害」は、「籠城生活」のなかで「朝・昼・晩と救護に配給に交通に、懸命に活躍される白服の海軍さんとカーキ色の〔消防〕団員とは、我々にとって救いの神であり、力強くも頼もしき感謝の的であった」と書く。多少オーバーな表現だが、被災住民にとってありがたい援助だったことは間違いなかろう。

一九四一年七月の水害でも、霞ヶ浦海軍航空隊が出動し、二五〇人の隊員が、地元消防団員五百余名とともに、桜川堤防に土嚢《どのう》を積む補強作業によって決壊を防いだ（ただ、別の川の堤防から氾濫して市

図 2-3　1938 年，水没する土浦駅前大通り
通りの中央に海軍の短艇(カッター)があるほか，少なくとも 10 名ほどの水兵がいる．右に多田自動車の建物

図 2-4　1938 年，駅前通りで食糧配給する霞ヶ浦海軍航空隊隊員
右奥に「飛行場ゆき自動車」の看板がみえる

内は水浸しとなる）。夜を徹した作業には、航空隊の直径二メートルのサーチライト二台が使われたという[41]。水害のたびに出動した「白服の霞ヶ浦航空隊員の目醒《めざま》しい復旧作業[42]」は市民の記憶に刻まれていった。

モテる「海軍さん」

「海軍さん」人気も高かった。柿沼巡邏伍長は語る。

あの当時の海軍さんというのはそれこそ女性の憧れの的だった。巡邏控え所の近くには〔中略〕裁縫所があったが、そこには田舎から裁縫を習いにくる若い農家の娘さんたちが四〇人余りも通っていた。〔中略〕その辺りは花街のど真ん中だから海軍さんが一年中うろうろしている。それでそこの裁縫所に通っていた娘らは、殆んど全員海軍と一緒になったな[43]。

かくいう柿沼も、故郷の許嫁をさしおいてカフェーの娘と結婚し土浦に定住する。
前章でみたように、町の女性たちは、単に海軍の制服などにあこがれていたということではない。公務員・サラリーマンの妻（主婦）になれるチャンスだった。一方の下士官たちとて、農家の次三男が多かった。たとえば町の娘との結婚は地位上昇のチャンスにもなりえた。「航空隊で満期となった下士官の多くは、地元の商家に入り婿する者が多く、小城銀次郎兵曹などは、後に土浦自動車会社社長となって、成功談が語り継がれている[44]」。小城は、第三回ボイコット事件の調停に貢献した海軍班の副班長に名を連ねており、おそらく海軍班のなかには同じような者も多かったのではないか。航空隊員と住民との縁戚関係構築が、軍隊と地域をより強く結びつけていくのである。

とりわけ町民からの羨望の的になったのが、階級の高い海軍士官だった。先述した神龍寺住職・秋元梅峯の「才媛の誉れ高い」長女、また「ミス土浦」に選ばれた土浦郵便局長の息女と航空士官との結婚が、町の話題をさらった。(45) 飛行場開設とともに一九二一年から着任した整備兵は、「街へ出ると海軍の航空士官というのは、とっても女性にもてましたね。芸者達もそれは大変な取り持ちようで、整備兵などとは格別の、特別な人間扱いでしたな」と回想する。(46) 元芸者梅香・小千代のおしゃべりにも耳を傾けよう。

梅香　とにかく、当時の海軍士官といったらほんとに素敵でねえ。玄人、素人を問わず、女にはもてましたねえ。

小千代　それはもう〔中略〕何しろ姿が良かったですもの。体格が良くて頭が良くて、しかも若くて、気性がすっぱりとしている人が多い。夏は白い軍服に短い剣を下げて、その剣の鞘《さや》がちらちらと見える。冬は紺の洋服に短かいマントを着て、帽子を被《かぶ》って、サッサッと歩調を合わせて街を歩く。だから商家の若い娘さん方も海軍さんに憧れちゃって、とうとう結婚した方もいると聞いてます。

梅香　どうしてあんなに魅力的に見えたのかしらねえ。第一、眼の光ってものが一般の人間とは全然違ってた。飛行機に乗って、生きるか死ぬかの境目で訓練してたからかしら。

小千代　確かに〔中略〕戦争が起これば俺たちは死ぬんだっていう覚悟が、口には出さないまでも芸者の私たちにもひしひしと伝わるものがあって、時には人間とは別の、何か恐ろしいもののように感じたこともありましたね。(47)

軍服や身のこなしのような独特の外見に加えて、事故死や戦死のリスクを負った生き様までも、畏怖するような「魅力」を感じさせたという語りが印象的だ。

料亭で「芋掘り」

街中をスマートに歩く士官たちは、料亭の中ではまったく違う顔をみせる。料亭の霞月楼の芸者だった小藤は、若い海軍士官たちが、上官が帰ると、「芋掘り」と呼ばれる、料亭で器物損壊をしてまわる「遊び」に興じていたと語っている。

わあわあと騒いでいるうちに、誰かが「海からタコが上がった、ソーレ、いも掘りだ」と叫ぶ。そうするとみんな総立ちになって、わあわあと叫びながら、大広間の畳をみんなはがしちゃうんです。なんで海からタコが上がるのか私たちにはさっぱり分からないけれど、とにかく大変な騒ぎですから、芸者たちは三味線でも太鼓でも大急ぎで片付ける。そうしている間に、海軍さんたちははがした畳を山のように積んで、その上に乗って、ドンドンと天井を足で蹴ってぶちぬいちゃう。私らは何かいいものを壊されたりしたらば大変だというので、掛軸だの飾り壺なんぞをしまいながら、それでも怖いもの見たさに眺めていると、何人もで畳に上がって、ぶち抜いた天井穴から入り込んで、ドタドタと歩くんですが、体格のいい男が歩くんですからたまりません。天井が抜けてドスーンと落ちてくる。(48)

芋掘りの由来は不明だが、タコは士官を指す隠語であり、蛸が夜に陸に上がって芋を盗むという言い伝えにちなむ、あるいは海軍創設期の士官の多くがサツマイモ産地の薩摩出身だったことにちなむなどといわれている。(49)『帝国陸海軍事典』の末尾に列挙されている「海軍士官の隠語」をみると、「イモをほる」は「酔って乱暴すること」とある。(50)畳を使わなくても、乱暴ごと全般を呼んでいたようだ。たとえば一九二五年の早春に、横須賀鎮守府長官と茨城県庁の高官が霞月楼で宴を開いた際に「飛行学生らの若い猛者連が数人、この宴席に途中から入り込んで、宴会を無茶苦茶にしてしまい、そのあげく数名の怪我人さえ出す」出来事も芋掘りだったのだろう。(51)極めつけは「アフターフィールドマウンテン」＝「後は野となれ山となれ　料亭に不義理するとき使う」という用語も載っている。このような言葉ができるほどに、日常茶飯事だったのだろう。

まったく迷惑な話だが、バカ騒ぎは夜の料亭内のみだった。昼の町中に出ると、彼らは〝スマートな海軍士官〟に早変わりして、対面を保っていた。

夜、お酒を飲んで、芋掘りだあなんて言って、お茶屋の畳を全部バタバタって剝《は》いで、山のように積み上げて、その上に登って唄なんぞ大声で歌っていた大尉さんが、翌日たまたま町で顔を合

図2-5　松の間で開かれた大宴会の様子
ただし1922年のイギリス人教官歓迎宴会のもの．中央のイギリス人は日本人士官から頭にビールをかけられている．左奥に芸者も何人かいる

> わせたりすると、まるで別人のように真っ白い軍服に剣を下げて、背筋を伸ばしてサッサと歩いて来て、目が合ったりしてもまるで仮面のように無表情で通り過ぎちゃう。もっとも、昼間から芸者と顔を合わせてにやにやしてるようでは軍人としてどうにもなりませんが、その身替りの見事さに憎らしくなるようなこともありましたよ(52)。

と、先述の小千代は語っている。士官たちの「暴力」は、夜の料亭という限定された時空間で、対応に慣れっこになっている芸者たちの面前でのみ解放されていた。

留意すべきは、宴会全体が無秩序だったわけではなく、むしろ一連の秩序立った「宴会作法」の最後に、「無礼講」が組み込まれていたことだ。実際に、霞ヶ浦海軍航空隊に操縦教官として勤務していた海軍兵学校出身の磯部利彦は、一九四三年秋から四四年にかけて宴会幹事を務めていた(53)。戦時下のため酒は航空隊の酒保《しゅほ》(売店)から提供したものの、時には航空隊を挙げて士官数十名が、霞月楼の百畳敷き大広間(松の間)で宴会を行ったという(図2－5)。磯部いわく、海軍の「宴会作法」によれば、第一幕は、幹事の開会の挨拶や高官の訓示に始まり、全員着座のままで、舞台上の芸者たちの歌と踊りを見るなどする(図2－6)。第二幕で、杯のやりとりが始まり、席を移動するようになる。そして宴もたけなわとなり高官が退席すると、「無礼講」の第三幕が始まり、芋掘りが行われる。「裸踊りやタコ踊りは序の口、卑猥な歌（ヘルソング）を大声放歌し、酷いのは、畳をひっくり返して積み上げたり、二階の窓から下に小便したり、悪質なのは芸者の着物の裾を捲り上げたりする」……このあたりは、あまりにひどすぎて元芸者たちも語らなかったのだろう。

しかも「芋掘り」は海軍航空隊公認であり、損害補償を行っていたようだ。「海軍さんの偉い方たちもこんな遊びは公認していたらしくて、後で会計の人が来て損害も払って行きました。芸者の中に着物を汚された人があったりすると、おわびに包み金が出たんです」と霞月楼の小藤は証言している[54]。同様に、山水閣の芸者・小勘吾も「当時は海軍さんは天下を取ったように威張ってましたから、好きなようにやらせていたんです。海軍の方でも人間に危害を加えるわけではないせいか大目に見て、損害は軍が払ったんですね[55]」と語る。この損害補償には、国民の血税、やがて膨張していく軍事予算のなにがしかが使われていた、ということになるだろう。

図 2-6　芸者の踊りの一例
正月などの祝い事で踊る「五葉の松の舞い」

最後に飛躍を承知でいえば、一見野放図な暴力のようにみえる芋掘りは、むしろ習慣化された祝祭であり、制度化された儀礼なのだ[56]。「作法」に従って一定の時空間のみに解き放たれる、集団的狂乱と感情的沸騰。出入り禁止にならない程度に、ルールやマナーを破ってみせて、翌朝にはクールに日常へ復帰する士官たち。芋掘りとは、暴力がまかり通る戦場でなお一定の規律を保って働く、軍隊という特殊な集団の祝祭ではないか。戦場も、祝祭に似て、日常の規範や道徳が停止され、集団的興奮が沸き起こる時空間であるといえる。だとすれば、芋掘りは、身体に「戦場」状態を無意識になじませていく非公式の通過儀礼なのかもしれない。次にみるように、戦争の激化とともに芋掘りも、より暴力的で鬼気迫る雰囲気を強めることを考えても、与太話として片づけるわけにはいかない何かがある。

「戦争が近づくとますますひどくなって」

霞月楼には現在も、海軍士官たちの「つけ」を記録した「日加栄帳《ひかえ》」が歴史資料室に展示されている。(57) つけの日付をみると一九二五〜一九四〇年までであり、たとえば「昭和十二年十月相生大尉　金二八・四七」の脇に「〔戦場だった〕上海より帰る」などとメモされているものもある。注目すべきは、主に日中戦争緒戦の一九三七〜一九三八年の海軍パイロットたちの戦功や戦死を伝える新聞記事が、当人のつけの近辺に挿まれていることだ(図2－7)。

タイトルを列挙すれば「壮烈！　成都爆撃行　安延少佐手記」「撃墜・撃破実に四十一　昆明上空の大空中戦　海鷲空襲詳報　敵再建の夢に鉄槌」「南京空爆の華　機上射撃の名手　親思いの川口大尉」「漢口・南昌爆撃　殊勲の福島大尉」など中国各地の都市空爆や空中戦の〝戦果〟を伝える記事が多い。一方で、「驚異・身に弾痕一三八発　海の荒鷲岩城機　輝く死の凱旋」「厦門に散る　海の荒鷲・川久保大尉」「気遣わし山下大尉　行方不明の報　至宝・南京空爆の勇士」「自爆の霊に弔い飛行　疋田中尉へ手向けの散華」などの戦死・行方不明記事もみられる。いずれにせよ、海軍航空士官たちは、顔写真付きでセンセーショナルに報道される、戦時下のヒーローだった。戦功記事は当人が凱旋した

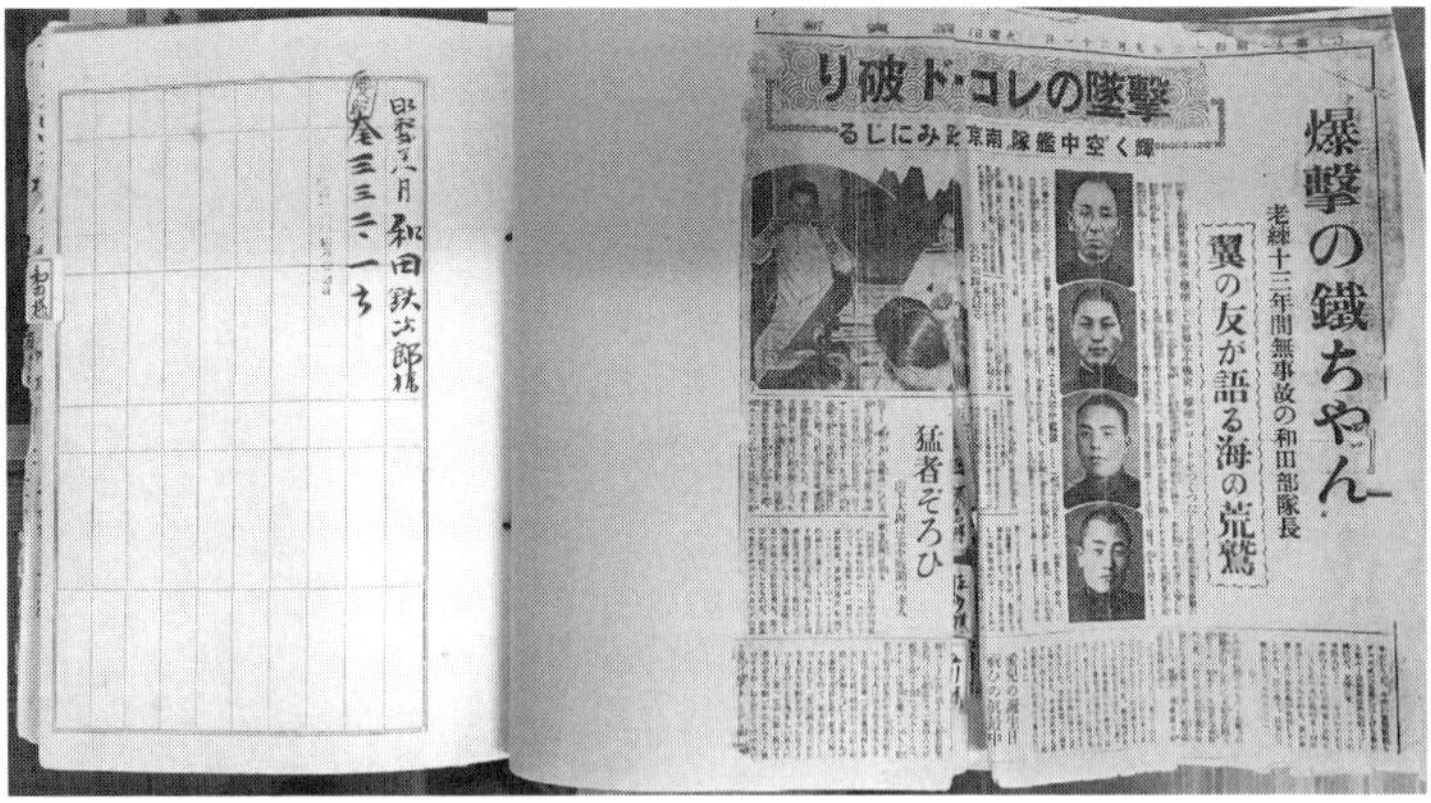

図 2-7　つけ帳と新聞記事
「昭和二年八月」の和田鉄次郎の「三三二円」(高額！)のつけは「受取」スタンプが押されている．1937 年 8 月の渡洋爆撃における戦功や人柄を伝える『読売新聞』記事「撃墜のレコード破り　輝く〝空中艦隊〟南京を踏みにじる」(9 月 21 日付)では，「爆撃の鉄ちゃん」と称され，霞ヶ浦海軍航空隊の教官だったと書かれている．「空中戦闘の達人」の「山下大尉」のつけや「行方不明」の記事もある

際にともに喜び、戦死記事は関係者が来店した際にともに悼むためにスクラップしたのだろう。

日米開戦後のつけ帳は現存しないものの、戦死記事がどんどん膨れ上がっていったに違いない。戦争末期には、芸者たちもモンペをはき、防空頭巾を背負って芸妓置屋から来て、料亭内で着物に着替えていた。士官たちは「常日ごろ、この戦いは負けイクサだと洩らしていた」という(58)。

興味深いことに、先述した芸者たちは、戦争の激化とともに芋掘りがエスカレートしていったと異口同音に語っている。

> 満州事変が始まる頃からは荒れ方が段々ひどくなりましたねえ。厚い硝子《がらす》に四、五人がひとかたまりになってドーンとぶつかる。そしてけがをすると「何だ、指の一本や二本折ったからって、そんな顔をするな、しっかりしろ、しっかりしろ」なんて言いながらまた乱暴しあって、

ワイシャツなんぞをボロボロにやぶいちゃって、天井からぶら下がっている電灯の笠《かさ》だの電球を拳固《げんこ》で壊しちゃうんです。大きな戦争が迫って来たんだなということがヒシヒシと感じられましたよ。(59)

戦争が近づくとますますひどくなって〔中略〕剝《は》がした畳を窓から裏の池に投げ込んだり、天井板をひっぺがしてこれも窓から外へ投げる。飾り物は壊すで、それはそれは大変な騒ぎ。若くて身体を持て余してもいたんでしょうが、同時に俺達は死ぬんだという気持ちがあったんでしょうかねえ。(60)

彼らはたしかに横暴だったのだが、やがて若くして死ぬであろう、同情すべき存在として見られてもいた。軍人による市民への理不尽な圧迫というだけではなく、暴力を受ける側も、暴力をふるう側の事情を察して(もちろん補償前提で)容認している面もあった。(61)

現在の霞月楼には、一九四四年五月に開かれた、海軍予備学生たちの送別の宴に際して、寄せ書きが書かれた屏風が大切に保存されている(図2－8)。「大広間の金屏風に思いのたけを墨痕《ぼっこん》鮮やかに大書揮毫《きごう》することも「芋掘り」の一種である」と語るのは、先述した宴会幹事の磯部大尉だ。実は彼自身もこの屏風に「神州不滅　㊙」と揮毫している。この宴では教え子を送り出す側にいた二三歳の磯部も、まもなく「カス空」(霞ヶ浦海軍航空隊)での教官生活が一年半に達しようとしており、敗色濃厚な戦地へ行く算段だったが、揮毫の翌月に空中火災事故で重傷を負い、幸か不幸か生き延びた。(62)

図 2-8　霞月楼所蔵の寄せ書き屏風
4人いる女性を探してみよう．中央下方にふくよかなヌード，右下方に眼がパッチリの女性の似顔絵，中央右の「不滅」の文字の上には髪を結った女性の後ろ姿，右上の角には端正な女性の横顔が描かれる．「解脱煩悩」(「不滅」の左脇)にはほど遠い

屏風（図2－8）をみると、たしかに「征空萬里」「死生一如」「回天」などの勇ましい文字や、艦上攻撃機とみられる軍用機や軍服・飛行服の人物が描かれている。しかし、「春駒」（図2－9）と「梅太郎」という当時の芸者の名前も目立つ。[63] 複数の女性の似顔絵や後ろ姿や横顔、さらにヌードまで描かれ、「解脱煩悩」という文字が添えられている。霞ヶ浦風物の帆引き船の絵も、「はまぐりと松茸の吸物」や「馬鹿」という文字もある。軍服や飛行服の顔とて、よくみれば精悍さや悲壮感は感じさせない、のほほんとした表情だ。寄せ書きというより落書きだ。

図2–9　春駒（中央）
人気の芸者だった

なるほど、これはたしかに「芋掘り」である。軍服を着た青年たちが、「芋掘り」を通してこそ書き残すことができた、人間味あふれる赤裸々な遺書である。

寄せ書きしたのが予備学生だとすると、大学から入隊し速成教育を受けた学徒兵だ。芸者の小千代によれば、海軍兵学校出身のスマートな士官たちとはまったく違う雰囲気だったという。

学徒出陣でここへ来た士官さんも昔の航空士官とはまるで違ってましたよねえ。〔中略〕長い軍刀を腰に下げてましたが、その様子がまるで軍人になっていなかった。一晩だけ戦地へ行く前に待合で過ごすことを許されて来ましたが、その頃、待合には若い女の子を幾人も置いて、一夜妻というか、慰安させていたんですね。〔中略〕もう遊ぶなぞというものではありませんね、あれが絶

望した者の姿というのでしょうか。(64)

若いエネルギーにまかせて暴れまわり、あるいは奔放な絵を描き残した「芋掘り」青年たちも、戦争という巨大な暴力の渦に、あえなく飲み込まれていった。戦争の激化とともに花街もみるみる衰退していった。(65)

コラム❷　さらにいくつもの芋掘り

芋掘りは、土浦に限らず、各地の海軍の町でみられた。たとえば一九三四年に軍港都市・呉を訪れた作家の江見水蔭は、海軍大尉から、芋掘りの話を聞いた。(66)

呉に限らぬのか、海軍の若い将校仲間に、芋を掘りにでかけるという言葉があって、それは料亭に上って、酒興に乗じ、破天荒の離れわざをするのだそうで。器物を破壊する如きは問題でなく、障子、襖《ふすま》の取脱《とりはず》しは勿論、畳まで引ッくりかえして、一時にドッと引上げるのだそうな。〔中略〕「や、大層乱暴の様にお思いでしょうが、若い士官達が、偶々《たまたま》上陸した時の歓喜の心理は、又別ですから」と桝岡君〔大尉〕、芋ほりの味が未だ忘れられぬらしかった。

このように、長い航海のあと軍港で羽目を外す海軍の伝統的な風習が、海軍航空隊にも持ち込まれたのだろう。

興味深いことに、ある歴戦の零戦パイロットが戦後のインタビューで、芋掘りの〝失敗〟を語っている(67)。一九一〇年生まれ、海軍兵学校六〇期卒業の鈴木實は、一九三四年一一月に霞ヶ浦海軍航空隊で飛行学生となり、念願だったパイロットを目指して訓練に励んでいた。しかし、翌年二月に事件を起こす。

飛行学生の同期生総員で水戸に梅見に出かけたんですが、水戸のレス〔料亭〕で、そのうちの何人かが酔っ払い、エス〔芸者〕につれなくされたことに腹を立ててイモを掘った。ぼくも、西洋音楽のレコードを約五十枚、「こんな外国の音楽が聴けるか！」と、酔った勢いで叩き割ったんです。

鈴木によれば、軍港や土浦など海軍基地のある町であれば、事後的に弁償すれば大目にみられたという。しかし、陸軍の軍都の水戸では通用すべくもない。陸軍の憲兵隊が通報し、陸軍大臣経由で海軍大臣宛に「海軍士官非行の件通知」が出され、当該士官の処分を要求された。当時の霞空の飛行長が海軍省に嘆願して、からくも罷免は免れ戒告処分で済んだ。「「飛行将校」ならぬ「非行将校」のあだ名がつけられました。まあ、元気があり余ってたんですね」。裏を返せば、海軍城下町の土浦では、いくら芋掘りをしても「非行」認定されなかったわけである。芋掘りは海軍の町だから許されたローカル・ルールであった。

もう一つ、一九三四年前後に起きた事件がある。一九一六年生まれの稲毛忠雄は、横須賀海兵団を経て霞ヶ浦海軍航空隊の飛行練習生となり、同期の中で一、二を争う成績優秀者だった。しかし、土浦の市街地で、町の男たちにつかみかかられて喧嘩になり、やむなく数人を投げ飛ばした。

当時の海軍の軍律というものはとても厳しかったんです。特にパイロットは「品行方正《ひんこうほうせい》成績優良の者」であることが要求される。町の者と喧嘩したのではパイロット練習生としては失格なんです。私はそれまでの成績は抜群だったので、航空隊幹部も悩んだらしい。喧嘩をしたといっても向こうが大勢でからんできたのだし、一人は水中から助け上げているのだから、処分すべきではないという意見と、いや、そのような場にあっても冷静沈着であれば喧嘩を避けられたかもしれないという意見とが対立してなかなか結論が出なかった(68)。

結局、後者の意見が採用され、彼は卒業間際で練習生をやめさせられた。同じ飛行学生でも、海軍兵学校出身のエリートはかばわれ、たたき上げの下士官にはルールが厳格に適用されていたのだろう。なんとも理不尽である。

士官とて上には上がいて、階級の違いによる理不尽がある。それは戦争末期に顕在化した。海軍兵学校出身の磯山醇美《じゅんび》大尉は、一九四五年八月に、兵学校出身士官を集めた部隊を率いて、水中特攻兵器「海龍」の訓練に励んでいた(69)。彼らは、横須賀の料亭の小松で、無理やり芸者の着物を剝ぐなど下品で度を過ぎた芋掘りを繰り返したため、荒れ放題の小部屋を毎度割り当てられるようになり、しまいには料亭から締め出された。芋掘りという祝祭は暴走の果てに、料亭という唯一の居場所から追放された。

いよいよ出撃直前になると、特攻戦隊の司令官の少将以下幕僚たちは彼らを小松へ招いたが、なんと、磯山たちは、軍高官たちの面前で、これ見よがしに芋掘りをした。

その偉い人たちのまえで、特攻をかけるのはあんたたちじゃない、我々なんだ。あんたたち戦争やらんじゃないか、我々が戦争をしているんだと、大暴れしたんです。ところが偉い人たちは、もう命を捨てるやつは手に負えんと、ただ見ているだけで、なにも言いよらんのですよ。

特攻隊員たちは堂々と「宴会作法」を破って怒りをぶつけた。自らは戦場に立たない負い目ゆえか、高官たちも違反を咎めることができない。芋掘りという儀礼は崩壊したのである。組織的な特攻作戦に手を染めた海軍の末期症状を物語るエピソードであろう。

第3章

「空都」の膨張と破裂
――占領期は「学園都市」へ

本章は、総力戦から占領への時代を一気に駆け抜ける。個人の生活史を含めた記述からみえてくるのは、戦争という巨大な出来事が影を落とすなかで深まる、軍都の経験の複雑さである。

「空の港」から「空都」へ

一九三六年一月、イギリス軍の飛行艇三機が翌月下旬に、霞ヶ浦に来訪するというニュースが飛び込んだ。『いはらき』新聞は、「空の港霞ヶ浦海軍航空隊ではいよいよ海軍省の指揮を仰いで遠来の珍客の歓迎準備を開始することになったが〔、〕空の英雄リンディ大佐夫妻以来久しく空の珍客を迎えなかった地元民は早くも日英親善の上に最も意義深きその日を待ちあぐんでいる」と報じた。[1] アメリカからのリンドバーグ飛来から約五年の月日が流れ、外国機はすっかり「珍客」になってしまった。[2] 報道の五日後に日本はロンドン海軍軍縮条約を脱退する。管見の限り、国際親善と結びつく「空の港」は、これを最後に影をひそめる。

代わって戦争とともに登場するのが「空都」である。一九三七年七月に始まる日中戦争では、霞ヶ浦で訓練を受けた搭乗員たちが少なからずいた海軍航空隊も、中国大陸へ爆撃に向かう。『いはらき』新聞は一九三七年九月二三日から、土浦を「空都」と呼びはじめた。(3)

一九三七年九月二四日の『いはらき』新聞は、二二日の南京への爆撃で、霞ヶ浦海軍航空隊の教官を務めていた大尉二名(うち一名は土浦市内の生まれ)が、空中戦や「南京停車場など重要交通機関の爆撃」によって「偉勲」をあげ、「空都土浦の歓喜振りは非常なもの」だったと報じる。(4)南京駅など、純粋な軍事施設ではない交通機関への爆撃が、民間人を巻き添えにすることは想像できそうなものだが、無邪気な反応だ。

当時の南京空襲の状況をみてみよう。八月の軍事目標への低空攻撃で予想外の被害が生じたことから高高度の爆撃に切り替え、九月一五日に海軍第二連合航空隊は「爆撃は必ずしも目標に直撃するを要せず、敵の人心を恐怖させるを主眼とする」との無差別爆撃方針を示し、一七日には同隊司令官は空襲の指揮官たちに対して「南京市中に在る軍事政治経済の凡《あら》ゆる機関を潰滅し中央政府が真に屈服し民衆が真に敗戦を確認する迄は攻撃の手を緩めざる考え」を訓示した。『いはらき』新聞が「偉勲」を報じた二二日の爆撃では、人口密集地や難民収容所も被弾し死傷者一〇〇名以上が出ている。九月二八日の国際連盟総会は日本軍の中国都市空爆を非難する決議を採択したものの、脱退済みの日本は馬耳東風で、やがて累計約二〇〇回の爆撃で死者約一万二〇〇〇人を出したとされる重慶無差別爆撃へとエスカレートしていった。(5)

一方の「空都土浦」の住民たちは、地域が受け入れて一五年間〝進歩〟を続けた航空隊という〝文明〟の戦果を、町を挙げて祝った。前掲九月二四日付『いはらき』新聞記事によれば、土浦町当局は、全町民に呼びかけて、当日夜に町役場前集合の「空爆祝勝提灯行列」を催し、「鳴り物入りの大行進」で霞ヶ浦海軍航空隊本部へ向かい、司令に祝いの言葉を述べて「海空軍の万歳を三唱」する予定だという。第二章でみた霞月楼の「日加栄帳」にも、土浦の「海空軍をたたえる大提灯行列」開催を伝える記事「南京空爆の壮挙に　輝くわが全日本号　井口五十嵐両大尉殊勲」（『朝日新聞』一九三七年九月二四日）が挿まれており、料亭関係者も行列に加わっていたのかもしれない。

祝賀ムードは続く。提灯行列の一週間後の一〇月一日、町役場にて開催の煙火協会常任理事会で、一〇月二三・二四日の花火大会開催が決定された。日中戦争開戦直後で、「時局柄中止説も伝えられていた」ものの、自粛どころか逆転の発想で、「支那事変戦捷〔勝〕祝賀を兼ね航空殉難者の大慰霊祭を挙行する」こととした。大急ぎで宣伝ポスターがつくられ、土浦駅前には花火の「宣伝玉」が陳列された[6]。

当時編纂中だった『土浦郷土読本』の「第十六課　煙火大会」が、一九三七年のものと推定される花火大会の模様を素描している。「〔桜川堤の〕道端に露天商人のするめを焼く臭がぷんと鼻をついて、またしても轟く煙火の音。ふと頭を廻らせると、今度は仕掛煙火も非常時局に因《ちな》んだものか、その名も勇しい爆弾三勇士です。ポン、ポン、ポンと闇に響く機関銃の音、爆弾の炸裂する響、やがて煙火の山の頂上に日章旗が高く高く掲げられるというような光景は何んといっても他に見られない壮観です」。一九三二年の第一次上海事変で自爆し有名になった爆弾三勇士を、第二次上海事変の激戦の最中に取り上げたわけだ。いずれも海軍の航空隊や陸戦隊が参戦していた。「春は桜の土浦へ　秋は煙火の土浦へ」と謳われた風景は、すっかり戦争の色に染まった。

ただ、あくまで花火大会は、戦死者ではなく「殉職者の英霊をとむらう」趣旨に限定している。そして「無慮十万の人波」「舟の人、陸の人、橋の人」「人・人・人の波」「押すな押すなの人々の足」と混雑ぶりが強調され、「町発展のためにも貢献する所が少くありません」と経済効果を強調する一文で文章は締めくくられる。「時局」下でも商魂たくましい。しかし花火大会は翌年は大洪水のため中止された。一九三九年には土浦町招魂社秋季大祭と、四〇年には土浦市制施行大祝賀会と抱き合わせてどうにか開催できたものの、ついに「時局」に押し切られ一九四一年以降は中止となった。(7)

さて「空都」は、一九四〇年一一月三日の市制施行に合わせて「空都！　土浦市の進軍譜」「空都土浦市の出現」などと土浦の発展と重ねて報じられる。一九四一年に入ると、「空都！　土浦市の発展を期し　市政刷新連盟立つ」のように大政翼賛運動の興隆を伝える記事(一月一八日)や、「空都として万全を期す」(五月一二日)のように防諜標語の懸賞募集やスパイ防圧思想講話の実施を伝える記事に現れる。「空都」という言葉は一段ときな臭い戦時体制と結びついていった。(8)

郷土の誇りは敵国の悪夢

「空都」の時代、土浦尋常高等小学校が一九四〇年に郷土教育用に編纂した『土浦郷土読本』の「第一課　土浦の今昔」は次のように始まる。

汽車が丘陵を越えて、土浦に近づくと、「ア、(帆引き船の)白帆が見える。白帆が見える。」とみな窓からのりだす。町に降りる人達は、幾十台となく飛んでいる飛行機の、横転や宙返りに見とれて、歩くのも忘れてしまう。水郷土浦、又空の都ともいわれる土浦町は、現在戸数が六千、人口は三万余、県下でも屈指の都会である。

土浦は霞ヶ浦を擁する「水郷」かつ飛行機が飛び交う「空の都」と称される。一九四〇年に周辺市町村との合併により土浦市が誕生した際に、阿見村との合併も検討されたが、実現しなかった(9)。それでもなお阿見村の霞ヶ浦海軍航空隊は土浦を語るうえで欠かせない要素だった。続いて古代からの郷土史が記述されていくが、霞ヶ浦海軍航空隊設置は「土浦町にとって忘れる事の出来ない喜びである。この為、町は一躍大発展をし」たと、大げさなほどに特筆されている。

この本は「はしがき」で、「国民学校高学年児童の課外読本」であり、「成るべく実地につき踏査観察せしめ」るよう勧めている。そのためか「第四課　霞ヶ浦海軍航空隊」は、児童一同が教師に引率されて航空隊見学に行く物語風の文章だ。「先生」は霞ヶ浦海軍航空隊設置後に生まれた世代の児童たちに「当時は飛行機が飛んで来る度に戸外に駈出して見物したものです。今考えるとおかしいくらいですね」と語りかける。二〇年の歳月を経た住民たちの飛行機への慣れを示唆するエピソードだ。うがった見方をすれば、軍用機に無暗に驚くことはおかしいふるまいだと教えて、軍都の日常生活になじむよう促しているともとれる。

飛行場では、「飛行機から下りたばかりの橋田君のお父さんが御出《おいで》になって、格納庫から飛行機を出したり入れたりする作業や、飛行中の感想など、いろいろと説明して下さった」。「橋田父」が何者かは記載されていないが、海軍軍人の子弟が小学校に数多く在籍していた様子を物語る。

一九四〇年一二月に発行された読本は、もはや「文明」や「国際」を語ることはない。同盟国ドイツのツェッペリン飛行船飛来はごく簡単に紹介される一方で、対立を深めるアメリカのリンドバーグ夫妻の飛来には触れない。読本の物語は、児童の内面を次のように描写していく。「尊い命を御国に捧げた」霞ヶ浦神社の航空殉職者の「英霊に対し、心から感謝の意を表し」、軍用機の離陸を見て「縦横に大空を飛んで見たいと思」い、「支那事変に於いて、我が海軍航空隊が世界空中戦史に燦《さん》として輝やく偉勲《いくん》をたて」たことに「一層感謝しなければならないと思いつつ帰途についた」。もはや霞ヶ浦海軍航空隊は、地域ぐるみの戦争への動員と支持調達の装置であった。いわずもがな、上空を飛び回る飛行機の「ごうごうたる爆音」は、騒音ではなく郷土と国の誇りであり、敵国の住民が感じる恐怖を想像すべくもない。

もちろん航空隊見学に来るのは学校ばかりではない。郷土読本の末尾「第二十八課　伸び行く土浦」は、霞ヶ浦海軍航空隊開設による発展は兵員たちによる「消費都市としての発展であった」としたうえで、「郷土の誇る霞浦海軍航空隊の見学等、観光都市としての土浦の発展も近来目《め》覚《ざま》しいものがある」と注目を促す。

たとえば『霞空十年史』を発行した阿見村の廣岡写真館は、満州事変の際に軍から（おそらく旧式の）戦闘機を譲渡され、格納庫を建てて展示していた。一九三八年に廣岡氏から店の経営を代わった者も、飛行場見学に来た団体の記念写真を撮影した。店の裏には「飛行機撮影場」があり、飛行服を着せた写真を撮ったそうだ。[10]「空の港」の時代と同じく観光地でありながら、「空都」は、国際親善ではなく、軍国主義やナショナリズムと強く結びついていった。

海軍が主導し、木造建築の多い重慶市街地に三か月以上にわたって昼夜、大量の爆弾・焼夷弾を投下した戦略爆撃「一〇一号作戦」の最中に、一九四〇年八月一三日付『いはらき』新聞は次のように「今次事変で一躍名声を挙げた」霞ヶ浦海軍航空隊を称えた。[11]

第一回渡洋爆撃隊の殊勲勇士も中南支空爆の荒鷲も重慶急襲の名パイロットもみんな霞ヶ浦出身の荒鷲であった。日満支三国を一体とする高度国防国家の確立を期し、先ず第一陣を承って制空の権を握るものはわが霞ヶ浦にあらずして何ぞ――ゆるぎなき国礎たる〝霞ヶ浦航空隊〟は我々の行手をヂッ！と指している、実に茨城の霞ヶ浦にあらず、日本の東亜の霞ヶ浦であると思わず三度び郷土の誇りを高唱してしまう。

たしかに「日本の東亜の霞ヶ浦」は、「茨城」よりスケールが広い「郷土の誇り」だ。しかし、かつて誇った「世界の空の港」と比べるとスケールダウンした感は否めない。しかも、日本の片隅の誇りは、空襲にさらされる中国の片隅の悪夢と引き換えに叶う夢なのである。

「時局下」でも仮装行列

一九四〇年一一月一五日、阿見村の霞ヶ浦海軍航空隊水上班跡地に、新たに土浦海軍航空隊が開隊した。開隊当日の『いはらき』新聞記事は「催しもの等は一切なく、時局下にふさわしい簡素な開隊式である」と報じた。ところが、実際は近隣地域住民も参加して華やかな催しものが繰り広げられた。[12]

たしかに、音楽隊の行進を見る群衆、戦車の張りぼて、ユーモラスな仮装行列といった「催しもの」目白押しの開隊式当日の写真が残されている(図3－1)。なにが「簡素」なものか。

なるほど「守れ東亜の共栄圏」と書かれた横幕(図3－1中央写真)や「南の同胞」(図3－2)たちの仮装は、「時局下にふさわしい」かもしれない。大東亜共栄圏をスローガンに掲げた第二次近衛文麿内閣が、一九四〇年九月に北部仏印進駐をした時期である。ただ、新聞報道もないくらいなので、プロ

図 3-1　土浦海軍航空隊開隊式のアルバムより
霞ヶ浦海軍航空隊に入隊し，開隊とともに土浦海軍航空隊に移った予科練乙種 14 期生のアルバム『雄飛』(1942 年，予科練平和記念館所蔵)

図 3-2　1940 年，開隊式主計課の仮装行列
「南の同胞顔負け」とのキャプションが付されている．1919 年のヴェルサイユ条約により日本の委任統治領となった南洋群島が舞台とされる，人気漫画「冒険ダン吉」(島田啓三，1933〜39 年講談社『少年倶楽部』連載)を思わせる

パガンダ的な演出ではない。総動員体制のなかでの娯楽の発散、無邪気な時事ネタの消費だとみてよいだろう。南進が、膨大な人命を奪っていくことを想像する者はいない。

土浦海軍航空隊は、海軍飛行予科練習生の教育専門の航空隊だった。高等小学校卒業(乙種)ないし旧制中学在学中(甲種)に十代半ばで志願し、パイロットになるために必要な基礎知識と技能を学ぶ少年兵・予科練習生たちの姿が数多くみられるようになる。予科練設置により、風紀上の理由から新町の花街は土浦へ集団移転した。しかし、生活必需品、日用雑貨、文房具、食事を商う店には、外出日の日曜日に予科練習生が押し寄せ、全国各地から訪れる家族と予科練習生が面会する旅館、写真屋、予科練関連施設工事の作業員の衣食住をまかなう店などによって一段と栄えていったという(13)。

一九四三年に航空隊見学のために土浦を訪れた作家の岩田豊雄は、夕食に霞ヶ浦名産のウナギを食べようとするが、土浦ではウナギどころかワカサギもコイも「近頃サッパリありません」といわれる。というのも「土浦の少年飛行兵を、全国から父兄その他が訪ねてきて、帰りには、必ずなんか持って行きますからな(14)」。面会者や見学者たちが町にお金を落としていったわけである。

一九四三年六月には、学習院初等科四年生の皇太子(のちの平成天皇)が、学友七十余名とともに「海鷲揺籃《ようらん》の地」土浦海軍航空隊を行啓《ぎょうけい》した。「熱心に雛鷲の訓練状況並《ならび》に施設を御台覧《ごたいらん》」し、霞ヶ浦海軍航空隊にも立ち寄った。帰路の土浦駅では「ご機嫌殊《こと》の外《ほか》うるわしい」様子だったと、『いはらき』新聞記事は書く(15)。少年航空兵たちは、当時の子どもたちの憧れの的であった。

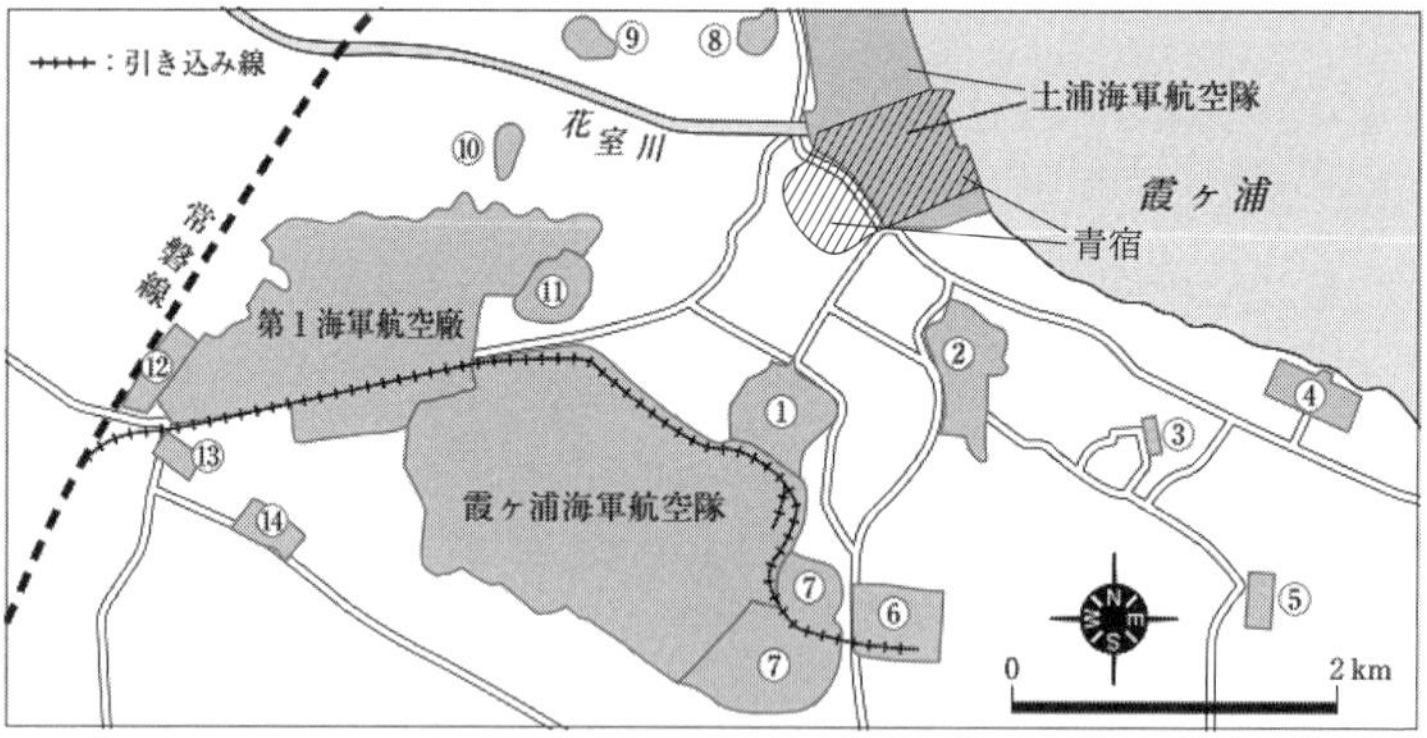

図3-3　1945年8月頃の阿見町の主な海軍施設と青宿
①霞ヶ浦航空隊本部　⑧海軍航空要員研究所
②海軍気象学校　⑨第10海軍航空隊司令部地下壕
③海軍酸素工場　⑩北砲台
④第1海軍航空廠舟島倉庫　⑪第1海軍航空廠工員養成所
⑤海軍射場　⑫横須賀海軍施設部
⑥第1軍需工廠　⑬海軍軍需部霞ヶ浦支部本部地区
⑦掩体壕地区　⑭海軍軍需部霞ヶ浦支部燃料庫地
青宿内の南東部には「新町」と呼ばれた盛り場エリアがあった

町制施行は海軍記念日

航空隊に限らず、各種の軍事施設の増設が相次ぎ、終戦時には阿見村全面積の約四二％が軍用地となった[16](図3－3)。とりわけ一九四一年には軍用機の修理と補給、一部機種の製作を行う第一海軍航空廠という、巨大な軍の工場が設置された。地域住民からも多数の職員・工員が勤め、徴用や戦争末期の近隣学校からの勤労動員も含めて航空廠の人員は最大二万四〇〇〇人ほどに達した。また中島飛行機の工場も新設され、工員募集が一九四四年に行われた。荒川章二は、このような「軍学校施設・軍工廠・軍研究所・軍病院などを複合した軍事拠点地域」を、旧来の軍都と区別して「新型軍都」と呼ぶ[17]。軍施設は学校や工場であり、ちょうど企業城下町のように、地域住民の多数の雇用を生んだ。

若栗集落の湯原実が語るように、海軍施設への勤務は、下宿と同じく、農業よりも割の良い生計手段として感じられた。

軍人にならなくても、地元にいて海軍に通えるなら、工員として採用してもらう道がありました。しっかりした技術を身につけられるし、この町の若い人はずいぶん海軍航空廠や航空隊に行きました。日給月給でも百姓仕事よりも金が取れ、戦時下で人手が足りないので希望者はたいてい職にありつけました。(18)

飛行場開設前年の一九二〇年に三八九二人であった旧阿見村の人口は、一九四〇年には六九一六人になり、一九四四年には一万五〇二人と、約三倍に達した。一九四三年の国民学校児童調査によれば、阿見村の小学校の児童数の五六%を、軍関係の子弟が占めた。

児童の急増により阿見村は学校教室の増改築に追われる一方、軍用地が増えて農地が減ることによって村税は減収となってしまう。国・県・海軍省からの助成金では賄いきれなくなると、一九四五年二月に阿見村長は「村を町と為す許可申請書」を県知事に提出した。文面では「本村海軍々部の施設地となりて以来、村勢にわかに一変し、戸口の激増となり、官衙工廠等境地を蔽えて築造せられ、交通運輸もまた熱鬧《ねっとう》を極むるのみならず、常に内外貴顕紳士の往来頻繁となる」と地域の急激な都市化が強調される。(19) 申請は許可され、五月二七日の海軍記念日に合わせて町制が施行された。敗戦の足音が迫るなか、名実ともに海軍の町となったのである。

農地を失い下宿・クラブへ

第一章の下宿に関する記述で依拠した小林論文から、この時期の青宿集落をみてみよう。[20] 霞ヶ浦海軍航空隊水上班のそばにあった集落は、その跡地にできた土浦海軍航空隊設置に伴う土地買収を強制的にすすめさせられた。

わずか四反の田んぼをすべて買収された小作農・長南源一さんは、「みんな土地なくなって、百姓はお手上げ〔中略〕小作人だったので保証料だけでたいしたものではない。金は地主に入って。(その後)食う位の百姓しかできなかった。〔中略〕土地取られたのが一番のショック」と語る。家が小さいためか、下宿などはしておらず、手間取りや会社勤めやムシロ編みで生計をやりくりした。

元名主で、五、六町の田んぼを持っていた地主の家の長男・吉田一さん(一九二九年生まれ)も、買収について「あの頃はおどかされおどかされ、「反対すんのか」なんて憲兵隊がやって来てひどかった」と語る。残った田んぼと畑は人に貸した。また平日に一〇~二〇名の下宿に加え、土浦海軍航空隊の予科練の少年兵たちが分隊ごとに日帰りで利用するクラブに指定され、「日曜に一〇人二〇人朝来て、遊んで帰る」ようになった。クラブは軍が比較的裕福な家を指定し、軍から利用料が支払われた。父は出征中で、長男の一さんも買収時は小学生で、「オレ頭にして弟妹で母親一人で大変だった。(クラブ・下宿で)いくらかもらわないと暮らしできない。それしかやってけなかった。下宿・クラブ・買収費は暮らしの足しになった」と語る。

同じく元名主で、買収で三町の水田を失い七反の畑のみが残ったという吉田静夫さん(一九二五年生まれ)は「うちは海軍で生計を立ててた」と語っている。一〇畳と八畳の二間の下宿に加え、下士官とその家族が入居する貸家が三軒があり、賃貸業で相当な現金収入を得ていたのだろう。間貸し下宿には水兵が「一〇人いっぺんに来て、オヤ、おばあちゃんがお茶入れたり世話してた。〔中略〕兵隊さんあの頃だから親しみがあった。子供たちはかわいがってもらったり、おじさんおばさんと〔呼んで〕なついて」いたという。

すべての田んぼを買収されて畑数反のみになった、長南善治と静の夫婦(二人とも一九二五年生まれ)は、一六畳の座敷を二つに仕切って、教官などの下士官用と、予科練習生の八畳の下宿と、予科練用のクラブに利用させた。それはたしかに、「結構お金には困んないで、下宿は潤いあった。毎月きちんきちんと入るから」と語る魅力的な収入源だった。しかし、「上官の人が家庭の環境見に来る。待遇悪いと下宿させない。軍がいばってた。練習生に勉強するのに机が足りないとか無記名で書かせて、下宿の環境が悪いと引き上げちゃう」といった不満もあった。

クラブについては、海軍への志願案内『受験参考　海軍航空読本』も「日曜の外出には、分隊で借りている倶楽部《クラブ》(民家)に行き、好きなものを作って貰って食べたり、或《あるい》はハーモニカとかヴァイオリンをひき、蓄音機をかけて、楽しく一日を過ごすこともあります」と紹介している。[21] そこには「厳格な規律と、厳しい訓練に対する暖かい思いやりからの慰安」があると宣伝される。表紙には「三重海軍航空隊」「鹿児島海軍航空隊」と書かれていることからも明らかなように、クラブは土浦海軍航空隊以外の予科練の航空隊にもみられた。あるいは、士官を養成する海軍兵学校にも「自分の家にでも帰った時のように居心地よくもてなしてくれる」「家庭的に温かく待遇する」と銘打った同様の「倶楽部」が設けられている。[22] これもまた、海軍の制度が生んだ文化だった。

しかし、実際にクラブで家庭的な思いやりに満ちた奉仕がなされるか否かは、受け入れ側の民家の生活の余力や、軍に対する感情次第の面もあったのだろう。農地を軍に取り上げられた青宿において、クラブは第一に切実な生計手段であった。戦時下の生活の苦しさが語りの前面に出ていて、少年兵に手厚く奉仕した、というようなウェットな語りはあまりみられない。

予科練に憧れたクラブの子

「若い血潮の予科練の」という歌いだしで、戦時下に大ヒットし、予科練を一躍全国的に有名にした「若鷲の歌」。歌詞一番には「今日も飛ぶ飛ぶ　霞ヶ浦にゃ　でっかい希望の　雲が湧く」と歌われている。霞ヶ浦湖畔の土浦海軍航空隊や土浦市内でロケが行われた、一九四三年九月公開の映画『決戦の大空へ』の主題歌である。

映画には、クラブを営む民家の家族が、予科練習生たちをもてなす場面が何度も描かれる。クラブの家の息子は虚弱だったが、交流と特訓を通して、ついに予科練へ志願し憧れの七つボタンの制服に袖を通す、というストーリーだ。もちろん少年兵募集のためのプロパガンダである。実際のところ、予科練習生たちの訓練や体罰の過酷さを耳にしていた地域住民は、あまり身内を志願させなかったという語りも多い。しかし一方で、クラブの家から予科練への志願に憧れた少年もいた。

一九三一年生まれの野口淳一さんは、「予科練に志願したくて志願したくて！　おじいさんおばあさんが百姓やってて長男だからと反対したけど、予科練に憧れてね」と今でも語っている[23]。淳一さんの住む岡崎集落は、青宿から坂を上がった位置にあり、土浦海軍航空隊による土地買収は経験しておらず、大きな空襲被害もなかった。隣の家も裏の家もクラブで、「兵隊さん」の下宿も何か所かあり、「今でいうアパート経営」のように下宿専門の家を建てている家もあった。クラブは、海軍からの依頼で予科練習生たちが訪れた(図3－4)。ときどき教官も見回りに来たという。

現代の高校生くらいの年齢の予科練習生たちを、とりわけ淳一さんの祖母がかわいがった。淳一さんも予科練のお兄さんたちに、いろいろと教えてもらったり、一緒に遊んだりした。淳一さんはつま先を立てて、独特の音を立てて歩く芸が得意で、予科練習生に教えたんだ、と懐かしそうに語る。食糧不足のなか、おはぎなどを持参して遠方から訪れる親との面会の様子も印象的だった。親も子も戦争でいつ死ぬかわからず、お互い「これっきりかもしれない」と思うなかでの面会は、涙も見られ、しんみりとした雰囲気だった。

図3-4　野口家に来た予科練習生たち(上)と予科練習生4人と私服男性4人(下)
上の写真のおそらく左端の学生服・学生帽の少年が淳一さん，右から3番目が母，右から5番目が父か．下の写真も七つボタンではなく水兵服のため，1942年11月以前のもの．靴を脱いでリラックスした姿勢が印象的

クラブのほかにも、予科練の運動場が坂の上から見えて、「白い服着て一面サーカスみたいだなあ」と思ったことも記憶に残っている。もちろん、上官から殴

られたりする、「罰直」という体罰の存在もクラブで耳にしていた。しかし、予科練習生たちも罰直の話を「なんか楽しそうにしゃべる」し、そもそも学校の先生の体罰も「おっかなかった」と、ひょうひょうと語る。罰直の存在は『決戦の大空へ』では当然、隠されている。その暗黒面を知りながらも、淳一さんは志願しようとしていた。

しかし結局、祖父母の反対で長男の志願は許されなかった。高等小学校二年のとき学徒動員で、中島製作所で零戦のエンジンなど組み立てたりするうちに終戦となった。

とはいえ、そもそも野口家のファミリー・ヒストリーは海軍と深い関係にあった。母方の祖父はもともと阿見村の農家で、霞ヶ浦飛行場に土地を持っていた。買収費で五〇坪の大きな瓦葺の家を建て、そこで海軍下士官などの下宿を始めたという。市場価格より高く買ってくれる航空隊へ野菜や漬物も納入していた。他方で淳一さんの父は、山形県の工業学校を卒業して横須賀の海軍航空技術廠で軍属の技術者・テストパイロットなどをしていた。霞ヶ浦海軍航空隊に勤務していた際に、野口家の離れに下宿をしていた。野口家には男子がおらず、母方の両親が父を気に入って母と結婚したという。第一章でみた、下宿を通して海軍と地域住民との縁戚関係が生まれる一例である。これほど海軍と密接な関係にありながらも、家族はしたたかに、家を優先し後継ぎの海軍志願を許さなかった。

一方で淳一さんという個人の生活史をみれば、父が転勤で軍港都市の横須賀に戻った一九三一年に生まれ、小学三年生のとき(三八年ごろ)に阿見村に引っ越してきた。予科練は一九三〇年に横須賀で誕生し、三九年に霞ヶ浦海軍航空隊に移り、翌年土浦海軍航空隊に移る。淳一さんは、ほとんど予科練とともに生まれて移動してきたようなものだ。海軍のパイロットに憧れることも、よく理解できる。

図 3–5　亀城公園への外出

軍都を生きる人々の利害や思いは、このように複雑に入り組んでいた。

外出の楽しみ

予科練習生たちのほうに視点を移してみよう。各種の卒業アルバムには必ず外出時の写真が掲載されている。

一九四〇年一〇月入隊の甲種七期生の卒業アルバム『揺籃の翼』（一九四二年）には「外出　それは我等の魂の「オアシス」である」と書かれている（図3－5）。土浦市内の城跡亀城公園を散策し、あんみつが人気メニューの保長食堂で腹を満たし、[24] クラブでくつろぐ、あどけなさが残る少年たちがカメラを見つめている（図3－6・7）。「大いに食い大いに語る（中略）一日のんびりと打寛《うちくつろ》ぐ楽しい外出!!」とキャプションがついている。

一九四〇年八月入隊の乙種一四期生のアルバム『雄飛』[25]には、「クラブの団欒」と題された、クラブの家族と思われる女性たちとの集合写真がある（図3－8）。海軍の帽子を脱ぎ、思い思いのポーズで写真に写る様子からは、十代

図 3–6　保長食堂への外出

図 3–7　クラブへの外出

半ばの少年たちの親しさとくつろぎが伝わってくる。

同年一二月入隊の乙種一五期予科練習生のアルバム『雛鷲の夢』(一九四二年)に掲載された、「市中散歩」と題された写真には、水兵服で保立食堂付近を歩いたり自転車で走る予科練習生たちの姿がある(図３－９)。親との面会には、クラブ以外に、指定旅館や指定食堂が使われた。少年たちは、士官のように料亭に行くこともなく(当然そんな小遣いはない)、下士官・兵のように二業地に行くこともない(当然禁止されている)。

彼らの多くが、戦場から生きて帰らなかった。甲種七期生の戦没率は八一%にのぼる。ということは、図３－７のクラブの写真に載る一〇人のうち、生き残れそうなのはせいぜい二人という計算だ。乙種一四期は七六%、乙種一五期は七一%で、似たようなものである。志願年齢からして、多くが二〇歳を迎えることなく亡くなった。

土浦の人々も、少年たちの戦死を知っており、死が迫る少年たちにできる限りのことをした。予科練指定食堂・保立食堂の保立俊一（一九一四年生まれ）は、戦後に次のように書く(26)。

指定食堂に対する特別配給もすこしはあったのだが満足出来る状態ではない。少年達の好む甘い物などを少しでも多く用意しようと努力していたことを思い出す。面会に来る家族の人達とも親しくなったし、少年達とも親しくなったが、戦局が悪化の一途をたどる昭和十八年（一九四三年）以降は予科練出の若い航空兵の悲しいしらせを聞くようになった。

図3-8 「クラブの団欒」
クラブの家の家族だろうか，女性7人と赤子も中央奥にいる

図3-9 「市中散歩」
中央に「御中食 保立本店」の看板．木に隠れているが保立食堂の建物は現存

空襲の偏った被害

やがて戦局悪化に伴い、阿見町では小規模な空襲が相次ぐようになると、兵士のみならず民間人も死の恐怖に襲われる。特に一九四五年六月には予科練の土浦海軍航空隊を狙って四〇機以上の大型爆撃機B29が来襲した(27)。かつて霞ヶ浦の湖面に華麗に着水したリンド

バーグ機とうって変わって、B29ははるか上空から二五〇キロ爆弾をばらまいて去った。

この空襲は航空隊周辺の民家にも被害を与えた。青宿集落は、焼失家屋一五軒(ほか納屋など三〇)、毀損家屋多数、死者七名の被害を受けた。[28] 買収で田んぼを失い、下士官五、六人、土曜日には水兵も含めて二〇名ほどを下宿させ生計を立てていた長南善治・静夫婦は、頼みの綱の住宅も失った。[29] 静さんが凄惨な光景を語っている。

爆撃が終わったので恐る恐る外に出て見ると死体がごろごろしていました。腕のもぎ取られた人、腸がはみ出た人、「水! 水!」と叫ぶ人等、まるで地獄絵を見るような有様でした、予科練や航空隊の救助隊が救助に当たっていました。

担架の代わりに戸板の上に死傷者を乗せて運んだのです。この辺りの家々の戸板はほとんど担架代わりに利用されて、ほとんど無くなってしまいました。また、衣類も死傷者を覆うのに利用されてしまいました。わが家はどうかと眺めて見ると、爆撃で柱は傾き、茅葺き屋根はくずればかりでした。そのうちに火が出て全焼してしまいました。

避難生活にも苦労は尽きず、「軍から毛布一枚貰ったがシラミがかかってた」ようなありさまだった。まずは近くの親戚宅に二週間身を寄せ、青宿に戻ってバラックを建てたものの、家財道具は何もない。「お釜《かま》だけは見つけて、何とかご飯は炊《た》けましたが、よそうご飯茶碗がない。それで毎日お握りにして何とか食べていた」。戦後にかけて「下宿収入なくなって」小作や、新町への野菜の行商、どんぶり洗いのアルバイトなどなんでもして働いた。

青宿の農家で祖父母と暮らしていた女学生・戸張(旧姓・小倉)園子さんは重傷を負い、祖母は死亡した。[30] 家は土浦海軍航空隊のための買収で田のほとんどを失い、現金収入のために霞ヶ浦海軍航空隊の「じょんべらさん」(水兵)を相手に五、六名の下宿をしていた。乾パンをもらったり、子どもなのでかわいがられたという。水兵たちは、園子さんの運動会を見に来て、実際はビリに近かったのに「今日は速かったね」とからかわれたことも懐かしい。「部落一立派」といわれた防空壕を自宅近くに大工に頼んでつくってもらい空襲に備えていた。内部に囲炉裏をつくり、タンスも入れた本格的なものだ。

しかし、運命の六月一〇日、園子さんが祖母の手を引いて防空壕へ入ったものの、すぐそばに爆弾が落ちて爆風と破片が防空壕の中に吹き込んできた。ほとんど意識を失った二人は病院に担ぎ込まれる。園子さんは出血多量でのどが渇いたが、女学校で水を飲んではいけないと教わっていたので我慢した。しかし看護婦は祖母には望むままに水を与えた。祖母は内臓が切れていて助かる見込みがなかったからだ。皮肉にも、逃げずに自宅に残った祖父は家の下敷きになったものの救助されて生き延びた。園子さんは「なんでこんなバチ当たったんだろう……」と思ったそうだ。

ただ、一九四四年に人口一万人を超えていた阿見村で、六月一〇日における空襲死者は二三名にとどまった。[31] もちろんこれは尊い人命であるが、空襲被害は都市部の絨毯《じゅうたん》爆撃のように地域を壊滅させる大量死ではなかった。むしろ大量死といえるのは、軍用防空壕への爆弾直撃などによる三〇〇名近くの予科練習生の死であった。[32] 結果的に、死の代償を最も多く引き受けたのは少年兵たちだったことになる。

　また、予科練の犠牲の多さと並んで注目すべきは、新町地区には爆弾が直撃せず、空襲被害は軽かったことである。一九二六年に新町で生まれ、土浦海軍航空隊適性部（予科練など航空兵候補者の適性検査をする部署）に勤めていた橋本栄成さんは、廻戸の防空壕へ避難途中に父母が重傷を負って海軍病院へ運ばれた。新町の実家の理髪店は、屋根に爆弾の破片が突き刺さった穴があちこちに空いて雨漏りはしたが、どうにか一人で住むことはできた。「後で知ったことだが、新町の被害は少なく、わが家だけが被害を被ったようだ」と語っている(33)。

　青宿は、予科練基地建設のための農地買収に加えて、予科練を狙った空襲も受け、弱り目に祟り目だった。しかし皮肉にも、航空隊からの最大の受益層だった商工業者の住む新町は、土地買収からも空襲からも難を逃れたのである。また、空襲は阿見町の軍施設に集中したため、商工業者が集積した土浦市街に直接的な空襲被害はほとんどなかった。七月に一機だけ来襲し警防団員一名が死亡したのみである。B29に焼き払われ市内人口の八割が被災し二四二名が死亡した水戸市街や、度重なる空襲と艦砲射撃によって一二〇〇名を超える死者を出した日立との差は歴然としている(34)。あるいは軍港都市・呉の空襲死者は、一九四五年七月一〜二日の市街地空襲だけで一八六九名に達し、全焼全壊家屋は二万戸を超える(35)。同じ海軍の町でありながら、阿見町・土浦市とは桁違いの被害だ。

　むしろ地域に対して、決定的なダメージを与えたのは、敗戦による海軍の消滅だった。

「空都」から「学園都市」と開拓地へ

一九二二年の霞ヶ浦海軍航空隊開設以来、四半世紀にわたって海軍と強い経済的・社会的結びつきにあった阿見町は「終戦により軍事関係の施設は空気の抜けたゴムまりのように文字どおり死の町と化した」と回顧される。[36]「新憲法に基く軍備放棄で根底からたたきつけられた軍事都市阿見」の荒廃ぶりは「禄を離れた旧軍人がお定まりのスクラップ漁りやヤミ稼業にうろうろし」「一時町財政の破たんを噂された」ほどだった。[37]

一九四五年一一月には、海軍に代わって米軍がやってきた。阿見町の霞ヶ浦海軍航空隊第二士官宿舎に一個中隊が進駐した。さらに、土浦市長と土浦警察署長があっせん役となって、土浦市街から桜川を挟んで対岸の小松町の警察官独身寮を転用して進駐軍向け遊興場を設置した。そして「火の消えたように、死の街と化し」ていた二業地から毎日二〇名ずつの「パンパン」を輪番制で送り込んだのである。前借金を返済して帰郷する娼妓も多かったが、「帰りたくても帰れぬ」者が米兵の相手をしたそうだ。これはおそらく日本政府の後押しで、東京など各都市に設けられた占領軍専用「特殊慰安施設」の一つだろう。内務省は早くも終戦三日後に全国警察管区宛ての無電で、「慰安施設」特設には地方の警察署長があたり、地元の売春業者を動員するよう指示している。[38]

人々は海軍兵に取って代わった米兵に目を見張る。旧制土浦中学生の屋口正一は進駐軍の黒人兵に「恐怖感を抱」いた。ガムをかむ砕けた物腰は、不動の姿勢をとる日本兵と対照的で、「これが軍人かと奇異」に思った。そして、「軍用車をはじめとする膨大な物量も又、驚きの一つであった」。かつて海軍軍用車が横付けした、土浦駅舎の昇降機付近には、進駐軍の大型トラックが頻繁に乗り付けた。彼が一番ショックだったのは、勤労動員されていた第一海軍航空廠で、戦闘機などの「昼夜兼行で整備し磨き上げて来た兵器」が、油をかけて焼却され、ブルドーザーで踏みつぶされた光景だった。[39] 旧日本軍の最新兵器を再利用することさえなく破壊する米軍の物量・技術力の格差を見せつけられた体験でもあったのではなかろうか。

霞ヶ浦海軍航空隊近くに住んでいた抜井重智(一九三二年生まれ)は「記憶にあるのは科学の力、四輪駆動車、あれで高い山を登ったり降りたり、これでは我々は負けると思いました」と米軍の科学技術力を語る。[40] 彼らはセンピル大佐やリンドバーグの飛来などを直接見聞しておらず、ひたすら「鬼畜米英」と戦う時代に生きてきた世代である。

復興の手段は、海軍の消滅により空洞となった膨大な旧軍用地と軍用施設の転用だった。

図 3-10　霞ヶ浦海軍航空隊跡地の開拓
中央に写るのは，途中から導入された，旧軍の牽引車を転用したトラクターである

まず広大な旧軍用地が、開拓地として国から引揚げ者、元軍人、農家の次男三男へ払い下げられていく。なによりも食糧増産が必要だった時代であり、国や県の政策的な後押しもあった。広大な霞ヶ浦飛行場跡地には開拓農業協同組合が組織され一二〇戸(うち引揚げ者五二戸)の農家が一九四六年に入植する。しかし、飛行機の発着のためにローラーで固められた土地の開拓は苦難に満ちたものだった(図3－10)。

一九四六年一月に入植した石井貞助さんは、いざ開拓を始めると、「噂どおりカチカチの硬い土地であり、スコップの先を研ぎながら少しずつ土地をほり起こし畑をひろげて行った」。幸いにも、作付けしたサツマイモは、高額でも闇で買いに来る人がおり、土地代もすぐに返済できたそうだ。『茨城県開拓十年史』によれば、「作物をつくりさえすれば売れた時代、しかも厳重な統制の網をくぐって、都会へ、消費者へと、飛ぶように売れ〔中略〕僅かの土地でも耕作することは逆にインフレーションの荒波から逃れる唯一の道でもあった(41)」。

一方で巨大な軍用施設群は、まず教育施設へ転用され、「将来平和国家に相応しい文教の街の建設」が目指された(42)。一九四六年に、旧霞ヶ浦海軍航空隊本部に私立霞ヶ浦農科大学(現・茨城大学農学部)が、旧土浦海軍航空隊予科練兵舎に霞ヶ浦農業学校(現・私立霞ヶ浦高校)が新設された。さらに水戸空襲で校舎を失った全寮制の茨城師範学校男子部(翌年に女子部も)が、一九四五年一一月に旧海軍気象学校に移転し、四七年には旧海軍気象学校を学生寮としたうえで、旧海軍航空要員研究所を校舎としていく。

同じく東京の空襲で焼け出された日本体育専門学校(現・日本体育大学)が、一九四六年四月に広大な運動場をもつ土浦海軍航空隊跡地へ移転し、空襲で焼け残った兵舎で授業を行い始める。さらに中高大一貫教育を目指した附属校として常陽中学(一九四七年)・高等学校(一九四八年)も新設した。

新制阿見中学校も、一九四七年に旧海軍航空廠第七工員宿舎を借用して開校、四九年には霞ヶ浦飛行場跡地の東端に、別の海軍航空廠工員宿舎を解体して資材とし、新校舎を建設して移転した。一九四八年に旧霞ヶ浦海軍航空隊の医務室を利用して開設された新治協同病院は、一九四九年には東京医科大学霞ヶ浦病院となった。

実際、はやくも終戦三か月後に、『いはらき』新聞は「嘗《かつ》ての空都土浦、学園都市へ再出発」と日本体育専門学校などの移転計画を伝える。「空都」は過去のものとなった。さらに、旧第一海軍航空廠第二工員寄宿舎の払い下げにより市立中学(現・土浦第三高校)を新設することを決めた「明るい学園都市をめざす土浦市」の姿もみえる。(43)

また、軍用施設を利用した企業進出も始まっていく。阿見町において旧海軍施設を転用した最初の企業は、開拓地で生産されたサツマイモを加工して水あめを生産した新日本食品(一九四六年設立)である。霞ヶ浦航空隊の格納庫とボイラー室を工場に転用し、経営には旧海軍関係者が関わっていた。一九五〇年には日興酸素が旧海軍の酸素製造工場を修理して操業する。(44)

こうして占領下の阿見町は、非軍事化による復興の道を歩む。留意すべきは、霞ヶ浦海軍航空隊立地以前の農村に逆戻りしたわけではなく、軍事的地域開発を平和的地域開発に差し替えたことだ。戦時下に形成された「新型軍都」=「軍学校施設・軍工廠・軍研究所・軍病院などを複合した軍事拠点地域」を、〝学校施設・工場・病院などを複合した非軍事拠点地域〟へ転換して、都市的性格を維持しようとしたのである。

その結果、軍関係者の離散により一九四七年の七八〇〇人にまで急減した町の人口は、一九五〇年には九一七〇人まで回復し、一九四四年の人口一万五〇二人に迫っていた。(45)軍都から学都への転換は、一見、順調にみえていた。

銭湯とマー君

本章の最後に、これまで記述してきた地域の諸々の出来事を、戦中戦後を生きた新町の女性二人の等身大の視点からみつめ、軍都の経験の複雑さに個人から迫っていこう。

まず一人目は、一九二八年生まれの熟田(旧姓・河島)鶴江さん。[46] 彼女の証言からは、新町の商業者と、花街や予科練の関わりが垣間見える。

鶴江さんは現在の土浦市大和町で銭湯・星の湯を営む家に生まれたが、すぐに父が浅草に魚屋を開いたため上京する。阿見村の新町で伯母が経営していた銭湯・亀の湯に次姉が療養・逗留していたため、一〇歳頃から常磐線と常南電車を乗り継いで、阿見村をしばしば訪ねていた。予科練設置による花街の転出前には、「花町の方たちが開店になると「ウヮー」って入って来るんです。凄まじいような、もう風呂場の中はいっぱいです。みんなそこで綺麗に化粧していました」。工事の土方や下宿する軍人たちもきて、銭湯は繁昌していた。幼い鶴江さんは、亀の湯から、「きれいな女の方が夜になるといつも道筋というか道路に出ていらして、海軍さんを呼んだりしている」様子を眺めていた。

土浦海軍航空隊が開設されると、亀の湯は予科練指定のクラブになった。伯母は近くの農家で着物と交換して白米を買って食べさせ、予科練習生たちは「ああ銀飯だ!」と喜んだという。鶴江さんと姉は、二階の団欒室で、蓄音機でレコードを流して一緒に聞いたり歌ったりした。予科練習生たちは、軍歌ではなく、「支那の夜」や「湖畔の乙女」など、女性歌手が歌う「寂しいような優しい歌」を好んでいた。鶴江さんたちは、ほぼ同年代の予科練習生たちと、カルタや双六で一緒に遊んで、「私も少女でしたけど、向こうも少年ですから、みんな楽しんでくださったようです」。

「マー君」と呼ばれる白井正次という予科練習生がいた。伯母と同じく石川県の能登出身で、母子家庭で貧しかったが、予科練の成績は優秀だったという。鶴江さんの東京の高等女学校進学後、ある日突然、伯母がマー君を茶の間に呼んで、「兵曹長になったら、鶴江を嫁にもらってくれないか」と言い出した。マー君は「飛行機乗りにゃお嫁に行くな、今日の花嫁明日の後家」という歌があるけれど、いいか、と「つるちゃん」をじっと見て尋ねた。鶴江さんは驚いたが、うなずいた。「それまでただ、少年少女で楽しんでいたのが、なんとなく心にビンっときてしまいまして、あれがまあ初恋だったんだなと」。

その後、マー君は正月休みに浅草に遊びに来てくれて、映画を観たりお汁粉を食べたりしたこともあった。鶴江さんも、予科練卒業後に静岡県の大井海軍航空隊へ移ったマー君に面会に行き、クラブのすし屋で団欒したり、一面の茶畑を散歩したりした。姉も同行し、男女交際に厳しい戦時下のことで「指一本も触れていません」。別れ際に駅で、マー君は敬礼して見送ってくれた。

それが彼を見た最後だった。一九四四年五月に「南の空を元気で飛んでいます」という葉書が届いた。その二か月後、今度はマー君の実家から、サイパンで戦死したとの葉書が届いた。マー君ら乙種一六期の戦没率は六七％にのぼる。鶴江さんは今でも七つボタンの予科練制服を着たマー君の写真を仏壇に飾っている。

鶴江さんは、予科練の実態も垣間見ていた。銭湯の燃料になるものを探しに伯父と航空隊に入った際、予科練習生たちがバッターと呼ばれた木の棒で殴られる「罰直」を目撃してショックを受けた。道端でも、敬礼をせず上官に殴られている姿を見て「なんでこんな可愛い人たちをやるのかしら」と腹が立った。

一九四五年になると、そろばんが得意な彼女は、銭湯に来た軍人にスカウトされ、霞ヶ浦海軍航空隊の主計科会計部へ勤労動員先を変え、高等女学校を卒業した四月に事務員として採用された。東京大空襲で焼け出された両親は浅草から実家の石川県に転居したが、鶴江さんは伯母宅から通勤を続けた。六月のB29空襲では防空壕に避難し、そのまま新町に帰ったため、大きな被害を目撃することはなかった。

戦後は、旧海軍病院の施設を転用してできた国立霞ヶ浦病院会計課に勤めるが、ほどなく両親の暮らす石川県で農協に勤める。内心は嫌だったが、縁談で農家の嫁となった。休日もゆっくり寝る間もない農家の労働は過酷で、生後間もない子どもも相次いで亡くし、ついに結核性腹膜炎で入院する。「ベッドで横になりながら、これほど手足を自由に伸ばして休める世界があったのかと涙が出るほどうれしかった」。

その後、阿見町へ戻って、青宿でそろばん教室を開いた。阿見町婦人会の役員を務め、予科練の慰霊碑の建立に奔走した。除幕式以来、予科練の慰霊祭には欠かさず出席を続けている。二〇一二年の講演会では、とりわけ切迫した、熱を帯びた口調で「戦争なんて絶対に、どんなことがあったって、なにがあろうがするもんじゃない」と聴衆に訴えかけていた。「戦争なんて絶対かっこいいものではありません。あんな恐ろしいものはないんです。本当にどんだけの人が泣いて悲しんだか。そんで若い、大切な方たちがいなくなったか」。晩年に趣味で描き始めた絵には、銭湯の二階でカルタに興じる、ありし日のマー君と姉妹の姿が描かれていた。

御用商人と梅干

二人目は、一九二五年生まれの米澤(旧姓・外塚)麗子さん。(47) 彼女の証言からは、軍都と密着して生きた家族の生活がみえてくる。なんといっても彼女の父は海軍の御用商人、母は新町の国防婦人会長、そして本人も土浦海軍航空隊に勤務する。

麗子さんの父・八兵衛は、舞鶴鎮守府の音楽隊の出身で、満期除隊後に舞鶴で海軍の御用商人となった。ところが、一九二二年二月に締結されたワシントン海軍軍縮条約を背景に、舞鶴は要港部へ格下げされるなど、軍港機能は大幅に縮小していく。それを事前に知った父は、霞ヶ浦海軍航空隊の開設を知って、舞鶴の司令の紹介状を手に、飛行場建設途上の阿見村を視察した。やがて家族を呼び寄せ、海軍へ納入する日用雑貨を扱う外塚商店を開き、ほどなく麗子さんが生まれた。当初は青宿新町の隣の立ノ越集落に出店したが、やがて繁華街となった新町に店を移した。店で一般客にも売りつつ、航空隊の酒保(売店)へ、東京で製造され常磐線と常南電車で運ばれてきた甘納豆などを納入していた。

しかし、日中戦争を機に物流が滞り、繁昌していた店もやがて閉店せざるをえなくなる。父は阿見村の村会議員だったが、海軍の要請で、予科練設置に伴う遊郭の土浦への移転・立ち退き交渉を一手に引き受け苦労したという。麗子さんが「男まさり」と評する母としは、国防婦人会長を務めていた。ゲートルを巻き、灯火管制の確認をしたり、しばしば町内を「『警戒警報』と怒鳴って歩いて」回っていたという。まさに軍都に尽くした両親だった。

家は平日には下宿を営んだほか、クラブにも指定された。六畳三間と八畳一間の襖を取り払って部屋を広くし、日曜日には予科練習生が続々と来て、くつろいだり、家族と面会したりした。母は、家族が食べる分を切りつめても、予科練習生たちに、白米などご馳走をふるまった。

一方の麗子さんは一九四二年に女学校を卒業すると、第一海軍航空廠関連の工事現場の事務所で働き、一九四三年九月からは青宿にあった適性部で女子技工士として働く。日曜日も出勤していたため、あまり自宅のクラブでの予科練習生との交流はなかったという。

六月一〇日の空襲では、適性部の防空壕で息をひそめてから外へ出ると、次々とけが人が運ばれてきて、手当に走り回る。片足を吹き飛ばされた人がいた。さらに適性部には予科練習生や日曜で面会にきた家族、航空隊の兵隊などの遺体も運ばれてきた。

混乱のなか、自宅に肉片が散らばっていると近所の人から伝え聞き、母を案じて急いで帰宅することにした。道すがら、予科練の遺体を戸板に載せて運んでいる人や、兵隊の首を暗幕(カーテン)に包んで運んでいる人たちとすれ違い、不安はどんどん膨らんだ。

いざ自宅に着くと、爆風で吹き飛ばされた梅干しが散らばっていた。幸いにも〝人肉片〟ではなく〝果肉片〟だったわけである。母に「やることあるだろう。さっさと帰れ」と怒鳴りつけられ、麗子さんは職場へ逃げ返った。

適性部のそばには法泉寺という寺があり、翌日は、ひたすらここに遺体を運んで荼毘《だび》に付した。首のない遺体や首だけの遺体を覚えている。松根油で火をつけるためものすごい煙と臭いがたちこめ、艦載機がそれをめがけて機銃掃射する。手を合わせながら、泣き泣き逃げたという。現在も法泉寺では六月一〇日に慰霊法要が行われている。

戦争が終わり一九四六年一月、麗子さんは両親のすすめで秋田県出身の米澤芳雄さんという甲種一二期予科練出身者と結婚する。芳雄さんの父は、土浦海軍航空隊へ面会に来た際に、面会時刻まで新町を歩いていると、麗子さんの母に一服しなさいよといわれ、世話になった。その縁で、芳雄さんは、予科練と、卒業後に赴任した霞ヶ浦海軍航空隊での外出時に、たびたび外塚家に立ち寄っていた。復員後に、復学を目指して焼野原の東京をさまようが、あきらめて土浦へ立ち寄る。そこで麗子さんの母から「よく生きて帰ったね。男がいないので貰ってくれ」といわれたそうだ。

一九六〇年代の予科練慰霊碑建立の際には、芳雄さんは各戦友会の大同団結に尽力し、勤務先の建設会社の支援を得て基礎工事に全面的に協力した。麗子さんは婦人会会員として、除幕式に向けて子どもを親に預けて走り回る。会場のテーブルに生け花を飾ろうと、リヤカーを引いて近所を訪ね、一日で一〇〇個の水盤を集めた。予科練については「自分の子どもには志願させられない」と思い、「孫の代も平和な世界であってほしい」と語る。

鶴江さんと麗子さんは、家族・親族が海軍関係者を主な客とする商売に励み、海軍施設で会計や技工士として働いた、いわば軍都の申し子である。しかし、戦後に地域婦人会の中核を担って予科練の慰霊に打ち込む心中にあったのは、軍都へのノスタルジーなどではなく、個別に交流したり葬ったりした死者に対する追悼と、強い平和への願いだった。新町に直接爆弾は落ちなかったとしても、さまざまな戦争体験が人々に深い傷を刻み込んでいたのである。

コラム❸　掩体壕で暮らした引揚げ開拓者一家

掩体壕《えんたいごう》という戦争遺跡を知っているだろうか。空襲時に軍用機を隠すシェルターとして、戦争末期に各地の飛行場に建てられた、かまぼこ型のコンクリート製建築物である。戦後は、農機具庫や倉庫として利用された(48)。千葉県茂原市や大分県宇佐市などで保存されているほか、全国各地にいまだ残っている。阿見町にも民家の敷地内に一つの掩体壕が残り、町指定文化財ともなっている(49)(図3―11)。

図3-11　阿見町に残る掩体壕の正面入り口部分

先述したように霞ヶ浦海軍航空隊跡地は開拓地として払い下げられた。一九四六年に、この掩体壕のある区画に入植した一家は、引揚げ者だった。当主の山本義久さん(仮名)は一九〇八年生まれで沖縄県師範学校を卒業し、沖縄で教員を務めた後、台湾の学校に赴任する。敗戦後に沖縄に戻るか迷うも、次男だったこともあり本土への移住を決意した。

教員だった義久さんは、コンクリートの掩体壕や栗石砂利の多い開拓困難な土地への入植を「残りものでいい」と進んで希望した。そして、掩体壕内部に家族七人が住めるような間取りをつくって住み始める。子どもたちは「掩体壕」と陰口をたたかれた。入植当時の苗字は「座間見」で、「ざまみろ」ともいわれたという。開拓者・引揚げ者への差別、沖縄出身者への差別があった。

朝鮮戦争(一九五〇年勃発)の頃、価格が高騰したくず鉄の回収業者が来て、掩体壕を爆破して内部の鉄筋を買い取ることが広く行われた。掩体壕は十数個存在したが、他の入植者は、田畑とは別の場所に住居を建てていたため、掩体壕を売り払ったようだ。一九五二年には、国から払い下げられた敷地にあった旧霞ヶ浦海軍航空隊の「（飛行）船隊兵舎」が、開拓農協組合長によって違法に高額転売され、鉄骨や鉄筋を取り出すために破壊された「船隊兵舎事件」まで起きている[50]。

山本家の掩体壕は住居だったために守られた。とはいえ、いつまでも遺構に住んでいるわけにもいかない。やがて掩体壕の奥を一部切断して確保した敷地に、新居を建てた。掩体壕は主に物置として、一時は車庫としても使われた（図3－12）。一九四〇年生まれの長女は、一時期は掩体壕でピアノ教室を開いて小学生を教えていたそうだ。

図3-12　掩体壕の裏手
新住居建設のために一部切断し，物置部分には長方形の穴をあけてドアを設置している

図3-13　掩体壕内部
左上の窓は戦後に採光のために空けられたもの

「見栄や無駄なことが嫌い」な「明治生まれの頑固一徹の人」と長男の嫁・山本康子さん（仮名）から評される義久さんは、掩体壕を利用した生活を続けた。五〇歳で教員を退職した後は農業に注力し、掩体壕の周囲で、陸稲、落花生、サツマイモ、スイカなど手広く生産し、豚や鶏の飼育も行った。老後は掩体壕のなかで、木彫り、陶芸、盆栽、読書などの趣味活動をして過ごした。

道路建設計画に敷地がひっかかることが判明した際には、掩体壕保存のための要望書を役場に提出しに行くほど、愛着があったようだ。義久さんは「掩体壕は山本家の歴史である。宝である。ぜひ残したい」「掩体壕は絶対壊さないで残してほしい」と言い残し、一九八八年に永眠した。

現在の掩体壕の所有者は、隣接する住居に住む山本康子さんである。一九六三年に嫁いだときには、すでに掩体壕の隣に新しい家が建っており、康子さん自身は、掩体壕に住んだことはない。それでも、コラム1で紹介した郷土史家の赤堀好夫さんや八木司郎さん（コラム5）が熱心に調査・聞き取りを行い、現地に設置されている文化財の解説看板の原稿を用意した。これには、「終戦後海軍から払下げを受けて居宅として使用されていたため残すことが出来た。他の壕は戦後の鉄不足の影響で、鉄筋取りにあい、全部壊されてしまった」と戦後の経緯も書かれている。

町の文化財となったのは、あくまで海軍航空隊の遺跡だからである。しかし、掩体壕は、引揚げ開拓者の戦後生活史を物語る遺跡でもある。壁面には、居住時の炊事でついた焦げがあり、かつて窓が取りつけられていた穴もある（図3－13）。それは敗戦後の貧しさを生き抜いた人々の生活の痕跡であり、戦後遺産なのだ。

第4章　自衛隊にみた「軍都」復興の夢
——空洞への誘致と高度経済成長期の埋没

本章は再軍備を扱う。学園都市として再出発したはずの阿見町はその後、警察予備隊の誘致活動を始めた。結果として一九五〇年代前半に、土浦海軍航空隊跡地には、各種武器・車両の整備や使用法などを教える陸上自衛隊(当時は保安隊)土浦駐屯地武器学校が、霞ヶ浦海軍航空隊の一部と第一海軍航空廠の跡地には、各種武器・車両の修理や補給などを担う霞ヶ浦駐屯地武器補給処(廠)が立地する。土浦駐屯地は阿見町にあるのだが、おそらく土浦海軍航空隊と重ねた命名であり、霞ヶ浦駐屯地も霞ヶ浦海軍航空隊と重なる名称である。

誘致から駐屯への過程で地元ジャーナリズムは「軍都」として阿見町と土浦市を語り始めた。管見の限り、戦前には「空都」と呼ばれることはあっても「軍都」の呼称はなかった。戦後になって初めて、海軍航空隊と陸上自衛隊との連続性をつくりだす言葉として「軍都」が現れたのである。

警察予備隊誘致

阿見町は、一九五〇年八月の警察予備隊創設を聞くやいなや誘致活動を開始した。阿見町長・丸山鉄太郎《けいたろう》(任期一九五〇年五月～五四年五月、再任六七年五月～七七年三月)は、警察予備隊創設の「ラジオニュースを聴いてその翌日直ぐ」上京し、土浦市長とともに誘致運動を展開した。ただ、結局は水戸市と県が支援した勝田市に決まり、誘致競争に敗れた(1)。

誘致の背景にあったのは、せっかく旧軍施設を埋めた教育機関が、都心部の復興に伴って転出してしまったことだ。土浦海軍航空隊跡地に入った日本体育専門学校は一九五一年三月に東京へ移転し、その附属校的な位置づけの常陽中学高等学校は廃校となった。また、国立茨城大学の発足に伴い、茨城師範学校も廃校となる。のちの『常陽新聞』は「さながら文教と平和産業の一大基地の様相を呈していたが、学校の移転問題やその他不利な条件が山積して年毎にさびれていた」とし、「消費都市として生きるこの町が保安隊受入れに狂奔したのも当然と言える」と語る(2)。

松下孝昭によれば、敗戦五年後の警察予備隊発足時点で、ほとんどの旧軍施設は転用されていたため「旧軍施設を利用して警察予備隊を誘致しようとしても、様々なあつれきが生じることにな」った。しかし、阿見町の場合はちょうど転用施設が転出したタイミングで、このあつれきを回避したことになる(3)。

誘致運動は続けられ、日本体育専門学校跡地に土浦駐屯地が開設、一九五二年に保安隊武器学校が、東京都立川市から移駐してきた。一九五〇年代をとおして進行し、市町村合併の前史となった地方財政の危機の最中にもかかわらず、阿見町と土浦市は、わざわざ武器学校教職員住宅の建設を起債で請け負ってまで誘致したのである(4)。のちの高度経済成長を予期すべくもない時代において、警察予備隊・保安隊は工場や学校と同じく人口を増やし、地域の「復興」に資する施設として認識された。実際、阿見町の人口は(すべてが予備隊の影響ではないが)、予備隊移駐前後の一年半余りの間に三〇%ほど増加し、一万一五〇〇人に達した。(5) そもそも当時は自衛隊員数自体も急増した時期だった。一九五二年一〇月の保安隊への改編を見据えて五月に、警察予備隊は、創設当時の七万五〇〇〇人から一一万人へと兵員数増員を決定した。創設時からの二年間の任用期間満了分の補充も含め、一九五二年度には三万二〇〇〇名、一九五三年度には四万八〇〇〇名が入隊している。なお、一九五〇年代前半は、主要全国紙の世論調査において再軍備の肯定的態度が優勢だったことにも留意しておきたい。(6)

以下では予備隊移駐の過程を、土浦に本社を置き、地元商工業者の広告が多いローカル紙『常陽新聞』から詳しくみていこう。その饒舌は、おそらく商工業者の見方を代弁した側面もあり、地域全体に敷衍するうえでは注意しなければならないが、誘致側のリアリティを捉えるには格好の素材である。

「予備隊景気」への期待

地域が予備隊に期待したのは、何よりも「予備隊景気」と呼ばれた経済効果であった。すでに移駐完了の半年前から、土浦市内の会社は制服や発電機などの大量注文を受け、「中小業者の不振が伝えられている時だけに大きな期待をかけられている」と報じられた。土浦市敷島町の常陽既成服株式会社は、東京の白木屋や三越等の下請けや、進駐軍用のバッグ一〇万枚の受注に加え、予備隊から夏制服二万五〇〇〇着を契約することになった。「現従業員だけでは納期までに間に合わないという嬉しい悲鳴をあげており」既存の従業員一〇〇名に加えて、七〇~八〇人の募集をして二交代制で仕事をする計画を立てた。もちろん「旧海軍の指定食堂」もいち早く準備を進めた。(7)

風俗産業も活発化する。阿見町では、パチンコ屋と「料理店」(=風俗営業を行う特殊飲食店)は各一店あるのみだった。しかし、予備隊誘致が伝わって「武器学校景気」になり、一か月のうちに、「料理店」四件、パチンコ屋一二件が営業許可願を出した。当時パチンコは大流行で、土浦市内には五八軒ものパチンコ店が営業していたが、「予備隊景気に気をよくしてか」さらに増加中で、「目抜き通りはパチンコ業への転業で商店街の異色となっている」。「花柳界隈」も、移駐に伴い「女子の増員が予想され現在の五十八名から一躍百五十名位になる模様」と報じられ、二業地組合は武器学校長と打合せを行った[8]。

昭和27年6月23日（月）

常陽新聞

阿見に予備隊景氣

早くも特飲街出現

土地は十倍、家屋が二倍

塚新金物店

図4-1　「予備隊景気」を伝える1952年6月23日『常陽新聞』記事
土浦市内の金物店の広告もみえるが，商工業者の広告が多い

「予備隊景気」は、そのいかがわしい部分も含めて、地域の「復興」を意味した。「阿見に予備隊景気　早くも特飲街出現　土地は十倍、家屋が二倍」と題された記事では、「終戦後六年間の沈滞した空気から〝変貌しつつある阿見町〟」が描かれる(図4-1)。

　その昔特飲店十五軒を数えパンパンは百名を下らず栄えた花街もみるかげもなくおとろえていたが、現在ではパンパンも一人増え二人増え十人程おり業者も四軒がのきを並べた、軽飲食店五軒も改装しはじめている、学生の下宿屋もどきでかろうじて生命をつなぎ戦後残った唯一の某旅館も改装し、町の中心部に復興のきざしがはっきりとみられている[9]〔。〕

このように、花街の活性化も含めて、「復興のきざし」が語られたうえで、「かつての軍都を漠然と夢みる町民に刺激を与えている」と記事は締めくくられていた。

経済効果への期待はメディアによって煽られている側面があった。『常陽新聞』は、駐屯地に何人の人員がくるのかというトピックにかなり注意を払っているが、霞ヶ浦駐屯地について一時「予定人員は当初二千名で逐次増員され二万名を収容するといわれている」というオーバーな報道もあった[10]。

さらに、武器学校の学生の消費力についても「慰楽方面の費消が多い」「外食する者が多い」「給料取りであるので相当豊かな生活」「外出も自由で通常は十二時まで許可」「土、日曜は外泊も出来る」などと過大に取り上げた。これにはさすがに、四日後のインタビュー記事で武器学校校長が、外出の規定は一〇時まで、外泊は土曜のみ、学生は勉強に追われて外出はあまりない、などと過剰な期待の火消しにまわった[11]。

空洞を満たす夢

経済効果への期待に包まれるなかで、一九五二年八月三日に先遣隊一二〇名が移駐し駐屯地が開設された。「この日正門には〔敗戦以来〕七年振りに掲げられた日章旗が南風に軽くあおられ靡《なび》いていた」

「国旗掲揚は土浦市ブラックダイヤの奏でる「君が代」に重々しく掲揚され」など、日本という国民国家のシンボルが強調される。それと同時に、武器学校校長は、「土地の名をけがさないよう立派に訓練を行うつもりで、誘致に際して骨折を頂いた土浦市及《および》阿見町にたいして感謝の意を捧げよ」と訓示する。校長は記者へのインタビューに対しても「ここに部隊を設置したことは、この所の土地が歴史的に意義あるところから真に感慨無量です、学校においても設置に際して地元に無理な願い〔隊員住宅の整備〕を出して申訳ない」と、旧軍の歴史を強調する。(12)

時は八月である。『常陽新聞』は、終戦記念日の一面トップ記事で、予備隊が「終戦時の面影を一変」させた様子を次のようにふりかえっている。(13)

まず阿見の予備隊移駐こそは終戦後の大きな変化の一つであろう、終戦による、日本軍隊の解散によって軍隊寄生的だった阿見、土浦は戦時中の経済的な痛手とともに火の消えた様になってしまい、一部の人による軍物資の盗搬〔難〕が目立った、その後豊富な旧軍建物を私用《ママ》し学都としての再建を図ったが本年に至り俄然予備隊移駐決定によってかつての軍都を夢みる人々は終戦後の空白をとりもどそうと本格的な受入れ態勢を整え始め、店舗の改装、土地の暴騰がみられとくに特飲街はいろめきたち五十数軒の二業地街は借金をしての新築または改装に懸命である〔。〕

海軍航空隊によって開発の進んだ地域の経験に即してみれば、基地を失い経済的には戦前水準以下となった現在が、基地からの解放ではなく、剝奪感を伴った「火の消えた」「空白」と認識されるの

図4-2　霞ヶ浦駐屯地開設の頃に撮影された，荒廃した旧軍建造物
改修され武器整備工場として利用されたようだ

も無理はない。まして「軍物資の盗難」のような犯罪は、敗戦直後はもちろん、一九五〇年代に入っても旧航空廠施設からの大規模なケーブル不正搬出事件など、あとを絶たない。(14)「空白」といっても旧軍用地は更地ではなく、荒廃した軍用施設が佇む、いわばもぬけの殻の空洞だった(図4－2)。

戦前は「軍隊寄生的」だったと自覚しつつも、高度経済成長期を知るべくもない人々にとって、空洞は「かつての軍都を夢みる」想像力で満たすほかない。復興の未来は、現在よりも豊かだった軍都の繁栄の記憶から想像されるがゆえに、「本部隊到着更に補給処の設置となると戦時中以上の隊員が来るといわれ」「土浦―阿見間の電車線の復活など鉄道電車の新設が噂されこれも情勢によっては夢ではないだろう」など過剰な期待が膨らんでいく。(15)

醒めた記憶

一方で地域住民は、単純に海軍航空隊の過去を美化したノスタルジアに浸っていたわけではなかった。

基地に関する住民の問題認識を『常陽新聞』「読者の声」から拾ってみれば、駐屯は地域発展のために賛成としつつも、「パチンコ屋や料理店が沢山出来るということかならずしも賛成出来ることではない〔中略〕不健全な発展であってはならない」とくぎを刺す阿見町民がいる。土浦市民も「読者の声」で、移駐については「一部には反対の気運もないことはないが、土浦の発展のためには非常にけっこうなことと思う」としたうえで、「ただ心配なのは飲食店や二業地あたりで夜ふけてまでテンヤワンヤのさわぎをくりかえすことがあるのではないかということだ」と、地域の風紀の乱れへの懸念を表明する。基地の「経済効果といっても駐屯地近くの売春業など一部の不健全な業種の繁栄にとどまる」という類の反対意見は、同時期の誘致をめぐる議論でも、また戦前においても広くみられたものだった(16)。

注目すべきことに、軍事基地の暗黒面や経済効果の限界を、誘致を担った阿見町長たちも移駐時点から認識していた。常陽新聞社主催の座談会で、予備隊に対する地域の人々の期待について尋ねられた町長は、「結局旧軍事《ママ》時代を思い出して参考にしているでしょう〔。〕利点は…まだ弊害の方は思いだしている方はないと思います、過度《ママ》的現象として利点だけを思い起しているきらいがあるので、その点私共としては弊害に対する心構えですが、これを時々よびおこしておかないと」と、「弊害」を自らわざわざ示唆する(17)。

総務課長も、航空隊設立時に「工事請負、或は土工がたくさん入り込みまして相当その当時はいろいろな事があったんですな、ああした方々が入って来たんで何といいましょうか恐ろしかったような時代もあった」と語る(18)。司会から、「楽しかったとか、くるしかったとかいう思い出はございませんか」と話を振られた婦人会長は、「家の裏に飛行機が墜っこちて、ほんとうに惨胆たるあの光景には目を蔽い可愛そうだと思いますわ」と戦前の事故を語る(19)。誘致の張本人たちも、地元ジャーナリズムの過熱とは対照的に、醒めた認識で軍事基地をみていた。

「阿見は植民地」

阿見町役場の会議室で開かれたこの座談会では、阿見町がどのような特徴をもった町であるか、という地域のアイデンティティがさまざまに語られていく。まず座談会冒頭では、司会（おそらく常陽新聞社の岩波健一社長）が次のように述べる。

阿見という町はたいへん人工的な町だと思います〔中略〕つまり航空隊が出来てから、阿見という町には新しい性格ができ、それがきょうの阿見町の骨格をなしている〔中略〕しかし、村民各位が身にしみて御承知のように、敗戦によって、阿見は町そのものが、戦後のすさまじさのなかに抛《ほう》り出され、なんとかして脱出しようとあせっているとき、予備隊が進駐して再び往年の活況が予想されるに至ったわけで、その点、県内主要市町村の注目を惹いているわけであります〔。〕(20)

航空隊によって「人工的」に町となり、敗戦が生んだ軍都の消滅という危機から「脱出」し、予備隊で再び「活況」を得ようとしているものとして語られる。これに対して、登壇者の農業協同組合長は、ツェッペリン飛行船の飛来を「あの騒ぎってなかったね」と懐しみ、土地買収による移転についても「喜びはしないだろうが、国家でもそれらの方々にどうやら納得の行くような保障〔補償〕をして呉《く》れて改善した」と肯定的に語る。

戦前は海軍将校で、霞ヶ浦海軍航空隊勤務もしていた丸山町長は、「まあ兵隊がバカに思想を悪くしたという感じも受けますね、いわゆる兵隊がもんでしまったという感じを受けますね、非常に打算的に強いということです」と述べる。これに司会が、「いまのを極端ないえ方《ママ》ですればやや植民地にちかいというわけですね」と口をはさんでも、「町の成りたちがそうなっているから仕方がないねえ」と「植民地」の烙印をあっさり受け入れている。

司会の「植民地」という唐突な表現は、前月の記事に由来するものとみてよいだろう。一九五二年八月二一日の記事「阿見のプロフィール」は次のように始まる。

阿見は植民地である、行政区分上は稲敷《いなしき》郡阿見村と呼ばれ人口一万程の一寒村が大正九年〔一九二〇年〕、霞浦航空隊の開設につれて遂次面目を一新し、〔昭和〕二十年〔一九四五年〕五月二十七日には町制を施行して名実ともに日本の阿見町とはなったものの、阿見町の性格は本質的にその間の経緯が植民地的であることを如実に物語っているようだ、阿見は日立市が県北の植民地であると同じ意味で、県南の植民地である、阿見もまた他の植民地的都市と同じく世の転変につれて栄枯盛衰する運命を免れることが出来ない〔。〕

ここに当時の、土浦市民の阿見町民に対する一つの見方がうかがえる。しかし、「植民地」といわれようとも阿見町は、ただ「運命」のままに受動的に翻弄されてきたわけではない。基地がもたらす利益を最大限活用しようとする、能動的なしたたかさがある。そこに自信があったからこそ、丸山町

図4–3　武器学校内の売店
旧軍では酒保，自衛隊では米軍に倣いPXと呼ばれた

長も反論しなかったのだろう。

実際、町長は、教職員住宅建設と商工業の振興に取り組み、隊員の福利施設も計画した(21)。さらに、商工業者に限らず農民も受益できるように目配りしている点も重要だ。農業協同組合長は、町内の一八〇〇戸のうち八〇〇戸が農家で、その五割が零細農であることから予備隊への農産物納入の入札を重視する(22)。実際、阿見町は、土浦市や東京の業者も参加した第一回物品納入競争入札において、総額一八万八〇〇〇円のうち六万三七〇〇円を確保し、特に阿見農協は野菜類や味噌など七品目をおさえ、肉類や牛乳も阿見町の事業主が納入権を独占し、隊内の売店（PX）の食堂や喫茶店、菓子類にも、阿見農産加工組合が一部参入している(23)（図4－3）。

農業協同組合長によれば、戦前の航空隊にはこうした競争入札はなく、「元のいわゆる日本はなやかなりし当時は御承知の通り御用商人といって、米でも麦でも何でも納入の契約をする、特別の要のない限りは御用商人としてながく納めておった」。しかし、現在は、個々の農家ではなくて農協というかたちでまとまって入札する。組合長は予備隊に対して、「ここ〔阿見町〕は〔隣接市町村よりも〕新鮮なものが同じ価格で納る、予備隊としても新鮮なものをおなじ価格で食べられる」と積極的にアピールする。さらに「予備隊の秋の作付についても将来どういうものを隊員に食べさせるかということをお聞きして」要望にこたえようとするなど、工夫を凝らす。[24] 単に「はなやかなりし」戦前を懐古し戻ろうとするだけではなく、新たな状況に合わせて、よりよい仕組みを作ろうと試行錯誤していたのだ。こうして受益層のすそ野は、商工業者をこえて農民にも広がっていく。

新町に出てくる隊員たち

さて、予備隊移駐後の町の光景を追っていこう。武器学校正門前、すなわち新町周辺（図4－4）は「附近の商店は殆んど軒並位に増改築され、飲食店からは流行歌がジャンジャン暑さにうだる街路に流れている」。隊員の外出は一七時から二三時までで、「夕刻ともなるとどこからともなく人が集って来、予備隊員に話しかける物好きな人の姿があちこちで見受けられる」[25]。この距離感の近さは、戦前の軍人との交流経験ゆえであろう。

一方で、「パンパン屋があ〔め〕くらめっぽうにできる兆《きざし》がある」ともいわれ、風俗営業許可店は四軒から一〇軒へ増加する見込みという。「得体の知れない夜の女は町に五十人はいるといわれ〔中略〕新町大通りに、客引く女が現われるなど、子をもつ親達のひんしゅくをかっており、これから風俗問題をめぐる婦人団体のうごきは注目されよう」と、母親たちの懸念を伝えている。「夜の街はいずこの店にも予備隊員の姿が散見され、十時までは土浦市の繁華街をもしのぐ不夜城にな

図4-4　1956年頃の新町
中央にみえる「新町タクシー」は現在も営業している．奥が土浦駐屯地のグラウンドや兵舎で，大半は土浦海軍航空隊時代のものが使われていた

る、町の話題も総選挙より予備隊にもちっきりで浮足たつ商人達、顔をしかめる勤人、朝夕の〔駐屯地の〕ラッパは町内にひびきわたりこれをみつめる町民の表情はさまざまである」(26)。ただ後述するように、「親たち」も「勤人」も顔をしかめるだけで、組織的な反対運動が盛り上がった形跡はない。

一九五二年九月一五日に本隊が移駐し人員が六〇〇名に達すると、『常陽新聞』は「予備隊の町阿見誕生」と報じる。駐屯地の様子は、「収容力三千名といわれ鉄筋建ての庁舎(旧海軍司令塔〔司令部庁舎〕)や宿舎はクリーム色に彩り校庭(旧練兵場)にはブルド〔ー〕ザーが動く、こうして旧海軍予科練の中心部がいきかえり、湖岸の片隅に空爆のあともそのままな格納庫とは対象〔照〕的で時代の流れを如実に物語る」と旧海軍や空襲の歴史を重ねて描かれる。そして一六日の夕方に三〇〇人が外出すると、お祭り騒ぎが繰り広げられた。

映画、演芸を町民とともに無料で開放、隊員には裏門のところで町の接客婦が焼酎五斗を、隊門脇の天田食堂ではユデアヅキ二百名分を無料サービス、階上《ママ》〔歓迎会場〕では附近町村長、消防団長、阿見町義《ママ》員、ほか、町の名士が、士補級以上の二十数名とともに商工会の主催で飲みほうだいにもてなされ街には歓迎のアーチ、新らしくできた街路灯には日の丸の小旗がのきなみにひらめく、折柄《おりから》の小雨のなか近在からつどった数千の青年達に混った隊員、米国顧問団の青年兵士に夜の更けるまで賑い、〔中略〕飲食店のテーブルを囲み隊内を議論するもの、町民と親しくまぢ《ママ》りあう隊員達、競い合いに割れた町商人の対立、何年ぶりかの売り上げにこ〔小〕踊りする小商人(27)

〔後略〕

その光景はたしかに、軍隊の再来による町の再生のように感じられたことであろう。

通常は隊員六〇〇名のうち三分の一が毎日外出し、「夜の街は予備隊色に埋まる」。飲食店や食品、雑貨店の景気がよく、「サービス婦人の増加で」化粧品や衣料も売れている。一九五〇年八月に入隊が開始された警察予備隊は、二年間勤務すれば退職金六万円給付という条件で募集がかけられていたが、「六万円組の隊員がかなりいるので業者は期待するところが大きく、関係のある商人はかれらの月給日(二十日)を殆んど知っているくらいだ」。ちなみに一九五二年の東京の公立小学校教諭の初任給が約六〇〇〇円である。(28)

一九五四年の一月頃に新町を訪れた記者は、「バスを下〔降〕り立つといきなりパチンコ屋の店先から騒々しい軍艦マーチが耳に飛び込んでくる」と驚き、「ケバケバしいが、チャチな続々生まれた新開地のような阿見町の中心」と評する。(29) そもそも新町は予科練の土浦海軍航空隊時代に、花街が土浦市内に転出していたが、予備隊とともに、霞ヶ浦海軍航空隊水上班時代の猥雑さがよみがえった。なお、第二章で外出中の兵を取り締まる海軍巡邏伍長が登場したが、予備隊・保安隊武器学校にもジープで町を巡回し、「保安隊員としての面目をけがす者がないように」監視する警務係が、一〇月一五日におかれた。私服で巡回することもあったようだ。(30)

一方で、はやくも開庁時から「予備隊景気に悲観説をとなえるものもかなりあり、対内外での多数業者の競り合いを指摘している」(31)との報道もあった。悲観ももっともで、開庁式で年末までに一〇〇〇名に増員されるといっても、(32) 戦前の航空隊とは規模が違う。先述した土浦・阿見のパチンコ店の増加についても、先遣隊移駐後には、「予備隊の係の人が学生にはパチンコを禁止してある、ということをこの間聞きました、そういう関係で急激にすくなくなった」と町会議員が語っている。[33] 先述したように「現在の五十八名から一躍百五十名位になる模様」と五月に報じられた花柳界も、実際は八月になっても、「芸妓の数は目下のところ二、三しか増えていない」。経済効果は期待先行の面も大きかったようだ。[34]

間貸し下宿の復活

間貸し下宿も一部復活した。これはやや驚いた。というのも青宿集落での証言や土浦市・阿見町の郷土史には、戦前の下宿・クラブは頻繁に語られるものの、戦後の間貸しは言及皆無といってよいからだ。

たしかに先述したように、土浦市・阿見町が隊員用住宅を建設したほどの、隊員の住宅問題があった。武器学校の先遣隊移駐から住宅の完成までは間借りが行われるという事情もあり、移駐に伴い家賃が跳ね上がったとの報道がある。市内の約五〇〇世帯の間貸しのうち、六畳ないし四畳半一間で一〇〇〇円が通り相場であり、土浦市中心部には、六畳一間で二〇〇〇円という「東京都内なみの相場」もみられた。家主たちは高く貸し出すために、それまでの借家人たちを追い出そうとして、借家人組合との闘争もおきた。[35]

武器学校本隊の移駐後の報道では、「三日に一度くる隊員への間貸は四〔~〕六畳が千円〔〕特殊な間貸しでは一間五千円というのが現れ〔阿見〕町民のどぎもを抜いている」とある。座談会では、婦人会長が「予備隊の方達はお父さんやお母さんと離れて来ている人がいるのでしょうからそういう方に親切にしてやりたいと念願しております」と述べている。(36) 戦前の航空隊員たちを迎え入れた経験は、戦後の予備隊員にも応用されようとしていた。

一九五四年に入り、霞ヶ浦駐屯地への駐屯も始まったころには、「かつて土浦海軍航空隊当時予科練習生の憩《いこい》の家であったクラブなるものが、保安隊員の中にも見られ、かつてのクラブなるものがアチコチに生れ始めている」との報道もある。よくみると、これは日帰りのクラブではなくて、宿泊を伴う間貸し下宿である。

外出毎に帰宅のできない他県の隊員などの気の合った同志が五、六名で土浦市内に私宅の一室を借り受けて、一ヶ月二千円前後(共同出資)で郷里に帰ったと同じにのんびり一日を過すというもので、戦時の予科練習生のようにクラブの主人や婆さんに我が子のように可愛がられるという様子はまだ見られないが、次第にその数が増加、旧市内に八ヶ所、新市内には五ヶ所あり増加の一途をたどっている、クラブに来る隊員は殆んどが保安査長〔保査長＝兵階級の最上位に相当〕以下の隊員で幹部は見られない、土曜日の午後から日曜日にかけてクラブは隊員にとっては新天地らしい、このクラブ復活については元予科練習育ちの隊員が尽力しているという(37)〔。〕

記事は「我が子のように可愛がられる」わけではないと書いてあるが、募集年齢一八歳から三五歳までの隊員たちに対して、十代半ばの予科練と同じように接しないのは当然だろう。

十代半ばで入隊する例外は自衛隊生徒である。一九五六年四月、中学卒業後に武器学校へ自衛隊生徒の枠で入隊した中川龍さんは、土浦市街の栄町の赤線地帯(売春が公認されている地域)にあった旅館の二階が日帰りのクラブだったと語る。(38) 自衛隊生徒だけが来ていたわけではなかったようだが、土日は主に生徒たちだった。中川さんは一回か二回くらい行っただけだったという。広々とはしていたが、「おばさん」のような世話を焼く人はいなかったそうだ。予科練と変わりない年齢だが、地域住民との密な交流はあまり生じなかったとみえる。戦時下の予科練のように、すぐ戦場に行って死ぬような存在とはみなされていなかったこともあるかもしれない。

一方で、一般隊員の間貸し下宿は、戦前そっくりに、再び軍人と地域住民との結婚を生み出していた。土浦市内の「クラブ」に関する続報では、「しょく〔食〕事も学生の下宿のようにだされるが、隊員はその家の人のようにのんびり一日を過ごせるのが望みのようだ、隊員の中には地元の娘達と見事結婚にゴールイン組も数多い、勿論殆《ほと》んどが婿」と書かれている。「保安隊員と腕をくんで歩くのを誇りと思っている娘が案外に多いという」が、当時としては高給取りであった保安隊員の人気は十分わかる話である。(39)

広がらない基地反対運動

他方で、たしかに誘致反対運動も存在した。早くも一九五二年三月には土浦市議の飯島政雪ら「朝鮮人を含む共産党員三十三名」が土浦市長を訪れ、「予備隊誘致運動絶対反対など数項目に及んで要求を行った」。さらに四月に土浦市・阿見町の「朝鮮人ら十四名」が阿見町長に面会し、「朝鮮人強制送還反対、警察予備隊武器学校設置反対、武器学校住宅建設費を自由労務者の住宅費にふりあてるなど数項目にわたる陳情書」を提出した[40]。第二章でみたように、朝鮮人は霞ヶ浦海軍航空隊建設当時から流入し、一九三七年一二月末時点の土浦町に二三七人が居住していた。占領下に在日朝鮮人連盟の県本部や朝鮮人学校が置かれた土浦市の朝鮮人人口は一九五〇年時点で県内最多だった。在日朝鮮人連盟は一九四九年に団体等規正令によって解散し、一九五二年は、後継団体の在日朝鮮統一民主戦線が、日本共産党と連携しながら生活保護要求や朝鮮戦争反対を訴えていた時期にあたる[41]。

そして、一九五二年のメーデーで土浦に参集した社会党、共産党、各種の労働組合や農民団体などが、「警察予備隊設置で平和のまち土浦と阿見を銃爆撃のまとにするな」などと書いたプラカードや赤旗を掲げ、メーデー歌を歌いながらデモ行進した[42]。この日は、独立回復後の初のメーデーだった。東京では、推定四〇万人ともいわれる労働者が集まり、「再軍備反対」を決議した。軍国主義復活反対などと書かれた旗やプラカードが掲げられ、ついに皇居前でデモ隊が警察と衝突し死者も出た「血のメーデー事件」が発生している[43]。全国で計一〇〇万人が全国約三三〇か所で集会を行った。しかし土浦のメーデーについては、『常陽新聞』が「閑散なメーデー」と記事に題したように、「百数十名」ほどの落ち着いた集会で、午後一時には解散したという。

土浦市にまたがる霞ヶ浦駐屯地の開設後も、飯島土浦市議は市議会で、「再び土浦が軍事都市として開発されるということ〔を〕われわれ〔は〕断乎として防ぎとめなければならない」と訴え続ける。対する自由党の助役は「保安隊の施設の一部として土浦市内に一つの施設がふえる。それが市の発展上《ママ》になるならば誠に喜ばしい〔中略〕軍事基地云々という点については私は何ら考えておらなかった」と、あたかも保安隊施設は軍事基地ではないかのように答えて、はぐらかしている。[44]

このように、たしかに反対の声は上がっていたが、基地反対運動が大衆的な広がりをもつには至らなかったようである。少なくとも、これ以降の『常陽新聞』記事には反対運動の続報が見当たらない。むしろ阿見町については、「ともあれ兎角の風評はあっても意に介せず、町の発展のためには火の中水の中をも辞せない丸山町政の人気はたいしたもので」あると評される。[45] 大多数の人々の心情は、「住みよかった街がハカイされるようなことがあってはならない」と思いつつも「軍都の再現はやむをえない」というところだったのだろう。[46]

たとえば、一九五六年五月八日には、自衛隊員による痛ましい婦女暴行事件が発生している。武器補給処の一等陸士が、駐屯地の立地する土浦市右籾町内で、帰隊時間に遅れるから乗せてくれといって二十代女性の自転車に相乗りし、ほどなく自転車を転倒させて、女性の顔面に全治二週間の傷害を負わせる暴行を行い強姦にも及んだ。[47] おりしも県内では鹿島町・神栖村への神之池基地建設計画に対して、反対運動が盛り上がっていた時期である。[48] しかし、このような地域住民の怒りを買ったに違いない事件も、新聞報道を見る限り、自衛隊への組織的な反対運動にはつながらなかったようだ。

一九六二年には霞ヶ浦駐屯地でナイキ・ミサイル配備の際に、県労連と共産党員らが反対署名運動をし、土浦市役所や阿見町役場や霞ヶ浦駐屯地に陳情し、市町議会において反対決議を働きかけた。しかし、議会での支持は一、二名の議員にとどまった。「地元の市民大衆も基地反対運動に対しては、自衛隊広報部のＰＲが徹底し、ほとんど無関心だった」という。最終的に反対派は、三十余名が車を駐屯地への引き込み線に乗り入れて搬入阻止の実力行使を行ったが、機動隊員に排除され失敗に終わった。[49]

自治体も、おそらく多くの地域住民も、基地の暗黒面や限界を承知のうえで、軍都による膨張後の空洞化した風景を軍事基地で再充填することを選び、容認したのだろう。反対運動のあったナイキ・ミサイルも、配備から五年もたつと、すっかり駐屯地開設記念式典で公開される見世物の一つとなっていた[50](図4－5)。

開拓地接収への抵抗

図4-5 「ナイキは注目の的でした」とキャプションがついた，1967年の開設14周年記念式典の写真

予科練という軍学校が所在した土浦海軍航空隊跡地には、戦後に武器学校という同じく学校が入り、第一海軍航空廠という軍の工場の跡地には同じく武器補給廠《ほきゅうしょう》が入った。航空廠についても建物の一部は民間企業の鉄道車両修理工場や倉庫として利用されていたが、農地の買収はほぼ必要としなかった[51]。

しかし、農地買収を伴う飛行場建設となれば話は違う。一九五二年度から持ち上がった、霞ヶ浦駐屯地の拡張による飛行場建設は広い開拓地の買収を必要とした。霞ヶ浦海軍飛行場跡地を苦労して開拓してきた開拓者たちは農地買収に強く抵抗した。三年間余りにわたって交渉は続き、飛行場跡地の開拓地二五一町歩のうち三四・二六町歩(約一四％)が買収され、ようやく五五年一一月に着工し、翌五六年五月から使用開始となった[52]。

その過程には不明な点も多いが、『常陽新聞』記事には開拓農民の根強い抵抗がうかがえる。一九五二年九月に「この程保安庁の発表により航空部隊の設置は本決りとなった」と初めて報じられてから、霞ヶ浦駐屯地補給処開庁式を翌月に控えた一九五四年一月になっても、「現在のところ農地を手放す耕作者は全体の約六割とみられあとの四割が農地取上げに反対している模様[53]」だった。実際、買収予定の「総面積十一万坪〔約三六・七町〕のうち八万坪を有する阿見町では早速耕作農民〔約百名〕の意向を打診した結果、耕作者のうち開拓農民が約十名程おり、この開拓農民が真向から土地買収に対して反対しているので丸山阿見町長[54]は開拓農民の意向を取入れ、買収に関して地元では反対する旨回答を行った[55]」。土浦市も「同一歩調」をとり「一応反対の意向を示」す。第五章でみるように、同時期の土浦市街では保安隊移駐に対する歓迎がみられたが、土浦市が諸手を挙げて基地のすべてを容認していたわけではなかった。さらにいえば、市街と農地の対照的な光景は、商工業者が誘致派、農民が反対派という当時よくみられた構図を示すものでもある[56]。

そして一般に当時の農民たちにとって買収拒否は、自身の生活を守るための農地接収に対する反対であり、東西冷戦や平和問題一般に還元されるものではなかった[57]。おそらく先述した共産党や労組などの反対運動とは、あまり強い結びつきはなかったのだろう。一九五五年の県レベルの動きをみれば、茨城県労働組合連盟が組織した茨城県軍事基地反対連絡会議で、農民団体は基地問題を「思想問題や再軍備賛成、反対」ではなく、「あくまでも切実な生活の問題として地元農民を中心にやっていきたい」と訴え、茨城県開拓者同盟に至っては「軍事基地反対のための闘争には同調できない」「開拓地の接収にだけ反対する」といって離脱し、独自に中央省庁との交渉を始めていく。(58)また、詳細はまったく不明だが、霞ヶ浦駐屯地に関して「開拓農〔ママ〕地元右翼団体は買収の保安隊柵取りこわし事件」なるものもあったと『常陽新聞』が触れている。(59)農地が問題の焦点になるとき、保革のイデオロギーではわりきれない動きが立ち現れていたようだ。

さらに農民も一枚岩ではない。当時の茨城県では往々にして、開拓地に増反した地付きの農民や、開拓がうまくいっていない入植者が買収に応じたのに対して、開拓が軌道にのった入植者が抵抗の中心となった。(60)実際、阿見町と土浦市の農地接収に関して「現地の委任によって終始一貫して反対運動をつづけた」茨城の開拓農協は、一九五五年八月頃の状況について、「現地の営農不振が禍《わざわい》して土浦地区では自ら要求に応じて接収された」「阿見は、地元町の誘致運動と併行して増反者の殆どが要求を応諾したけれども、入植者の反対意識はますます頑固なため自衛隊の計画も進めることができず足踏み状態にある」と記している。(61)しかし、結局ほどなく一一月に飛行場は着工された。

同じく一一月に、霞ヶ浦海軍航空隊跡地の茨城大学農学部からも、別の声が聞こえてきた。元海軍関係者が海軍航空殉職者慰霊塔をキャンパス内の旧霞ヶ浦神社跡地へ建設しようとする計画に対して、茨城大学の学生たちが反対大会を開き、教授会も反対陳情書を提出した。学生が結成した慰霊塔建設反対運動実行委員会は、海軍航空殉職者慰霊塔建設期成会代表の菊池朝三《ともぞう》(土浦市在住の元海軍士官)に対して、「学苑建設の破壊」「塔建設は再軍備を促進するものだ」と訴えた。これに対し菊池は「再軍備を促進するようなものでは」なく「全国海軍航空殉職者の霊を慰めるもの」と反論した。(62)

たしかに、旧軍殉職者のモニュメントが自衛隊の再軍備を促進し大学を破壊するという大学生の論理には飛躍がある。塔といっても芸術家がつくった小さな幼児の銅像であり、碑文は「彰往察来」の四文字のみの簡素なものだ。また、旧霞ヶ浦海軍航空隊関係者に加えて、阿見商工会がスポンサーになり、阿見町長・土浦市長も発起人に名を連ねた。塔に納められた一六巻の霊名簿は、戦後に数軒の阿見町の篤志家によって分散して秘匿されていた。最終的に同年一二月に大学そばの民有地に慰霊塔が建設されて以降は、地元婦人組織のときわ会が清掃を担った。大学生との間には溝がある。

しかし、大学生たちの視点に立ってみよう。土浦・霞ヶ浦両駐屯地の開設により、大学前の道路(茨大通り)を「特車(戦車)や大型トラックが砂ぼこりをあげてつっぱしる」ようになり、「実験室の天ビンは振動のため役に立たない。裏手の教室にコンクリートの台を作って移動しなければならなかった」[63]。さらに、より大きな騒音によって学習研究環境を脅かしかねない飛行場建設が、キャンパスから一キロ程の距離の場所に始まったのである。その折に、飛行場や飛行機事故を想起せざるをえない航空殉職者の慰霊塔が、大学内に建設されるという情報が耳に入る。以上の文脈を踏まえれば、たまたま慰霊塔に浴びせられたことで資料に残った「再軍備を促進」することによる「学苑建設の破壊」という声の背後には、飛行場が大学環境を脅かすことへの危機感があったのではないだろうか。

しかも前年の『常陽新聞』の報道では、騒音の激しいジェット機が離着陸するという誤報も出ていた。一九五四年二月五日『常陽新聞』記事「軍都土浦の復活」は「保安庁法の改正によって三幕(陸・海・空の幕僚監部)が実現すれば高速新鋭ジェット機飛行機場も開設されるものとみられ、既に農地買収も進められている」と報じる。しかし、買収面積から考えてジェット機の飛行場ではない。長大な滑走路を要し騒音も大きいジェット機ではなく、小～中型のヘリコプターや小型の連絡機(セスナ機）が発着する規模の陸上自衛隊の飛行場となった。[64]

自衛隊側の視点でみると、同年七月一日に航空自衛隊発足に向けて二月一日に発足した航空準備室は「旧軍が使用していた飛行場のほとんどは駐留米軍が使用していたし、一部は農地などに転用されており、新たに創設される航空部隊が使用できる飛行場はほとんど見つからない」[65]という問題に直面していた。三月八日のＭＳＡ（Mutual Security Act　相互安全保障法）協定調印で米軍からの重装備の援助は決まったが、それを運用する基地の選定は立ち遅れていた。県内では旧軍飛行場跡地に自衛隊の飛行場を建設する計画が、神之池や友部で、地元の誘致を伴って進められたが、いずれも農民を中心とした激しい反対運動で頓挫した。結局、騒音の激しいジェット機を擁する航空自衛隊基地は、百里に建設されていくものの、強力な反対運動に直面し続けた。[66]

百里基地の滑走路完成は一九六五年にまで遅れ、騒音も大きい超音速ジェット戦闘機Ｆ－１０４Ｊなどが配備されていく。では基地の中身はというと、一九五六年時点の防衛庁の基地計画では、買収面積は約二〇〇町歩にものぼるが、兵員・要員は一〇〇〇名しかいない。一九八四年には面積は約四三一町歩（霞ヶ浦飛行場の一〇倍以上）へ拡大しているが、隊員数は二〇五〇名である。これに対して、一九五四年武器補給処開庁当時（飛行場なし）の霞ヶ浦駐屯地には二五〇〇名ほどの人員がいる。[67]

つまり、面積当たりの人員が少ない飛行場や演習場は経済効果や住民税が少ないにもかかわらず、騒音等の公害や兵器使用の危険は強まる。[68] ＭＳＡ協定を背景とした保安隊から自衛隊への重装備化によって、受け入れ地域にとっては基地そのものがもたらすメリットは減っていき、助成金・交付金等による補償が重要性を帯びていく。[69]

当時の自衛隊側もこうした事態を認識しており、一九六一年刊行の『自衛隊十年史』は、①演習場や飛行場は「地元に益する点が少く、騒音等有害の点の多いこと」、②買収および補償金額の「つり上げ」、③「候補地が開拓地になっていたものが多く、その調整が容易でなかったこと」、④政治的な基地設置反対闘争、を挙げている(九五頁)。

結果的にみれば、比較的軽装備の警察予備隊・保安隊の時代に誘致した阿見町・土浦市は、危険性や騒音など「迷惑施設」度の相対的に弱い形態の基地(学校や補給処)を〝早い者勝ち〟で手に入れたともいえる。しかし、神之池などのように徹底的な接収反対運動の貫徹は果たせず、結局は飛行場も受け入れることになり、〝勝ち逃げ〟は許されなかった。かくて一九五〇年代後半からヘリコプターや小型飛行機が空を飛ぶようにはなるものの、小規模な霞ヶ浦飛行場が戦前の「空都」のように、地域のシンボルとなることはなかった。

工場や住宅に埋もれていく基地

人口が増えた阿見町は一九五五年に近隣の三村と合併する際に主導的な位置を占め、新しい町名は、「湖南町」の候補もあったが、最終的に「阿見町」となった。新町名は、「旧阿見町は、太平洋戦争終結まで海の荒鷲揺籃の地として全国的にその名を知られた町名であるとの理由で」選ばれたという[70]。一九五四年三月の記事では、直接駐屯地について述べたものではない町長選挙をめぐる記事にも「軍都阿見の政情混沌」とタイトルが付されるほど、阿見＝軍都の認識は定着していった[71]。また、阿見町に「土浦駐屯地」があり、霞ヶ浦駐屯地が土浦市にもまたがることもあり、「軍都としての復活の様

図4-6　土浦市内中城通りを歩く自衛隊員たち
1957年頃．写真左にうつる白石書店はなくなったが，中城通りには旧予科練指定食堂の吾妻庵と保立食堂が現在も営業中

相を濃くし一段と土浦との密接さを増し」「土浦市阿見町といわれ観念的には土浦の一角とまでみられ」たようだ(72)。合併こそしなかったものの、『常陽新聞』には「軍都阿見」「軍都土浦」といずれも軍都と呼称されていく。

しかしながら、軍国主義大日本帝国の軍都に匹敵する経済効果を実現するには、平和主義日本国の再軍備の規模は小さすぎた。予備隊移駐から二年も経たないうちに新聞紙上には「軍都華かなりしころは軍人、工員合せて約三万を数えて栄えた土浦市、阿見町」だが、保安隊は「未だ三千数百名しかいない、その夢をむさぼることは早いといえる」と醒めた見方が台頭する(73)。「〔土浦市内の〕高級料理店では、「保安隊景気はでなくてねえ」とボヤく〔。〕海軍さん時代がなつかしいのだ、〔軍人の家族が〕面会に来たときなどは大変な散財なのである」。たしかに土浦の町を自衛隊員たちが歩くようになるが(図4-6)、料亭で暴れまわった海軍士官のように散財することはなかったとみてよかろう。阿見町も地価は上がったが「その実取引はあまりないようである」などと報じられる。

軍都復興の夢は、基地の人員の相対的少なさという現実の前に冷却される。もちろん一九四五年六月の空襲被害の記憶も健在で、「〝喉もと過《す》ぎれば熱さを忘れる〟とこの惨事を受けマユをひそめる町民もある」。その後駐屯地の人員はさらに増加するが、結局は「旧海軍施設跡が自衛隊の駐とん地となり、これに伴う隊員の移住と旧海軍施設を改造して操業を開始した各工場の要員の転住によりやや活気を呈したが、戦前の域に達するにはほど遠かった」とのちにふりかえられることになる[74]。

そもそも基地の経済効果は、武器補給処開庁からほどなく一九五四年一二月から始まり五七年六月まで続く神武景気を出発点とした高度経済成長による民間経済の発展のなかで、相対的に埋没していく。経済活動が戦前の水準を超え、一九五六年版『経済白書』が「もはや「戦後」ではない。われわれはいまや異なった事態に当面しようとしている。回復を通じての成長は終った」[75]と述べるに至れば、戦前同様の復興を目指して「軍都を夢みる」以外の地域開発が構想されていく。

土浦市は、一九六〇年にはすでに「東京のベッドタウンとしての要素を充実させている」といわれる。首都圏市街地開発地区指定が決まっており、工場・住宅団地造成費が日本住宅公団から五億円用意されているという。また県内の商圏の拡大もなされた[76]。

ちょうど市制二〇周年にあたり、土浦の歩みを語る座談会では、天谷丑之助《あまがいうしのすけ》市長が「〔海軍によって〕発展しようとした時に戦争のために空白状態になってしまったんですよ。あのままいったら土浦は大変な都市になりましたよ」と海軍の経済効果の大きさを語るのに対して、ヒューム管製造業者の商工会議所会頭・中川延四郎は、「たしかに〔空白状態は〕大きいですね。海軍の恩恵に頼りすぎていましたから」と冷静に反応する[77]。実は一九三二年の『土浦商工会誌』にも、「航空隊の恩恵」による「消費都市」から、工場誘致によって「工業都市」へ転換すべきだという主張はみられ、民間の航空機製作所の誘致も目指していたが失敗したようだ[78]。戦後に念願かなって、土浦市は、軍事基地の恩恵に依存せずとも成長する道を歩んでいた。座談会では自衛隊に触れられることさえなく、工場誘致や商圏拡大や観光振興による地域発展が語られる。

阿見町は、一九六二年に低開発地域工業開発地区に指定された旧軍用地に、誘致により三十数社もの企業を進出させる。さらに一九六三年には首都圏市街地開発地区の指定を受け、公営住宅、民間企業による宅地の造成も本格化する[79]。協和発酵工業土浦工場や理想科学工業霞ヶ浦工場など、現在も残る阿見町の主要な企業がこの時期に立地している。一九六七年度で、従業員数一〇〇前後、生産高一億円以上の工場が七つあり、町全体の工業生産高は五四億円に達している一方で、農業生産高は二〇億円にも満たない。一九六八年一月一日時点の人口は二万三五九五名で、五四年二月の武器補給処開庁当時の人口から倍増した[80]。

工場誘致ラッシュを目前にした一九六一年九月に、町長・議長・商工会長など阿見町の有力者九名をそろえ、「阿見開発」について語る『常陽新聞』主催座談会が開かれている。人口増加や町財政の改善、購買力増加、土地買収といった、かつて自衛隊誘致をめぐってなされていたトピックが、今度は工場誘致に関して語られる。自衛隊については誰も――町議会議長・町商工会長の肩書になっている丸山銈太郎前町長でさえ――言及しない[81]。自衛隊で地域開発を語る時代は終わっていた。

象徴的な事例として、同一九六一年一〇月には、銃弾製造専門の東洋精機土浦工場が買収され、日本初の国産ジュークボックス製造工場へと転換した。一九五三年の東洋精機の工場設立は「変貌する新軍都阿見　東洋精機来春操業」との見出しや「保安隊の町阿見」や「「新国軍」の一つの基地となっている阿見町」と報じられるなど、「軍都」の一翼とみなされた。旧霞ヶ浦海軍航空隊の中央格納庫など建物一五棟の払い下げを受け、工員約八〇〇名の雇用が期待され、朝鮮戦争中の米軍や保安隊向けに日産百万発の銃弾実包を生産するといわれた工場には弾薬庫や射場も設けられていた。しかし、豊かな社会の経済は、「銃弾から楽器へ」「平和産業へ切り替え」るよう促した。(82)

やがて武器学校前の新町も衰退していった。一九七五年の町勢要覧では、町内の商店は個人経営が中心であり、「大型店舗や専門店などの近代商業の近隣への進出が急激に進んでいるため、町外に需要が大きく流出する傾向にあります」と記載される。(83) 一九八〇年には、「自衛隊武器学校(土浦駐とん地)が駐とんすることになり一時阿見町も活況を呈したが、交通事情の悪化とともに盛況であった街なみも、その姿を消し」た。(84) 先述の野口淳一さんも、新町は、駐車場がないため、自動車の普及によってさびれたと語る。(85)

元自衛官の視点からみると、赤堀好夫さんは、新町は、武器学校が移駐した直後から一九七五年くらいまで栄えており「バーがあって女がいて午後三時くらいからぞろぞろ出て来て、盛り場だった」が、給与が銀行振り込みになり、若い世代が飲まずに貯金して車を買うようになって衰退したと語る。(86) 先述の中川龍さんも、「飲む娯楽から、自動車の娯楽に変わったんだよ。むかしは隊員が給料の一・五倍くらい酒を飲んでいた」と笑う。給料袋は一九八一年頃までは使われ、「カーボン紙でごまかして」へそくりをつくったという。赤堀さんと中川さんは酒豪仲間だったが、だんだん他の人を飲みに誘っても来なくなった。(87) 現在の新町には往時の面影はない。

もはや「第一の戦後」ではない

一九二〇年代から軍都の発展を抱きしめ続けてきた人々に、敗戦は剝奪感・喪失感をもたらし、一九五〇年代には空洞化した旧軍施設への自衛隊基地の誘致による「新軍都」の発展を期待させた。むしろ地域を軍都への経済的・心理的な依存から半世紀ぶりに脱却させたのは、再び軍事基地を抱きしめた腕のなかに、工場や住宅などありったけの地域発展の代替物を押し込んで、基地を埋もれさせることだった。

さらにいえば、工場や住宅でいっぱいになった腕のなかで、基地は〝お荷物〟になりかねない。自衛隊草創期に要職を歴任した、ある防衛官僚は「昭和二十五年〔一九五〇年〕警察予備隊設置当時は、わが国はまだ戦後の不況と経済の荒廃の中にあった。警察予備隊設置がきまるや全国各地から熱心な部隊誘致の運動があり、私共当事者はこれを断るのに大変に苦労したものであった。その後わが国経済の発展によって事情は一変した」と述べ、官房長・事務次官を務めた一九六〇〜六四年が「基地問題が一番難しくなった時代」だったと回顧する。彼は、場当たり的だった基地対策の法整備〈周辺整備法〉に努力するが、法案をまとめた一九六二年頃には「経済発展に基く地域開発の進展は、基地周辺住民に対し、その地域のみが開発、発展にとり残されるとの焦燥感を与えたし、他面周辺地域に人口、家屋が密集して新たな基地問題が発生した」という(88)。かつて戦前の「軍都」の記憶から地域発展の花形と期待された基地を、高度経済成長がもたらした未経験の豊かな社会は、時代遅れにした。

「軍都」復活への期待の連呼は、高度経済成長という未知の豊かさを手に入れる直前の、戦後初期の貧しい社会に起こりえた。小熊英二は一九五五年を境界として、貧しく流動的な「第一の戦後」と豊かで秩序が安定した「第二の戦後」という区分を提起し、また色川大吉も、政治史ではなく「生活史・世相史の観点からみると」一九六〇年代が「生活革命」と呼べるほどの転換のあった画期だと述べる。[89] これに従えば、警察予備隊・保安隊・自衛隊が駐屯した主なタイミングが、貧しく混乱した一九五〇年代前半であったという歴史的経路は重要であろう。「軍都」による「復興」とは、貧しさと戦前の記憶を糧に一瞬だけ吹きあがった、切実な夢だった。ただ、より魅力的な別の夢が現れても、深く根付いた自衛隊基地は、埋もれようとも消えることなく存在し続ける。

コラム❹　予科練跡地の少年自衛官

予科練がいなくなってから、土浦・阿見から十代半ばの少年兵たちの姿は消えた。しかし、敗戦から一〇年後、自衛隊生徒と呼ばれる制度が発足し、予科練教育で有名な土浦海軍航空隊跡地の武器学校にも配属された。新制中学を卒業したばかりの少年たちが教育と訓練を受ける。当時の通称は「少年自衛官」で、現在も陸上自衛隊高等工科学校として続く。

当初一四〇名だった自衛隊生徒は、施設学校・通信学校・武器学校に分かれて入隊し三年間教育を受け、一年間の専門分野教育を含めて、四年間で卒業した。一九五九年に訓練地は武山《たけやま》駐屯地（神奈川県横須賀市）に集約されたため武器学校で三年間教育を受けたのは、最初の世代のみだ。その一人が、生徒二期生出身の中川龍さんだ。武器学校の教官や、土浦駐屯地の広報班長を務めて、退職後も予科練平和記念館歴史調査委員として郷土史の調査に尽力している。中川さんの語りに耳を傾けてみよう。[90]

一九四〇年に軍都・金沢市街の薬屋の次男として生まれた中川さんは、兼六中学二年生のときに「就職の掲示板にでっかく貼ってあった」少年自衛官の第一期生の募集をみた。当時は集団就職の時代で、中学卒業後の進路は、おおよそ三分の二は大阪へ出るなど就職し、高校進学は三分の一くらいだったという。家の経済状態はよくはなく、親がいとこの農家へ中川さんを養子に出そうかと話しているのをひそかに聞いて、「重労働の農家だし、これは困った」と思った。

親に黙って一次試験を受けた。二次試験を受ける前に、刑事が身元調査に来た。応対した母親からは「お前、何か悪いことしたか」といわれた。しかし、刑事が来れば脈があるという噂を聞いており、少年自衛官を受けたと告白した。父は戦前から町内会長で、大政翼賛会で書記官を務めており、賛成した。母は涙を流し、内心は反対のようにみえた。

ついに難関の試験を突破すると、中川さんは一躍、郷土の誉れになった。中学校では、校長が全校生徒に向けて、中川さんが自衛隊生徒に受かったことを発表した。そして入隊のため故郷を発つ日には、学校長や親戚や町内会が、六本ほどのぼり旗を立てて大々的に見送った。「万歳三唱で送られたら帰れないよ。だから、どんなに苦しい訓練だってへこたれなかった」と語る。驚くほど、戦時中と瓜二つの光景がそこにあった。

母も結局は「土浦の武器学校といえば予科練を教えたところだ。名前こそ違うが、しっかりやってきなさい」と送り出した。しかし、見送りには姿をみせなかった。

一九五六年四月に武器学校の「生徒教育隊」へ入隊した。まだ爆弾の跡も多くて、寮の建物は二階建ての粗末なものだった。生徒指導を直接担う、陸軍特別幹部候補生出身の区隊長は「予科練の

図 4-7　阿見町の掛馬射撃場におけるロケットランチャーの訓練

図 4-8　給料袋を受け取る生徒たち

幽霊が出る」といっておどかした。しかし、当時の中川さんは、予科練がどういうものかもわからず、他の生徒もよく知らない人が多かったそうだ。掛馬射撃場（図4－7）での訓練では、旧軍の九九式小銃を使ったが、菊の紋が残っていた。米軍に押収されたものは菊の紋が削られていたが、旧軍から引き継いだものは残っていたのだという。あちらこちらに旧軍の残滓があった。

一五歳での入隊当時は「〝息子〟に毛も生えてなかった。今と違って栄養が悪かったのかな」と中川さんは笑う。給料は強制貯金だったが、月額約五〇〇〇円で、なかなかの額だった（図4－8）。一九五四年の高卒の国家公務員Ⅲ種の初任給は五九〇〇円であり、[91] それに遜色ない額を中卒の生徒が受け取ったのである。中川さんは実家へ送金はしていなかったけれども、希望すれば可能だった。

少年自衛官時代の中川さんは几帳面で、靴をピカピカに磨き、制服にもアイロンをびしっとかけて、成績も優秀だった。ところが、ある日、区隊長から「お前はユーモラスではない」と叱られる。

お金を渡され、土浦の劇場でチャップリンを観てこいといわれた。「当時の私は剃刀みたいだった」と、今やユーモアに溢れた好々爺の中川さんは語る。

定年前の最後の仕事は、武器学校の広報班長だった(一九八七〜九〇年在職)。広報活動を通じて柔らかくなったという。[92] 着任直後は「私のような自衛隊の筋金入り、ではないけれども、外の部隊から帰ってきてね。さあ、もう目も爛々としていたし、私が行くとみんな散っちゃうんだよ(笑)。なんで散っちゃうのかなと思っていると、話するのが怖いから」というありさまだった。そこで、中川さんは腹をくくる。「こりゃダメだ、こんなことしていたら広報は務まらんと。それでね、一念発起じゃねえけど、それから変わったの。変わらざるをえない」。

たとえば地域婦人会の女性たちは、予科練之碑周辺の清掃奉仕をしていたが、その返礼として、会食パーティに招いたり、ダンスの交流会も企画して「仲良くさせていただいた」という。熱心な広報活動の背景には、飛行場や演習場ほどではないにしても、どうしても基地が地域に迷惑をかけてしまう後ろめたさもあった。

ここで演習訓練やったら、バンバンバンバンね空砲撃っちゃうから、ねえうるさいでしょう(笑)。近隣に対して申し訳ないという気持ちも、それははっきり言いましたよ。みなさんのご理解ご協力がなければとってもできないことだと、それは言いました。

中川さんは予科練出身戦没者の遺書・遺品を所蔵する予科練記念館の案内・解説も行っていた。

ときに涙をにじませる遺族たちの話を傾聴し、喪失の痛みに寄り添った。

「さぞつらかったでしょう」と口で、これはもうワンパターンだけど、それ以上のことは言えないもんなあ。国を批判することもできないし、〔中略〕自分の大事な息子がねえ。もう働き盛りで親としては託しているんでしょう、次の時代を。その人が去っていくってことはどれだけつらいことか。自分がこの年になってね、まあ平和でよかったなあってやっぱ思うよ。

最後に中川さんがよく語る〝武勇伝〟を紹介しよう。予科練記念館へ「日本共産党がバス二台で来たんだよ。バス二台で〔笑〕」「そう、鉢巻占めて、腕章はめて、旗持ってきたんだよ」で始まるエピソードである。見学申し込みを受けた駐屯地では意見が割れ、警備担当者はシャットアウトするべき、広報担当の中川さんは「いやあもう待ってましたよ！って、これこそPRのチャンスじゃないかってね」と迎え入れるべきと主張した。駐屯地のトップは中川さんに賛同し、中川さんは当日対応のシミュレーションに励み、当日を迎える。

土浦警察署からも警察官パトカー一台四人来たよ。もうなにがあるかわからないから。もちろん自衛隊のなかでは警備員が待機している。〔中略〕無線でスピーカー入れて、私のしゃべることと相手の問答は一切指揮所に送って、最初〔共産党の人々が〕入ってきたときから、私との間にトラブル問答があったこともみんな〔無線に〕入っている。

緊張がみなぎる〝臨戦態勢〟である。しかし、広報班長は武骨な対応をしてはいけない。

で、私は持って生まれたこのニコニコしている顔でね。もうなんなく対処して、旗もバスの中置いて、鉢巻も腕章もみんなバスのなかに置かせて、一見学者として、「今からみるところは、みなさま反対意見もあるかもしれないけれど、とにかく現実として、あの若さでね、尊い一命を救国の一念で」〔などと語った〕。ねえそうしたらみんなね、腕章もとったよ。そして私はもう説明して歩いたの。〔見学者は〕涙してたよ。当然だよ。自由主義とか共産主義とかそんなの関係ねえもん。うん、私はそういう気持ちだったから、だからみんなね、まあみんなじゃなかったかもしれないけど、特に女性は涙してたね。

この語りには、過剰なまでの共産党に対する警戒感とともに、自身のソフトな広報対応の能力に対する自信がうかがえる。冷戦時代の「少年兵」の〝武勇伝〟は、〝敵〟の撃退や論破ではなく、〝敵〟を説得し、〝味方〟を増やしていく、柔軟さの価値を伝えるストーリーだった。

第5章 広報にみえる旧軍の面影
――科学技術・祝祭・災害派遣

本章は地域へ向けた自衛隊の広報活動を扱う。自衛隊は、経済効果だけで受け入れられたわけではない。軍事組織と一般社会の「接触面」[1]にあたる広報活動も重要な役割を果たし、文化的な次元において、自衛隊は地域に根を下ろし続けていく。

海外ではなく国内での戦闘を任務とした自衛隊にとって、広報を通した住民の支持と協力の調達は、旧軍以上に重要な課題だった。一九六〇年代の陸上自衛隊教養資料は「広報は自衛隊の戦術行動の一つであり心理戦の理論技術が適用される」と物々しい表現で語る[2]。

問題は各駐屯地における、広報の実践方法である。二〇〇〇年代に某陸上自衛隊駐屯地を調査した社会学者サビーネ・フリューシュトゥックは、駐屯地は自衛隊員に向けて旧軍と連続する伝統を強調する一方で、一般市民に向けては旧軍との断絶を強調するダブルスタンダードがあると指摘した[3]。戦後日本における旧軍のイメージの悪さを考えれば、納得できる対応である。

ところが、土浦・霞ヶ浦駐屯地には、ダブルスタンダードは存在しない。むしろ一般市民に向けても、旧軍との連続性が、堂々と強調されているのである。もちろん呉などの軍港都市のように、旧海軍から海上自衛隊へという流れならば、特段の不思議はない。実態としても両者は強い連続性をもつからだ。しかし、土浦・霞ヶ浦駐屯地のように、海軍航空隊と陸上自衛隊という組み合わせは、見た目からして明らかに異なる。それにもかかわらず、地域の側の軍都の記憶が媒介となることで、海軍と陸自がつなぎ合わされていくのである。

保安隊と軍艦マーチ

一九五三年二月一一日、一八両の大型輸送車に乗った先遣隊三〇〇名が東京都立川市から移駐し、霞ヶ浦駐屯地が開設された(図5－1)。先遣隊は「歓迎の花火と市民の歓呼をあびながら」市長などが出迎える亀城公園に整列、土浦を市中行進して、元第一海軍航空廠跡地に開設された霞ヶ浦駐屯地に入った。土浦市内では、「市内要所には歓迎の横断幕を張り、放送協会の街頭放送を通じて〝君が代行進曲〟〝日の丸行進曲〟〝軍艦マーチ〟などを演奏する」歓迎を受けた[4]。保安隊(のちの陸上自衛隊)相手に「軍艦マーチ」を流すくだりは、海軍の町だった歴史的経緯なしには理解できない。

図5-1　1953年，利根川を渡る先遣隊車列

一九五四年一月二〇日には本隊約一〇〇〇名が移駐し、全員で「市中行進」を行った。土浦市が「市内各所に歓迎の横断幕を張」り、「各町内毎に紅白の幕を張らせ官民一体となって祝意を示」すなか、市役所前の移駐式は「多数の市民の歓迎とともに折から祝意の打揚花火と相俟って万雷の拍手と感激のうちに」行われた。そして約一八〇両もの車両が、「街頭放送が奏でる軍艦マーチの賑やかな祇園町通りを小隊毎に分散して堂々と」パレードした。(5) それにしても、あいかわらず、海軍が帰ってきたかのように「軍艦マーチ」が流される。

同年二月一一日の開庁式の前日には、「国土防衛　祝　保安隊武器補給廠開庁式挙行」と題する広告が、補給廠ＰＸへの納入業者の連名で、『常陽新聞』に掲載された。戦前の航空隊の名残で「補給廠御用」など、「御用」という言葉が使われている。そして、「当日は一般地方人の隊内出入を許可せられ郷土出身の日本舞踊花柳美代の出演、其の他演奏、保安隊員の余興等催され盛大に挙行せられる」と案内文が掲示され、一般市民の来場が促された。ここでも、軍人以外の人間を指す「地方人」という旧軍の用語が、なにげなく使われている。このように、旧軍と保安隊は連続的に捉えられ、しばしば同じ言葉で語られていた。

前夜には、土浦市内の小学校の講堂で、保安隊音楽隊三十余名による公開演奏会も行われた。(6) 後述する武器学校開校一周年記念式典でも小中学校の生徒が見学に訪れていることからすると、この地域では、学校と自衛隊の間に大きな対立や懸隔はなかったのだろう。いかんせん戦前もさかんに航空隊見学が行われてきた地域である。

開庁式当日の記事で、「車輌その他野戦器具展示会」や大食堂での「第一幕僚軍楽隊〔音楽隊〕による楽団演奏」「隊員の素人のど自慢」(図5－2)などのプログラムが明かされ、土浦駅・荒川沖駅の送迎トラックが運行されると案内される。[7] 一面の約半分を占めるのは、前日と同じく「国土防衛 祝 保安隊武器補給廠開庁式挙行」と題された広告である(図5－3)。今度は土浦市長・阿見町長や市議会・町議会などの政治家に加え、商工会や商店組合、銃弾製造の東洋精機の工場、土浦芸妓斡旋所などが並ぶ。

翌日には、「軍都土浦の復活を更に形ず《ママ》ける保安隊霞ヶ浦駐屯地部隊武器補給廠の開庁式」と報じられ、「浜松航空学校から練習機五機が空から巡閲式に加った」ことが補足される。わざわざ浜松か

図5–2　1956年の霞ヶ浦駐屯地開設3周年記念行事における演芸大会「のど自慢」の様子

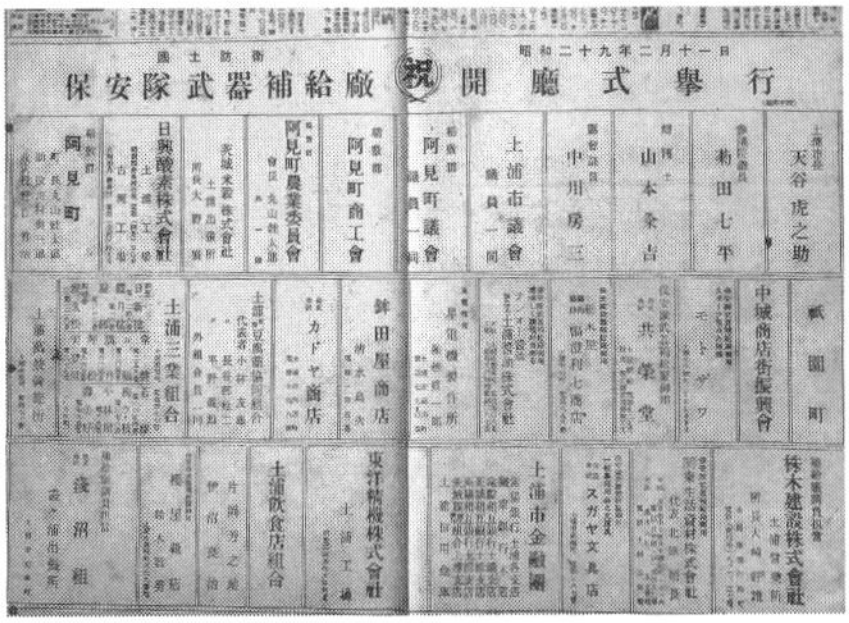
昭和二十九年二月十一日
国土防衛
保安隊武器補給廠 祝 開廳式舉行
阿見町
阿見町商工會
阿見町議會
土浦市議會
中川房三
山本粂吉
天谷虎之助
祇園町
中城商店街振興會
共榮堂
カドヤ商店
土浦三業組合
土浦飲食店組合
東洋精機株式會社
土浦市金融團
スガヤ文具店
株木建設株式會社

図5–3　1954年2月11日『常陽新聞』一面広告「国土防衛 祝 保安隊武器補給廠開庁式挙行」
右下隅の「補給廠請負担当」の「株木建設株式会社」は1921年創業で，霞ヶ浦海軍航空隊はじめ全国20か所以上の飛行場建設を担い，戦後には同跡地に霞ヶ浦農科大学を，土浦海軍航空隊跡地に霞ヶ浦農業学校を設立した(第3章参照)

ら飛行機を飛ばしたスペクタクルも、海軍航空隊と地域の関係を考慮してのことだろう。小野川村（現・つくば市南部）からはるばる来た老人は、「あのころより《ママ》（第一航空廠時代）より立派になったような気がする、ここも戦争に敗けさえしなかったら」と語っていたと記事は書く。これもまた、軍都の隆盛と敗戦後の混乱を目にしてきた人々のなかにみられた、率直な感想の一つなのだろう(8)。

以上みてきたように、自衛隊側が自らを旧軍に重ねる前に、迎え入れる自治体や商工業者、地元ジャーナリズムなどの側が、自衛隊に旧軍の記憶を重ねていたのである。

アメリカ式装備のパレード

しかし、いくら日の丸がつけられ、旧日本海軍航空隊の面影が重ねられようと、目の前にあるのは米国製の戦車や火砲である。

開設記念に合わせた市中行進は毎年恒例となっていく。『常陽新聞』によれば、一九五五年二月一一日の武器補給処開設一周年記念式典では、隊員一五〇〇名が参集して「観閲式」が行われ、上空には飛行機九機が飛んだ。その後は計一五〇台の車両からなる市中行進で、「一般にめったに公開されない特車（戦車）、クレーン車など五〇台に達する特殊自動車、重りゅう弾砲など新火器砲は沿道を埋めた人達の目をみはらせた」。阿見町役場前では阿見町長が、土浦市役所前では土浦市長と市議会議長と補給処長が観閲し、「沿道の市民は五色のテープをなげ、花吹雪を散らして歓迎した(9)」。

写真をみると、ジープやトラック、M４Ａ３中戦車などが現れ、「市民はアメリカ式装備に驚いていた」ようだ(10)（図５－４）。実際は、第二次世界大戦期から生産されていた旧式装備だが、旧日本陸軍の貧弱な装備と比べれば、先端科学技術のようにみえたに違いない。中型戦車はMSA協定によって保安隊へ供給されたものだ。米軍事顧問団の大佐は、草創期の警察予備隊を「小さいアメリカ軍」と呼んだらしいが[11]、保安隊は〝一〇年前のアメリカ軍〟くらいにはなったといえるだろうか。

一九五八年二月一六日の駐屯地開設五周年記念の市中行進の写真からは、M-24軽戦車やジープやトラックが目抜き通りを堂々とパレードする光景がうかがえ、沿道の人込みに驚かされる(図5-5)。霞百貨店(戦前は豊島百貨店)のビル屋上や窓から見ていた人々もいた(図5-6)。沖縄のように地上戦を体験しなかった地域とはいえ、抵抗感がある者もいただろうが、資料には表れない。

図5-4　1955年，武器補給処開設1周年記念式典開設記念市中行進におけるM4A3中戦車
かつて“敵国”だった米軍が第二次世界大戦で使った“シャーマン”戦車の一種に日の丸が付されている

図5-5　1958年，霞ヶ浦駐屯地開設5周年記念に本町大通り商店街を行進するジープやトラック
沿道観衆の最前列には子どもたちの姿が多くみえる．別の写真にはM-24軽戦車が写っている

図5-6　1958年，霞ヶ浦駐屯地開設5周年記念パレードにおいて霞百貨店の屋上や窓から軍用トラックを眺める人々
よくみると歓迎の紙テープが宙を舞っている

翌年の六周年記念行事のパレードでは、水陸両用車も登場し、観閲台上では、駐屯地司令と並んで阿見町長・土浦市長が車列を見渡している[12](図5-7・8)。ここが戦後日本とは思えないほど、絵に描いたような〝軍都〟の光景である。

つまるところ、パレードの主役は日本人兵士よりも、大日本帝国を打ち破ったアメリカの〝先端科学技術〟を用いた装備品なのだ。それは敗北の記憶も想起させただろう。しかし、第一章を思い出そう。戦間期の霞ヶ浦海軍航空隊は、イギリスやアメリカからやってきたパイロットたちや、先端科学技術としての飛行機を人々にみせていた。人々は戦前も戦後も、外来の科学技術のスペクタクルに魅了された。

土浦駐屯地武器学校の祝祭風景もみておこう。武器学校は、もともと東京都立川市で一九五二年一月に創設・開校したうえで、阿見町へ移駐した。そのため移駐半年後の五三年一月に、開校一周年記念行事が行われた。三日前の『常陽新聞』朝刊に「〔保安庁の〕音楽隊等が来校し午前中に式典を終了午後は校内に模擬店、素人のど自慢演芸大会を開催し一般にも開放する」との記事が出ている。模擬店に、のど自慢まで、まさに賑やかなお祭りである。しかも武器学校は一般参加者向けに「参観用トラック三台」を土浦市役所前と駐屯地を往復させ、客寄せに抜かりない[13]。

式典翌日の報道をみると、「近郷近在からの団体小中学生には特車M‐24軽戦車、M‐29水陸両用車、M‐5牽引車などは目をひいた」とある。米国製の戦車を子どもたちにみせて何を学ばせる趣旨だったのだろうか。さらに「午後は各科対抗の演芸会が盛大に行われ各科思い思いの芸を一般に披露一日を楽しく過ごした[14]」。敗戦後まもない時代のこと、たしかに娯楽だったのだろう。

同じころ、『常陽新聞』の予科練出身の記者が武器学校に「一日入校」をして、敬礼の仕方や食事から訓練まで、隊員生活について、旧軍と比較しつつ長文のルポを書いている。そこでも、M‐24軽戦車、カービン銃、バズーカ砲といった米軍からMSA協定によって貸与された兵器が特筆される[15]。記者は去り際に、訓練場で「カービン銃による刺突訓練(藁人形をつきさす)や徒歩教練が盛んに行われ」ている様子を目撃している。

いわずもがな兵器の本質的な役割は殺傷と破壊である。しかし、広報活動において兵器は、見世物として、基地と地域の結びつきを演出する役割も果たしていた。

図5–7　1959年，霞ヶ浦駐屯地開設6周年記念パレードにおける水陸両用車
左手の標柱には「常磐線電化を一日も早く」．未だ蒸気機関車が走っていた時代だった

図5–8　1959年，霞ヶ浦駐屯地開設6周年記念パレードにおける土浦市役所前の観閲台とM–24軽戦車

自衛隊も仮装行列

第四章で触れた、一九五二年の武器学校先遣隊移駐時の常陽新聞座談会では、戦前の航空隊の隊内開放も懐古されている。

海軍記念日を主として、その日に盛大というか、いまでいえば高等飛行というものも見せてくれるし、隊員の運動会は勿論のこと、地方の方〔=軍人以外の民間人〕にもそれに参加させてリレーとか運動方面、またそのほか隊の余興として歌謡曲とか漫才を東京方面からよんで、地方の人に勿論無料で見せたり、それから有名だったのは隊員の仮装行列、これはその当時皆が注目したわけです〔。〕(16)

驚くことに、自衛隊でも、戦前の航空隊とそっくりの、お祭り騒ぎの隊内開放の光景がみられた。まず写真が残っているのは、一九五七年の霞ヶ浦駐屯地運動会である(17)。同年一月に南極へ到達した観測船「宗谷」が観客の目を惹きつけている(図5－9)。同年一〇月に打ち上げられた世界初の人工衛星(ソ連のスプートニク号!)にちなんだ張りぼて山車(図5－10)まである。仮想敵国ソ連だったからか、「月星号」と銘打っているが、相変わらず時事ネタを貪欲に取り入れているようだ。着物やワンピースで女装した隊員たちの仮装行列の写真もある。なんだかわからないが、巨大なかぶりものをかぶった隊員たちが訓練場を練り歩き、子どもを伴った家族連れが見物している(図5－11)。

土浦駐屯地ものぞいてみると、同年一〇月の秋季運動会では、自衛隊生徒が、白虎隊の仮装行列をしている(図5－12)。アルバム[18]の所有者の中川龍さんによれば、生徒二～三期生の合同で、ひと月ほど前から城の張りぼてを準備し、手作りの衣装を着て、「文化祭みたいなもの」だったそうだ。予科練出身の教官が指導していた生徒体操は、阿見小学校の運動会にも披露しに行ったという(図5－13)。「娯楽のない時代だったから」と中川さんは語る[19]。

一方で、阿見町の付近の集落の人々は空襲を受けたこともあり、一九五〇年代後半当時は「自衛隊の中に入るのをなかなか嫌っていた」ともいう。実際、写真に写る見物人たちには、隊員家族や周辺

図5–9　1957年，霞ヶ浦駐屯地運動会における南極観測船「宗谷」の張りぼて
実は「宗谷」は1939年から海軍の特務艦となり，南方戦線で測量や輸送に従事していた

図5–10　1957年，霞ヶ浦駐屯地運動会における人工衛星の張りぼて
日の丸を掲げているが，日本初の人工衛星打ち上げ成功は1970年をまたねばならない

図 5–11　1957 年，霞ヶ浦駐屯地運動会におけるかぶりもの行列と観衆

図 5–12　1957 年，土浦駐屯地秋季運動会における白虎隊の仮装
看板には「若○○映画○が○○に○つ大メロドラマ!!　花乃白虎隊　若○少年剣士団」(○は判読不能)．『花の白虎隊』は 1954 年 8 月公開の映画からか．よくみると，会津若松城の張りぼてのそばには 4 人の男の子がいる

住民以外の人々も含まれていたはずで、賑わっているからといって、即座に阿見町民の歓迎とはいえない。歓迎ぶりが目立った土浦市内が、空襲被害をほとんど受けていなかったことも考慮すべきであろう。

　やがて霞ヶ浦駐屯地の仮装行列は、「駐屯地名物」となっていったようだ。一九六〇年一一月一日の自衛隊創立一〇周年記念行事に合わせて催された運動会の仮装行列は、「なかなか凝ってました……」と『霞ヶ浦駐屯地三十年の歩み』の写真キャプションで自画自賛されるほどの張りぼてがつくられている[20](図5－14)。「地黒ではありません……」とキャプションが付されている写真は、第三章でみた土浦海軍航空隊開隊式の「南の同胞顔負け」の仮装行列と同じような衣装だ(図5－15)。

　このような一見無邪気なお祭り騒ぎにみえる仮装行列も、自衛隊への支持を調達する明確な意図を

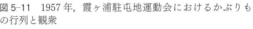

もった広報活動であり、文化を用いた政治である。興味深いことに、土浦市街では一九五二年七月二〇日に「日本共産党創立三十周年記念仮装行列」も行われた。写真がなく詳細不明だが、「インターを高唱、戦争反対などのプラカード、戦争飛行機の模型を並べて亀城公園を出発、駅前に向かって市中行進」と報じられている。[21]第四章で触れた反対運動の旗手・飯島政雪市議も講演を行っており、もしかすると翌月に迫った予備隊先遣隊移駐への反対の声やプラカードも混じっていたかもしれない。自衛隊と共産党が民衆の支持調達をめぐって仮装行列でしのぎを削っていた……わけではあるまいが、一九五〇年代において仮装行列が人々を惹きつけるコンテンツだったことをうかがわせる。

図 5-13　1957 年，阿見小学校の運動会で披露された自衛隊生徒体操
予科練の体操に似ているそうだ．万国旗も飾られている

図 5-14　1960 年，霞ヶ浦駐屯地運動会における仮装行列
『霞ヶ浦駐屯地三十年の歩み』のキャプションは「なかなか凝ってました……」．子どもたちが張りぼてに見入っている

　自衛隊の仮装行列も、駐屯地の塀の中から土浦市街へ飛び出す。武器学校の自衛隊員たちは、一九五五年一一月に土浦市制一五周年記念式典において大掛かりな仮装行列を実行した（図5-16・17）。

　仮装行列は、土浦第一中学校を出発して土浦市役所前まで市内を巡回し、「道路は人でうずま」った。写真をみると沿道には子どもたちの姿も多い。市役所前で行われた審査の結果、自衛隊武器学校が一〜三位を独占した。といっても、武器学校の団体が三〇〜八〇名に対して、四位窓愛園(児童養護施設)六名、五位以下は個人である。[22] さすがに気兼ねしたのか、一位の武器学校総務中隊「とんまサーカス」は賞金五〇〇〇円の一部で手ぬぐい四〇本を買い、土浦市社会福祉事務所に寄付した。[23] それにしても、自衛隊が人海戦術で圧勝することは火を見るより明らかだったはずだ。そのうえで土浦市は、数ある選択肢のなかから仮装行列をメインイベントに選んだ。その意味で、仮装行列は、自衛隊と自治体の〝共演〟だったといえる。

図 5-15　1960 年，霞ヶ浦駐屯地運動会における仮装行列
『霞ヶ浦駐屯地三十年の歩み』のキャプションは「地黒ではありません……」．演劇でもしていたのだろうか

図 5-16　1955 年，土浦市制 15 周年記念式典に合わせた仮装行列 3 位入賞の「海底エレジー」

図 5-17　1955 年，土浦市制 15 周年記念式典に合わせた仮装行列 2 位入賞の「マンボ南国の女王」

最後に、同時代の仮装行列の一風景を挙げておこう。一九五三年から横浜市と横浜商工会議所が始めた横浜開港記念日の国際仮装行列は、翌年に県も主催に加わり盛大な「名物行事」となって現在も続く。開港一〇〇周年記念の一九五八年には、一〇七の団体・企業が仮装行列や自動車を用いた仮装フロート(山車《だし》)で参加し、八〇万人ともいわれる観覧者を集めた。主催者側は「仮装装飾」について「斬新奇抜な趣向を凝し」「動的且《か》つユーモラスなものが望ましい」などと審査基準を示す。「国際親善」を掲げたイベントの後援には在日米陸海軍が名を連ね、入港中の米巡洋艦や在日陸軍・海兵隊・空軍がバンド演奏しながら行進し、[24]在日米軍横浜港司令部製作の「理解は相互安全へのかけ橋」と題された仮装フロートは三等入賞した。ここにも、自治体と軍隊の〝共演〟がみられた。

兵器は子どもたちに人気

図5-18　1963年，霞ヶ浦駐屯地開設10周年記念行事における亀城公園の武器展示

仮装行列はまだしも、兵器も子どもたちに人気だった。一九六三年五月四日の霞ヶ浦駐屯地開設一〇周年記念行事では、市内の亀城公園に戦車や火砲をずらりと並べた武器展示が行われた。「盛況でした」とキャプションのついた写真をみると大型の機関砲のような兵器に男の子や青年男性が見入っている(図5－18)。一九六四年の霞ヶ浦駐屯地の運動会における「武器展示」でも、戦車の

図5-19　1964年，霞ヶ浦駐屯地運動会における武器展示
手前の戦車の上に自衛官1人と男の子4人が乗っている

図5-20　1968年，霞ヶ浦駐屯地開設15周年記念行事における装甲車の体験搭乗
親子連れがずらりと並んでいる

まわりに子どもたちがいて、何人かは砲塔の上に乗っている(図5－19)。一九六八年一〇月二〇日の霞ヶ浦駐屯地開設一五周年記念行事でも「装甲車体験搭乗に人気殺到」で親子連れが列をつくっている[25](図5－20)。兵器を遊びやレジャーとして消費する姿は、一九六三年の小松防衛博覧会でもみられた、高度経済成長期の地域の軍事化の一風景だった[26]。

これらはあくまで自衛隊側の記録であり、自衛隊関係者の子どもも相当含まれるだろう。とはいえ、一九六〇年代は「男の子文化」におけるミリタリー・カルチャーの全盛期であった。たとえば当時、男子小中学生に広く読まれた週刊少年誌『少年マガジン』(講談社)では、「戦記ものブーム」が起き、戦争と兵器に関する特集記事が多数掲載されていた。第二次世界大戦ばかりではなく、現代の兵器の特集もあった。陸上自衛隊に関連しそうな特集記事タイトルを列挙すれば、「世界の大砲びっくり特集」「世界の機関銃ナンバーワン」「日本の自衛隊特集」「六三年型世界の名銃」などである。創刊三周年記念の一九六二年四月号は「日本の戦車　世界の戦車　特集号」で、戦車を背景に、戦車搭乗員の服装を着て敬礼する、満面の笑みの男の子が表紙を飾った。(27)ごくふつうの男の子が兵器に興味をもち、自衛隊の武器展示に足を運んでもおかしくないメディア環境があったのである。

また母親たちも駐屯地をしばしば見学している。一九五五年五月五日(こどもの日!)には、土浦市母の会など約一〇〇〇名が駐屯地を見学した。一九六四年にも阿見町舟島地区婦人会一四〇名が、「婦人の認識をたかめよう」と、武器学校「一日入隊」を行い、館内施設や広報館などを見学、「隊員の訓練状況と隊内生活の実態を体験」した。(28)ならば、親子連れ立って自衛隊の兵器を見に行っても不思議ではない。

図5-21　1966年,「招待慰問」における児童養護施設の子どもたちと戦車
戦車中央に白っぽく写っているのは，シルエットからみてサンタクロース！

さらに、一九六六年クリスマスイブには土浦市の児童養護施設・窓愛園の子どもたちを駐屯地へ「招待慰問」している。クリスマスパーティだろうか、サンタクロースの衣装を着た男性(おそらく自衛隊員)が子どもたちにプレゼントをする写真が、『霞ヶ浦駐屯地三十年の歩み』に掲載されている。その下には、子どもたちが戦車の上で自衛官と一緒に記念撮影している写真がある(図5-21)。男の子は砲身にまたがり、自衛官は父親のように女の子を抱きかかえる。(29)

家庭に困難を抱えて施設に入った子どもたちへの歓待も、将来の自衛隊員のリクルートを視野に入れた活動だったのだろう。高度経済成長期は、人材が民間企業に流れ、自衛隊は募集難に苦しんだ。一九六〇年代後半に、とある募集広報隊員は、『朝日新聞』記者に次のように語った。「人の見ていない演習場で戦闘訓練するのが自衛隊のすべてではない。街頭にこそ自衛隊の今日ただいまの主戦場がある[30]」。

水害と戦う

もう一つ、一般市民の眼に触れる「主戦場」を挙げるとすれば、災害派遣だろう。とはいえ戦後は堤防が強化されるにつれ大規模水害は減っていき、目立った出動は少ない。しかし、一九六一年六月二八日の水害で、陸上自衛隊霞ヶ浦駐屯地に県知事が災害出動を要請し、水防作業にあたったことは郷土史でも語り継がれている[31]。桜川の堤防は同日夜に一部決壊したものの、隊員約三〇〇名が出動して水防作業にあたり(図5-22)、七月に土浦市長・市議会議長から感謝状を受領した[32]。

図5-22　1961年，水害時に増水中の桜川匂橋で障害物除去にあたる隊員たち

水害当時の『常陽新聞』をみると、自衛隊員の活動が、写真も交えて随所で取り上げられている。堤防決壊翌朝の朝刊によると、武器補給処から二個中隊三二五人、車両五〇両以上、武器学校からも三〇人が出動した。土嚢築きや橋に架かった流木撤去作業などに「奮斗(奮闘)に奮斗だ」「必死だ」と、懸命の努力が報じられる[33]。たしかに桜川右岸の一部は決壊したもの、翌朝の新聞では、市街地側の堤防決壊を防いだ部分が強調されていた。

土のう築きが続けられ、消防団員、自衛隊員が投光器やフライヤーの明りのもと夜を徹して守り抜き、ごうごうと流れる濁流と対峙〔対峙〕すること数時間どの顔もつかれきった表情、口数も少なくなる。体がびっしょり、つらい何時間かだった。しかし減水の速度が目でわかるようになってほっと一息、斗《たたか》いに勝った安堵が静かに堤を包んでいた。

自衛隊員は、消防団員＝市民とともに、水害との「斗《たたか》いに勝」ったと記される。水害との戦いは、戦後の自衛隊が市民の眼の前で、あるいは市民とともに繰り広げた戦いとして物語られた。決壊後も、消防団員一八〇名とともに自衛隊員一〇〇名が、決壊部分に「三千俵の土俵、トロッコによる土の投入」を行って堰《せ》き止めた。常磐線鉄橋にひっかかっていた舟を撤去し、自衛隊の給水車が避難所をまわる。霞ケ浦駐屯地から陸上自衛隊へリコプターで市街地に入った県知事は、「作業中の自衛隊員に礼をのべた」(34)。

市の水害対応を反省する記事では、消防団員について、人員や資材の不足、訓練の未熟、命令系統の混乱(「最高指揮者である天谷〔丑之助〕市長が知らない重要命令が発せられたり」)といった問題点が列挙される。その一方で対照的に、「自衛隊の活躍」は「いい面の反省」として書かれる。

消防団員と匹敵する人員が見事な統制ぶりで活躍したわけだがこの活躍がなかったら、左岸旧市内側も決壊しただろうし、右岸ももっと被害は大きかっただろうということは誰も認めている。これには文字通り感謝の言葉を惜しみなく贈られている。激しい雨の中、夜おそくまで溢水やろう水が激しくなった堤で、消防団員とともに全身びしょぬれになりながら土俵を積み、固守していた姿は市民の眼に焼きついている。

それに水防陣の指揮系統の不統制を自衛隊員が救ってくれたことも見逃せないことだ。

天谷市長はこの労苦に隊を訪れ、深い感謝の意を表している(35)。

このように消防団員＝市民のボランティア的な活動の欠点を補いつつ、共に活動する自衛隊員＝軍人の統制された専門的組織活動が「激賞の的」となった。常設消防が普及していなかった時代であり、自衛隊は消防サービスの補完に現在以上の重要な役割を果たしていた。

なお、車両やヘリコプターといった科学技術は、戦前よりも派遣の広域化を可能にした。これに対して戦前の霞ヶ浦・土浦海軍航空隊は、土浦の水害に対して人や舟を派遣することが主だった。この違いも大きい。

霞ヶ浦駐屯地は、他の地域への災害派遣にも大忙しだった。一九五八年九月二九日から約二週間、死者・行方不明者約一三〇〇名にのぼった台風二二号(狩野川台風)災害復旧のため伊豆方面に派遣された。さらに一九五九年八月一五日に、阿見町も属する稲敷郡の河内村(現・河内町)に一七七名が派遣され、台風で増水した利根川の堤防に土嚢を積んだ。そして同年には中京地区を中心に死者・行方不明者約五〇〇〇人の被害をもたらした伊勢湾台風の来襲に際し、ヘリコプターのほか、一〇月二五日から一二月三日にわたって「第三〇五車両中整備中隊」が派遣された。翌一九六〇年五月二四日にはチリ沖地震津波の被害に対して、ヘリコプターを派遣している(36)。

また災害派遣の訓練も頻繁に行われた。すでに開庁式翌年の一九五五年七月六日から「災害派遣訓練開始」との記述がある。一九六〇年七月一一日には県南二か所で災害派遣演習を実施、さらに翌年六月二二日にも利根川支流の小貝川で水防訓練を実施した。『霞ヶ浦駐屯地三十年の歩み』では、河川敷上空で救助訓練中のヘリコプターを見上げる堤防上の群衆の写真に、「救助訓練、土のう作りを披露しました」とのキャプションが添えられている。[37] 一九六五年七月一五日に土浦で行われた防災総合訓練では、台風により（四年前の水害と同じく）桜川堤防の一部が決壊したとの想定で、他の消防関係者と協働しつつ、消火活動や、ヘリコプターによる救助活動を披露した。新聞記事には、陸上自衛隊のヘリコプターの救助作業の写真が大きく掲載された。[38] これらは、訓練であると同時に、広報活動でもあったといえる。

地元への出動回数は多くなくとも、他の地域への災害派遣と訓練は繰り返しており、いざというときの安心を与えてくれる存在として地域住民の目に映ったことは想像にかたくない。おそらく自衛隊側も、度重なる水害にみまわれ、航空隊の災害出動を記憶している住民たちの存在を十分考慮して、力を入れていたのだろう。機会は稀でも災害派遣は、経済効果以外で最も重要な地域への貢献だった。

「昔予科練　今武器学校　ともに栄えて阿見の町」

そろそろ自衛隊から地域の側へ視点を移そう。

「むかし／昔予科練　今武器学校／ともに栄えて／ともに栄えて　阿見の町」[39]

阿見町の盆踊りなどに使われた「阿見音頭」の四番の歌詞である。軍事基地（軍学校）の存在が、昔＝戦前も、今＝戦後も、地域の繁栄をもたらしているという、実にストレートな表現である。ちなみに歌詞一番は、「阿見は／阿見は良い町　霞ヶ浦を／のぞむ明るい／のぞむ明るい平和郷」で、予科練や武器学校は「平和」と矛盾せず同居している。第二章でみた「土浦音頭」の航空隊を歌った二番の歌詞が、戦後に削られたこととは対照的だ。

一九六二年につくられた「阿見音頭」の制作過程には、阿見町の文化政策と自衛隊とのつながりがみえてくる。[40] なにより、作曲者も作詞者も自衛隊関係者である。作曲者は一九三〇年生まれの小松仙二である。もとは土浦市役所職員だったが、武器学校の同好者による吹奏楽部（音楽隊）の指導者として週二回ほど通った縁で、五六年に武器学校の防衛事務官へ転職し、正式な部の指導者となった。その小松に、六二年初頭に阿見町が「阿見音頭」の制作を依頼した。作詞は当時二尉で武器学校の糧食班長を務めていた福田次郎で、武器学校校歌も作詞していた。つまり、自衛官と防衛事務官のコンビがつくった歌なのだ。

小松は、武器学校吹奏楽部用に編曲したものを、阿見会館でお披露目の演奏をし、隊員が歌って初披露となった。阿見町はその曲と歌詞をもとに、ビクターレコードにレコード化を依頼し、同社専属の佐野雅美が編曲して完成し、つくば兄弟という歌手が歌った。

一九六二年のお盆に武器学校で第一回阿見町合同納涼盆踊り大会が開催されると早速「阿見音頭」が流された。この盆踊り大会は、中断を挟《はさ》みながらも一九八〇年頃まで続く。自衛隊駐屯地内で行われる盆踊り大会には、阿見町教育委員会も協力していたという。一九六八年の『常陽新聞』稲敷版によると、毎年恒例の「慰霊盆踊り大会」は、阿見町商工会主催で、踊りは地域婦人会や青年会や部落ごとの対抗で審査され、「優秀団体にはもりだくさんの賞品が贈られ」た。[41]

やがて、ふるさと創生一億円事業を原資に「まいあみまつり」というイベントが一九九〇年から始まり(42)、一九九一年には「新阿見音頭　花のまち夢のまち」が新たにつくられ、茨大通り(旧海軍道路)を行進する「大盆踊り」が目玉となった。「新阿見音頭」の歌詞には、予科練や自衛隊への言及は一切ない。かといって工場が誇られるわけでもなく、「住みよい」「自然豊かな都市づくり」が歌われる。もはや地域開発のパラダイムも過去のものとなっていた。

ところが、最近(二〇一八年)の盆踊りでは、新旧の「阿見音頭」が交互に流されるようになっているという。二〇一〇年開館の予科練平和記念館をはじめとする予科練のまちづくりの影響だろう。「昔予科練　今武器学校」の歌は、阿見町に響き続ける。

予科練が結ぶ自衛隊・地域婦人会・戦友会

図5-23　1962年に開館した土浦駐屯地武器学校の広報館の展示　土浦海軍航空隊の門表と予科練習生のマネキン人形

一九六〇年代には阿見町のみならず土浦駐屯地武器学校も、人気の高い予科練コンテンツを積極的に打ち出していく。「阿見音頭」がつくられたのと同じ一九六二年に広報館を開館し、予科練の展示室を設けた(図5－23)。戦友会「予科練雄飛会」会報『雄飛』には、武器学校総務課長・山中三造からの便りが紹介されている。いわく土浦駐屯地には、予科練の象徴として一九四〇年に植樹された「雄飛の松」や、戦後転用された航空隊施設の遺構など、予科練の伝統が残っており、年間二万人の見学者がいて予科練出身者も少なくない。広報館には予科練室を設けて寄せ書きや写真、飛行服、教範などを展示しているが、拡充のために予科練関連資料をお貸しください、との内容だ(43)。

土浦市上大津地区の青年学級も農閑期に一日体験入隊で広報館を見学していた。「まず広報館に入り山中二佐の案内で〝土浦海軍航空隊〟をしのんだあと、銃機展示室では初めて見る拳銃や機関銃におどろきの声をあげ、〔中略〕午後からは学校裏の霞ヶ浦湖岸に出て、当時の練習機〝赤トンボ〟や〝予科練さん〟の思い出ばなしをたっぷり聞き、三時過ぎ一日入隊を終えた(44)」。駐屯地見学において、予科練が重視されているのは明らかだろう。

武器学校での盆踊り大会が毎年恒例になるなかで、予科練の慰霊碑の建設が構想されていく(45)。地域婦人会を率いて碑建立に尽力した古谷りんさんは、「阿見音頭」が流れる盆踊り大会の最中に建立を思いついたという。「ただワイワイ踊るだけではなく、この地はかつて予科練の地であり若人達がここから戦場へ出て行って命を捧げて散ったわけですから、英霊を慰める盆踊りの催しにしたらいいんじゃないか」と思ったそうだ(46)。古谷さんは一九四〇年に新町に移住し、予科練習生との交流は戦後も続いていたようだ。

戦友会も土浦・阿見を訪れた。実際、一九六四年に土浦で一九期会全国大会が開かれた際には、夜に阿見町婦人会主催の武器学校内の盆踊り大会に参加して「楽しく踊る」「古谷りんさんの慰霊塔《ママ》建立への熱意が披露され、一同感激」したと、茨城雄飛会の会報に記載されている(47)。予科練出身者たちは、「昔予科練　今武器学校」の歌詞をどのような思いで聞いただろうか。慰霊碑は、戦友会と地域住民が別々に構想していたが、やがて合流していく。

一九六五年の盆踊りについて予科練雄飛会会報『雄飛』第一四号は次のように記す。

> 慰霊碑建立について、地元として心からの応援をしてくれている阿見町では、去る八月一四日から三日間、同町商工会の主催で、武器学校の慰霊碑建立地横の校庭に、やぐらを組んで「予科練戦歿者慰霊盆踊り大会」を開催した。三日間毎日午後六時から阿見町を始め近在の人達約五〇〇名が参加し、盛会を極め、予科練慰霊碑建立へのムードを高め、積極的な協力体勢《ママ》の一端を見せていた。

図 5-24　予科練雄飛会関係者が撮影した，1967 年第 2 回慰霊祭時の新町付近の沿道風景

ただし、一九六四年から阿見町議会議員となった古谷さん自身が「反対やら賛同やら誤解など、いろいろなことがありました」と回顧するように、碑の建立には反対の声もあったようだ。それでも、一九六六年の慰霊碑除幕式の際には、参列者のバスが通る新町付近の沿道の家々には日章旗が掲げられた(48)(図5－24)。さらには五〇名を上回る地域婦人会員が、割烹着を着ては湯茶接待や会食会場の準備・片付けに奔走し、予科練にちなんだ浴衣に着替えては「若鷲の歌」に合わせた予科練踊りを披露した。

第三章で取り上げた熱田鶴江さんや米澤麗子さんをはじめ、地域婦人会の面々は、その後も慰霊祭での奉仕活動や慰霊碑の建つ雄翔園の清掃活動を続けた。二〇二〇年の新型コロナウイルス感染症流行以前までは、地域婦人会有志が、武器学校で毎年予科練戦友会海原会が開催する予科練戦没者慰霊祭で舞踊を奉納し続けていた。

一九六八年の二つの世界

広報館は木造建築だったが、代わって一九六八年一一月に開館した予科練記念館は鉄筋コンクリート。戦友会や政財界、地域住民からの寄付によって建設され、自衛隊に譲渡された。式典には、高松宮宣仁《のぶひと》親王をはじめ、防衛庁長官代理の陸上幕僚長、靖国神社宮司、予科練遺族同窓五〇〇〇名が参列した。海軍兵学校出身の士官だった高松宮は一九二六年一一月の霞ヶ浦海軍航空隊の卒業式などに行啓し、二七年七月には飛行機搭乗訓練も受けていた(図5-25)。予科練記念館開館の式典には、海軍兵学校同期で霞ヶ浦海軍航空隊飛行学生の経歴をもつ藤田正路の取り計らいにより参列したようだ[49]。予科練の土浦海軍航空隊関係のみならず、霞ヶ浦海軍航空隊関係の人脈も広がっていた。

式典当日、戦前に建てられ、その形状から軍艦駅舎とも呼ばれた土浦駅の前には「祝予科練記念館落成」の垂れ幕が掲示された(図5-26)。予科練に対する地域の共感は根強かった。たとえば同年七月に土浦東映は、土浦ロケがなされた『あゝ予科練』を封切りしたが、『常陽新聞』広告に「(大町・坂本とよさん)本当にありがとうございました。大変感動しました。若い予科練の人たちを現地で見ていますので身をつまされ涙を流してしまいました」など、六人の土浦市民の声が紹介された。予科練の元教官は「〔来賓控室に〕居合わせた方々は予科練とは関係うすく、地元の議員さん又は婦人団体の役員の方々」だったとやや不満げに書くが、かえって地域の積極的協力をうかがわせる[50]。池田静喜阿見町長は、遺族の宿泊の便宜のために、「旧役場跡に国民宿舎の建設を実現致したい」とのコメントを戦友会会報に寄せた。結局実現しなかったものの、慰霊祭や記念館見学者による経済効果が念頭にあったのだろう[51]。

全国的に見れば、時はまさに一九六八年、大学紛争やベトナム反戦運動の真っ最中である。また自衛隊をめぐっても、六七年には自衛隊法の憲法違反が争点となった恵庭事件の判決が出て、六八年六月には長沼ナイキ訴訟の発端となる航空自衛隊のナイキ・ミサイル基地建設計画に対して、全学連（全日本学生自治会総連合）や労組を中心とする反対運動が起こっていた時期である[52]。これらが、既視感のある戦後史の光景であろう。

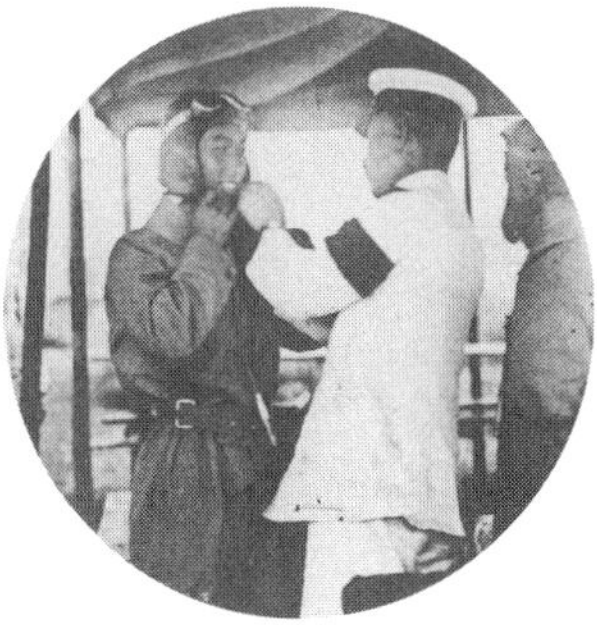

図 5–25　1927 年，霞ヶ浦海軍航空隊で飛行服を着る若き高松宮（左）
当時 22 歳で，3 年前に海軍兵学校を卒業．同期に源田実がいる

図 5–26　1968 年，予科練記念館開館式典における土浦駅前の垂れ幕
「阿見町」・「土浦商工会議所」・「陸上自衛隊武器学校」の文字も判読できる

図5–27　1968年，開庁16周年記念運動会における東京遷都の仮装行列
1968年は明治100年にあたる．政府主催の明治百年記念式典が行われ，大衆的な「明治ブーム」もみられた．張りぼては江戸城で，梯子を上がる烏帽子をかぶった面々は新政府高官か．城の後ろに続くのは洋式の軍装と，行幸する明治天皇を乗せた特徴的な形の神輿「鳳輦」(ほうれん)であろう

しかし、阿見町という別の戦後日本の片隅には、地域に深く根を下ろした自衛隊駐屯地で、戦没者が顕彰される光景がみられた。予科練記念館竣工式で高松宮は「特に、地元武器学校、又、阿見を中心とする皆様方の、陰になり、陽なたになってのなみなみならぬ厚情、支援の賜物であると、私も海軍に籍を置きました者の一人と致しまして、感《かん》佩《ぱい》〔感謝〕にたえない」とスピーチし、自衛隊・阿見町・旧海軍の絆を確認する。

また予科練記念館建設委員会会長の桑原虎雄は、竣工式の祭文に「次代の日本を背負うべき青年学徒にして、謙虚質実の士風を忘れて自我独善に走り、革新の名に誘惑されて、軽率にも破壊的言動を敢えてして憚らざるが如き」と、学生運動批判ともとれる文言を入れている[53]。東京大学や日本大学では全共闘(全学共闘会議)などの学生が、東大安田講堂など大学施設を占拠しバリケード封鎖していた時期である。それと対比するように、若い予科練出身戦没者の遺書に「烈々たる報国の至誠、唯一途の純情さ」を見出して称賛する桑原は、霞ヶ浦海軍航空隊副長を務めた元中将である。世界的に異議申し立てが噴出したことで知られる一九六八年に、もう一つの世界が広がっていた。

同じ一九六八年の武器学校の他の行事を追っていこう。五月二六日の開庁一六周年記念運動会の賑わいを、『武器学校史』が記述している(54)(図5－27)。

競技実施の間、アトラクションとして地元婦人会民謡踊り、馬術展示、音楽隊ドリル、仮装行列、合気道、ジープ試乗等により一段と雰囲気が盛り上がり、特に恒例の近隣小中学校生徒によるリレー競技は運動会の花形として満場の喝菜〔采〕をあびた。

運動会の趣旨は「隊員の士気高揚」「隊員家族の慰安」に加えて、「町民及び地元協力団体との親睦調和に努めるため娯楽関係を主とした記念運動会を実施」と記載されている。広報の「娯楽」性を明確に認識していたことがうかがえる。招待者は「地元官公衙《かんこうが》〔官公庁〕の長、郡内市町村長及び同議長、各協力団体の長、地元選出代議士、県議、校友、近郊小学校長等一〇〇名」にのぼった。

一一月一日には自衛隊創設記念日の恒例行事「県南高等学校の対抗武道大会」が行われた。東京では一〇月二一日(国際反戦デー)に全学連デモ隊が防衛庁や国会などに突入を試み、新宿駅を占拠して警官隊と衝突した新宿騒乱が起きていたような時期である。「武道大会」の開催目的は「地元青少年の尚武の気風をはぐくみ、自衛隊との交歓によって、精神修養の一助となる」ことであると、駐屯地司令・岡新次が式典式辞で述べている。岡は、武器学校移駐時に警察予備隊総監部武器課長として関わり、一九五四年七月から五五年二月まで武器補給処処長を、一九六四年三月から六九年三月まで武器学校長兼駐屯地司令を務め、予科練慰霊碑・記念館建設を積極的に支援してきた人物だ。式辞では、「常に憲法第九条の世論の厳しい批判を受けてきた」「一部批判勢力の存在もまた永久に消えるとは思えない」などと自衛隊に対する風当たりの強さに言及しつつも、「地元近隣の代表各位の御参列を得て〔記念式典を〕執行することのできたことを無上の歓びとする」など、地元からの駐屯地支持については自信をにじませている。

地域の側をみれば、第四章でみたように、すでに基地による実体的な経済効果は埋没し始めている時期だ。経済効果に代わって自衛隊を地域に根付かせていくのは、自衛隊の広報活動と地域の「軍都」の記憶であったといえる。一九六八年一一月に発行され、町民にも広く読まれたであろう冊子『阿見町の生い立ち』は語る。

　軍都としての阿見町の姿は、一転して、近代農業、工業、人工〔口〕増加による商業、首都圏のベット《ママ》タウンとしての住宅の町として変りつつあるが、軍都を忍〔偲〕ぶ施設として、〔中略〕慰霊記念館も昭和四十三年十一月竣工した。かくて阿見町は、西条八《ママ》十作詞、古関祐〔裕〕而作曲の「荒〔若〕鷲の歌」と共に、永遠に予科練憶い出の町として後世に残ることになった。(55)

『阿見町の生い立ち』発行当時の町長は、自衛隊誘致を担った海軍出身の丸山銈太郎だ。右の引用文を含む近現代史部分を書いたのは、阿見町青宿新町在住の阿見町文化協議会会長である。もはや軍都ではないと認めつつも、軍都を偲び続ける地域。旧海軍の記憶に依拠しながら、自衛隊も地域の(もはや中心ではなく)片隅に存在し続ける。ここに、武器学校の予科練記念館の隣接地にやがて町立予科練平和記念館を建設し「予科練の町」を謳う、現在の阿見町の土台は築かれていたのである。(56)

コラム❺　軍都が生んだ歴史家

いったい歴史とは何だろうか。阿見町で長年お世話になった郷土史家・赤堀好夫さんは、当時大学生だった筆者に自身の歴史哲学を語っていた(57)。

「歴史《れきし》」は「歴事《れきじ》」じゃあないんだ。事実を連ねただけでは歴史にならない。ほら、「史」という字は「人」の「口」と書くだろ。事実に対する物語。だから伝わるんだよな。しっかり調べるのは大事だけど、間違いを恐れちゃいけない。間違いのない歴史はないんだ。人の口で語られるもんだから。

この歴史哲学は、基本的に「間違い」のない事実を確かな史料から探究する訓練を積むプロフェッショナルな歴史学と異なる。一方で、各地の公立図書館の郷土史コーナーをみれば、赤堀さんと同じような哲学で綴られた、アマチュア郷土史家たちの歴史書は山ほどある。

とくに、阿見なんてのは、史料はない、統計データもない。もう一人一人の話を聞いて回るしかない。でもね清水さん、私はね、人間の暮らしを、人生を書きたい。〔編纂に携わった〕

『阿見と予科練』では、まあ、こういうことに挑戦したわけですよ。

郷土史では、どうしても紙の資料や公式的なデータが不足する分、聞き書きは重要だ。住民たちの記憶を根気よく集めれば、数十年の歴史をさかのぼることはできる。聞き書きなしには闇に消えてしまう「暮らしを、人生を書きたい」という主体の問題関心は、生活史研究と通底する。歴史学者E・H・カーは、ズバリ『歴史とは何か』という本で「自分の事実をもたない歴史家は根無しで不毛です。自分の歴史家をもたない事実は死んだままで無意味です」と語る[58]。赤堀さんは無数の人々の記憶や地域資料に埋もれた事実に生を与え、自分のもの（がたり）に仕立て上げてきた。それにしても、町や村の歴史をほとんどボランティアでせっせと書き残す郷土史家は、社会のどこから現れ、どのように育っていくのだろうか。この問いが本書に重要なのは、阿見町では地元出身でなく転勤族の自衛官が、退職後に地域の近現代史に関心をもつ郷土史家となっていく姿が多くみられるからだ。軍都の歴史を書き残す人々を、軍都が生み出している、ともいえる。赤堀さんは、その典型かつ頭一つ抜け出た業績と威信をもつ郷土史家である。彼の人生を追跡してみよう[59]。

赤堀さんは一九三六年生まれの静岡県金谷町（現・島田市）出身で、実家は大井川流域のお茶農家である[60]。一九四二年、近くの牧之原台地の茶畑は大井海軍航空隊の敷地となった。彼は、静岡大学で農芸化学を学ぶ。卒業後に陸上自衛隊に入隊し福岡県久留米市の幹部候補生学校に通って、幹部自衛官となる。防衛工学を学んだものの「メカニックはあまり面白くなかった」。静岡県の富士学校砲兵科で一年習い、愛知県の豊川駐屯地の特科連隊で三、四年、自動車訓練所の教官を二、三年務め、広島県の海田町の海田市《かいたいち》駐屯地で武器科専攻に決まり、補給品を扱う。いわく、「ここは楽しかった。物品出納課で、ハンコを押すのが仕事。倉庫には、出土した原爆の遺品がたくさんしまってあった」。三〇歳前後で、土浦駐屯地の武器学校に転勤となり、一九七〇年に家を買う。最初は総務課に入ったが「つまらん仕事ばかりで面白くない」。その後は東京の市ヶ谷駐屯地や檜町《ひのきちょう》駐屯地（防衛庁調達実施本部）へ単身赴任する。以前は歴史にはさほど興味がなかったそうだ。

その後、霞ヶ浦駐屯地武器補給処の広報班長となったことが、郷土史家への転機となった。まずは駐屯地開設三〇周年記念（一九八三年）に合わせて、十余頁の広報パンフレット『由緒ある海軍史跡　駐屯地の史跡案内』（武器補給処広報班発行）をつくった。たとえば、九頁の「庚申塚《こうしんづか》」には「霞ヶ浦海軍航空隊が格納庫を作る際三〇〇年も前から飛行場地区にあった庚申塚を取り払ってしまった。すると、工事中の事故や飛行機事故が続出し、庚申塚のたたりといわれ、さすがの海軍も参った」と、聞き書きが生き生きと活かされている。豊富な挿絵を描いた防衛事務官の小松仙二さん（「阿見音頭」の作曲者！）は、のちに『阿見と予科練』や『爺さんの立ち話』のイラストも手掛けていく。

ついで霞ヶ浦駐屯地の前身にあたる、第一海軍航空廠について精力的に調査し『第一海軍航空廠小史』（一九八六年、霞ヶ浦自衛隊後援会発行、全六六頁）をまとめあげる。文献や文書資料はなかなか見つけられず、近所に住んでいた元航空廠勤務者などの話を聞いて回ったところ「書き残しておきたいことがあると思った」そうだ。

退職後は『鈴木区史』（一九八八年）を執筆した。B5判で一二六頁の分量があり、鈴木区長、阿見町長や議会議長、県議なども巻頭に辞を寄せている。鈴木区民の赤堀さんは、二、三年かけて「近所の人たちにどっから来たか聞いて回った」りしたという。戦争や軍隊に関する記述はさほど多くはなく、明治期の開拓から、霞ヶ浦航空隊の買収や空襲に関する証言が編み込まれている。第一章でみた墜落事故に巻き込まれ死亡した中島なをの親族の話についても巻末に、武器補給処内部で発行されていた『武器』一三八号(一九八六年)に掲載された自身の文章を再録している。一九八八年には、『阿見町史研究』第八号に、鈴木区を開いた開拓者に関する「鈴木安武伝考」を寄稿した。

このような実績と経験から、阿見町の文化財保護審議委員長も務め、自治体史『阿見と予科練』の主要執筆者となる。当初、町長は「町の偉い人」に執筆編集を依頼したが、「そっぽ向かれ」たため、教育長を通して赤堀さんに依頼がきたという。どのような本にするかは具体的に決まっていなかったため、赤堀さんは、本の目次を「カレンダーの裏」に書いて町長から了承を得、「知り合い」を集めて本をつくり始めた[61]。

編集委員六名のうち、空襲の項目を担当した中学教師一名を除く五名が元幹部自衛官だ[62]。熊本県出身の八木司郎さんは、一九六〇年代に赤堀さんとともに武器学校教官を務めており、主に戦後の軍用地転用について、転用先の企業への訪問も含めて極めて詳細な調査を行った。赤堀さんとは市ヶ谷駐屯地時代に知り合った井元潔さんは、長崎県出身で、満州からの引揚げ経験があり、防衛大学校二期生で、指揮幕僚課程(CGS)に進み陸将補にまで昇進した。予科練に関する項目を担当し、その後は、予備学生に関する記述がなかったため、『続・阿見と予科練』の企画を提案する。最年長の本間尚樹さんは、海軍の少年兵出身で、警察予備隊からのたたき上げで幹部候補生学校に、赤堀さんと同期で入校する。文章は書けないが、旧軍知識が豊富で、資料探しができた。上口勝弘さんは、海上自衛隊出身で、赤堀さんが退職後に東京の専門学校で教鞭を執っていた際の同僚で、PCによる編集作業を行った。以上のように、赤堀さんを起点とする、自衛官人脈によって、A4版で三七二頁にのぼる自治体史『阿見と予科練』がつくられた。

その後メンバーが入れ替わりつつ、予科練平和記念館開館に向けた資料整理や、二〇〇五年に始まる「茨城県近代化遺産(建造物等)総合調査」を担い、掩体壕にも訪れる。そして『続・阿見と予科練』(二〇一〇年、A4版、二九二頁)、『海軍航空隊ものがたり』(二〇一四年、A4版、四一五頁)、阿見町民話調査班としての『爺さんの立ち話——阿見原と海軍にまつわる話ほか』シリーズ(二〇〇三年第一集~二〇二二年第七集まで刊行、第七集は赤堀さんの遺稿を収録し一周忌に合わせ発行)といった自治体史誌を続々と執筆していく。二〇〇九年頃の資料収集委員(現・歴史調査委員)を紹介した文章で、予科練平和記念館整備推進室の学芸員が赤堀さんは「研究熱心で文才があり、冊子を作ったり講演をしたりと多方面で活躍なさっています。お話が上手で、〔資料〕収集委員のムードメーカーでもあります」とする。[63] 同僚の八木さんもインタビューで、『阿見と予科練』は「赤堀さんがいたからできた」と繰り返していた。それは単に文章力だけではなく、彼の人間性も含めてのことだろう。

赤堀さんなしには、軍都の郷土史の厚みは生まれなかった。それと同時に、軍都という歴史的経緯がなければ、赤堀さんが、この地で暮らし郷土史家になることもなかっただろう。意図せずして自衛隊と阿見町は、軍都の歴史を饒舌に語る演者を育てていたのである。

歴史とは、絶えまなく社会が創り出してきたものなのだ。[64] 無数の人々の声とペンが歴史を生み出してきた歴史がある。その深淵を覗き込んだときもはや、歴史との対話に終わりはない。

終章　軍事化の共演

ここまで、霞ヶ浦の軍都世界の内側にどっぷり浸かってきた。終章では、湖から陸に上がって俯瞰し、考察の花火を打ち上げよう。そして最後に、本書が泳いできた旅路の意味を考えてみよう。

〝共存共演〟

軍都は一日にして成らず。戦前・戦後をまたぐ半世紀の物語は、この一言に尽きる。軍都とは、軍事基地の建設によって誕生するのではない。おそらく建設された瞬間において、基地は未だ非日常の物珍しい異物である。

軍都を生成するのは、地域の人々が軍隊や軍人と接触し交流するなかで、軍事基地が、〝おなじみ〟の存在になっていく日々の積み重ねである。もはや基地建設後に生まれた世代にとって、基地は幼なじみである。その頃には、良くも悪くも〝わが町〟の物語に欠かせない存在として基地を饒舌に語っている。そして、ひとたび生活になじんだものを引き剝がされるのは、痛みと喪失感を伴う。実際、日常が積み重なった軍都のぶ厚い岩盤に対しては、軍事基地を破壊し空洞化させた戦争も、戦後の平和主義も、決定的な風穴を開けることはできなかった。

生活になじんでいく日々は、必ずしも軍隊と地域の共存共栄の毎日ではない。経済的利益の幅はさまざまであり、負の側面も当然あった。常にそこにあったのは、軍隊と地域が共存共栄しているように演出し合う、言葉と活動を通した両者の〝共存共演〟である。

共演の舞台は、だだっ広い飛行場から下宿の八畳間まで、さまざまな日常空間の結節点だった。飛行機や仮装行列に見入る人々、下宿の女性や子どもと「海軍さん」の交歓、自衛隊員と消防団員の必死の土嚢積み……無数の〝共演〟の積み重ねのなかで、基地はなじんでいった。

もちろん広報活動のように、軍事基地が肯定的イメージを演出する策略は重要である。しかし、地域住民は軍に踊らされるだけの受け身の存在ではなかった。強制的というよりも主体的に、熱狂的なばかりではなく冷静に、経済的受益だけではなく文化的な土壌の上に、基地とともに生きてきた。結節点における無数の〝共演〟が、軍隊と地域を強固に結びつけ、軍都を編み上げていった。

軍事化の魅惑

現れ方はさまざまだが、〝共存共演〟は、この地域に限らず成立する。フェミニスト哲学者クリスティン・ウォーターズは、自身の故郷であり、第二次世界大戦中から冷戦後にかけて半世紀にわたり、空軍基地を抱えたアメリカの都市ロームについて「基地は、仕事と顧客をもたらし、学校に特別プログラムを提供し、地元の人々にお国自慢のタネを与えた」と語る。ウォーターズ家は地元新聞社の社主であり、祖父の代から基地司令官とも親しく、母は地元の士官から「名誉軍人妻」として処遇され、基地のために尽力した。空軍基地は「威圧的な国家権力の道具ではな」く、「隣人、それもよき隣人」と認識された。冷戦後の基地閉鎖の際には家族一同大きなショックを受けたという。(1)

政治学者シンシア・エンローは、ウォーターズの体験談を、「軍事化」という普遍的な現象の一つに位置付けている。「軍事化」は、単に基地の新設や拡張のような、限定された具体的状況を指すのではない。非軍事的な領域(たとえば地域社会)が「徐々に、制度としての軍隊や軍事主義的基準に統制されたり、依拠したり、そこからその価値をひきだしたりするようになっていくプロセス」を幅広く指す。(2)「統制され」るばかりであれば不満も溜まろうが、基地から「価値をひきだ」す生活のなかに、軍事化は柔和な表情で居候してゆき、いつしか依存するようになる。

しかも、「軍事化はわかりきった場所においてのみ起こるのではなく、爆弾や迷彩服から遠く離れた人々、モノ、概念の、意味や用法を変えることもできる」といわれれば、むき出しの兵器のみならず、たわいもない花火大会や仮装行列や盆踊りに目を向けないわけにはいかない。この広い定義によって、軍人の文民に対する優位のような政治的軍事化や、軍産複合体のような経済的軍事化に限らず、軍隊領域と市民領域の境界の相互浸透を媒介する「社会・文化的軍事化」のさまざまな担い手(下宿の女性たちやウォーターズ家)が視野に入る。(3)

軍事化論に依拠すると、基地は単なる「迷惑施設」以上の、「規範や思考、社会的関係性自体を組み替えていく権力装置」(4)とみることができる。その「権力」は、強引に人々の所有物を奪い取る力ではなく、人々に利益や娯楽やプライドや触れ合いや補償を与えて、魅惑し手なずけるような力であろう。だから、〝魅力〟を問わなければならない。一度魅惑されれば、基地がなくなったからといって、脱軍事化するわけではない。ロームや阿見・土浦にみられたように長年〝共演〟してきたパートナーの喪失を嘆くばかりである。せいぜい別の地域開発によって基地への依存を薄めて、軍事化を希釈するほかない。

賛否よりもなじみ深さ

一方で、おそらく軍事化の〝成功〟は、人々が軍事基地に諸手を挙げて盲目的に賛成するようになることではない。水兵たちの乱暴狼藉は広く知られて郷土史でも非難されていたし、自衛隊誘致の張本人は意外に冷ややかで、植民地扱いされても気色ばむこともなかった。敗戦後にも軍に騙されていたなどとはいわない。親しい友人ほど欠点や〝黒歴史〟をよく知っているように、基地と親しければ親しいほど、しばしば負の側面も目に入っている。騒がしくて粗暴な面もある腐れ縁だとしても、商店にお金を落とし、イベントで娯楽を提供し、いざという災害時には助けに来てくれる。その経験があってこそ、現実の暗黒面に関する醒めた認識を持ちつつ軍都の夢を抱きしめることを選ぶ。いわば「アイロニカルな没入」が生じた。(5) そこにあったのは、無知ではなく、成熟であったとさえいえる。このように「軍事化とは複雑で、しばしば矛盾しあうプロセス」(6) であり、無数のアンビバレントな経験を抱え込んでいる。

だとすれば、世論調査のように賛成・反対を訊ねるよりも重要なのは、どれくらい深くなじんでいるか、どのようになじんでいったのか、という問いかけであろう。町に警察署や歓楽街があることがあたりまえになるように、軍事基地の存在もおなじみの存在となっていく。自明視されれば賛成・正当化を声高に主張する必要さえなくなる。軍事基地が、あたりまえの存在としてなじむことこそ、思考や社会関係を組み替える軍事化の一つの到達点である。実際、歴史学者の佐々木知行も、軍事化を「人々がその生存と生活を軍隊に依存し、軍隊が日常生活のごく自然な一部となる過程」と解釈している。(7)

平凡は神話よりも強し

「なじみ」という問題を考えるうえで、歴史学者ジョージ・モッセが提唱した、戦争体験の「平凡化」(trivialization)というコンセプトを軍事基地に応用してみよう。モッセによれば、第一次世界大戦の体験は、モニュメントなどによって戦争を美化する「神話化」と、玩具や絵葉書や観光などによって「栄光ある」「神聖な」ものとして戦争を「手元に置いておく程度に親しみやすく」「ありふれた」ものにして消費する「平凡化」という二つの過程があった。表面的には聖俗で対立する二つは、いずれも悲惨な戦争の現実を隠蔽する点では共通し、人々に戦争を受け入れやすくすることに寄与したという。本書にとって聖俗よりも注目すべきは、前者が「日常生活から乖離して持ち上げ」る過程であるのに対して、後者は「生活の一部にする」過程であることだ。(8)平凡化の核には日常化があり、軍事基地の平凡化の行きつく先は、日常生活の軍事化であるといってよいだろう。(9)

本書ではあまり記述しなかったが、もちろん大日本帝国の海軍航空隊に「神話化」の言葉や表象はいくらでもみつけられる。しかし、本書第一〜三章で意識的に発掘し注目したのは、「平凡化」である。〝畏《かしこ》くも天皇陛下より賜った兵器〟のはずの飛行機は見世物になり、「土浦音頭」の歌詞では恋心を歌う素材となる。初めは非日常的なスペクタクルとして仰ぎみた飛行機も、やがて地域住民はいちいち外に飛び出すこともないほどに見慣れていく。航空殉職者慰霊の花火大会は、商店街の客寄せとなる。航空殉職者慰霊のための隊内開放では、むしろ海軍側が進んで仮装行列などのお祭り騒ぎをして「平凡化」を推し進める。下宿・クラブでくつろぐ水兵や少年兵たちは親しみやすく、結婚や恋の相手だった。料亭で暴れて落書きをする士官たちは、神聖な軍人というより、あきれるほど等身大の人間である。いずれもたわいない平凡な(trivial)話だが、お高くとまった大仰な皇軍神話などよりもはるかに、軍事基地を地域の日常生活に織り込み、なじませるうえで役に立ったことだろう。「神話化」された大樹の根は、「平凡化」の伏流が支えていて、大樹が切り倒されても根は残った。

第五章でみた、戦後日本の「戦力」であってはならない自衛隊の広報活動において「平凡化」は本流となる。戦車には大勢の子どもたちがまたがる。広報スローガン「愛される自衛隊」を地で行くような活動ぶりである。名物の仮装行列は、駐屯地内ばかりか市内にも飛び出していく。飛行機と戦闘車両は同じ見世物でありながら、はるか上空の編隊飛行を仰ぎみるものから、土浦市内をゆっくり行進するジープに乗る一人一人を、さほど違わない目線の高さで間近にみるものとなる。デパートの屋上から見下ろすことさえできるのだ。毎年のようにどこかへの災害派遣があり、災害訓練が恒例化する。ただし、兵器の展示から栄光や精強さの「神話」の意味合いが消えたわけではない。また、陸上自衛隊を接続する予科練慰霊碑・記念館は、旧軍の記憶を利用した「神話化」の一つの技法だ。

〝共存共演〟の台本には、畏れ仰ぎみる神話化も、親しく手を取り合う平凡化もある。両者は互いを際立たせるコントラストで、どちらも重要である。けれども軍事化の究極形態が、おなじみの存在になることであるとすれば、刮目すべきは平凡化である。基地と地域との「平凡」な〝共演〟のなかで、本質的にはハードで硬い軍隊は、ソフトに柔らかくイメージされ、日常生活に溶け込んでいったのである。

希望と憧れ

一方で、現状の生活になじむだけではなく、軍都が、現状以上のささやかな夢を持たせられたからこそ、〝共演〟の舞台に役者が集った面もある。佐々木は、自由民主主義国家における軍事化は「必ずしも強制力や暴力をともなうわけではなく、人々が持つよりよき生活への欲求に働きかけながら進展してきた」[(10)]と指摘する。阿見・土浦も、戦前も含めて、基地を「抱きしめ」利用することによって、よりよい生活を目指す選択がありえた。たとえそれが誰かの悪夢の上に成り立つ夢だったとしても。

では「よりよき生活への欲求」の根底にいかなる心理があったのか。思い切って端的にいうならば、それは希望と憧れであった。厄介なことに、どちらもそれ自体では、人間にとって簡単に否定したり我慢させることができないものだ。

第一に、地域の発展への希望である。経済発展はもちろんのこと、人口増加から文化的な水準の向上や利便性といった生活全般の総合的な発展である。その実現(少なくとも期待)を、基地は、貧しさなどの特定の条件のある社会で、うまく担う存在だった。戦時下には空襲も招き寄せたが、災害時の救援は生活の危機を救い安心を与えた。敗戦後の学園都市への再出発でさえ、旧軍用施設という遺産なしには不可能だった。「よりよき生活への欲求」は、個人単位の欲望に根差しながらも、「御用商人」

のような直接的な受益層以外も巻き込んで地域というスケールにまで拡張された希望である。留意すべきは、より大きなスケールの国家の発展までは、あまり強く語られないことであろう。希望の核にある情念は、愛国心というよりも素朴な郷土愛である[11]。

第二に、外からくるものへの憧れ、がある。基地は、地域生活の不満や物足りなさに対して、「いま・ここではないどこか」への夢を垣間見せた。たとえば、航空機の歓迎にみられた「文明」への憧れであり、農家の娘たちの軍人＝サラリーマンへの嫁入りである。憧れの対象は、国粋的なものではなくて、むしろ西洋的なもののようだ。戦間期の霞ヶ浦海軍航空隊は、欧米からの航空技術教官や世界一周の飛行機・飛行船が飛来する、モダンでハイカラな空間だった。一九五〇年代の自衛隊も、旧日本軍の貧弱な装備とは対照的な米国製の戦車やジープやトラックで行進する。そのような舶来品が〝わが町〟にやってきたこと自体が、〝お国自慢〟のエピソードになる。憧れは、基地の広報による演出に、新聞報道や「土浦音頭」・「阿見音頭」などの地域からのロマン化のまなざしが加わることで、双方向的に盛り上がった。

これはあくまで、ある軍都からみえることである。しかし、飛躍を承知でいえば、その心性は、富国強兵と文明開化を出発点とした、近代日本に通底するものではないか。そして平和主義を掲げつつも米軍や自衛隊と共存し続ける戦後日本の存在形態を支えているものでもあるだろう。その意味で軍都は、近代日本の縮図であり、戦後日本というパズルの欠かせないピースである。

「陸海空軍その他の戦力は、これを保持しない」と憲法で謳いながらも、米軍から自衛隊まで数多くの軍事基地とともにある日本。基地立地地域の多さに比べて、広範な反対運動の生起は少なすぎるといってよいだろう。(12)米軍はともかく自衛隊基地の誘致や共存は各地にみられ、現在は南西諸島が注目されている。状況・条件は大きく違えども、おそらく希望も憧れも、昔話とはなっていない。

饒舌の輪のなかへ

軍事基地はおなじみの存在で、希望や憧れさえもたせたといわれても、即座には共感しがたいだろう。軍事化をおぞましいと、平凡化をくだらないと、切って捨てるように非難するほうが、気が楽かもしれない。

しかし、丸山眞男にいわせれば「外側からのイデオロギー的批判がたとえどんなに当たっていても、まさに外側からの声であるがゆえに、内側の住人の実感から遊離し、したがってそのイメージを変える力に乏しい」。先述したように、暗黒面は百も承知だけど、といわれかねない。しばしば「日常的な生活感覚」に根差さない批判は「内側の多くの住人から激しい違和感をもって迎えられる」。だからといって単に内側の生活感覚に共感するだけではなく、知的に「他者をその他在において理解する」必要がある。ゆえに、両サイドからの非難は覚悟のうえで境界に立ち、「内側の住人と「実感」を頒《わか》ち合いながら、しかも不断に「外」との交通を保ち、内側のイメージの自己累積による固定化をたえず積極的につきくずす」挑戦が求められる。(13)

この問題意識を踏まえて本書は、軍都の内側に充満する複雑な「魅力」を、共感的かつ批判的に語ろうとした。「つきくずす」というよりも、自らも内と外を揺れ動きながら、郷土資料と学術的蓄積を組み合わせて軍都のイメージを拡張しようとした。

そもそも、軍都の「魅力」の物語を描くと序章で宣言した時点で、本書は半ば軍事化されている、と思い切って認めてしまってもかまわない。それでも、軍都という研究対象のアトモスフィアやアンビバレンスにより深く迫れるならば、軍事化に身を曝す価値はある。丸山の問題提起をいうはやすいが、本気で有言実行しようとしたら、まったく軍事化に染まらないではいられないはずなのだ。

もちろん内側に入り、なじむにつれて突き放した研究は難しくなることもある。しかし、それでも自律した明晰な研究はできるはずだ。最近の例を挙げれば、アメリカの政治的分断を前にした社会学者ホックシールドは、民主党支持者でありながら、共和党のトランプ支持者へのフィールドワークに取り組んだ。彼女は「わたしたちは、川の〝向こう側〟の人に共感すれば明快な分析ができなくなると思い込んでいるが、それは誤りだ。ほんとうは、橋の向こう側に立ってこそ、真に重要な分析に取りかかれるのだ」と力強くいう。トランプへ共感する人々の胸中にある「ディープストーリー」を析出し、「右派の人々が人生をどのように感じているのか」を説明してみせた[14]。なんといっても、「壁の向こうの住人たち」への旅からは、桁違いの声に出会える。それをデータとし誠実に向き合うことが「真に重要な分析」を可能にし、壁の内にも外にも届く言葉を生み出す契機となる。

沖縄県・辺野古の米軍基地問題に取り組み続けてきた社会学者の熊本博之も、「壁の向こうの住人たち」へ向かった一人だ。彼は自著のあとがきで率直に吐露している。

〔基地を容認している〕辺野古集落には、なかなか足を踏み入れることができなかった。正直に告白すれば、怖かったのだ。〔中略〕それよりも、行けば歓迎してくれる〔基地に反対している〕「命を守る会」の方が居心地もいいし、聞き取りもできる。何より「調査している感」を醸しだせる。だが、どれだけ〔「命を守る会」の〕プレハブ小屋に通っても、辺野古区が容認している理由にたどり着くことはできない。そして、自らの生活環境が悪化するのは明白なのに、なぜ新たな基地を受け入れようとしているのかがわからなければ、普天間基地移設問題を理解することにはならない。そのためには集落に足を踏み入れ、住民の話を聞かなければならないことは明白だった。(15)

実際、基地研究には反対運動にフォーカスした研究が多く、受け入れ側の記述は相対的に薄い傾向が否めない。そのなかで熊本は、辺野古の戦後生活史を踏まえつつ、一筋縄ではいかない容認の理由を内在的に理解し、構造的に説明していく。本気で軍事化の進行をつまずかせようとするならば、基地を抱きしめる地域を嫌悪し敬遠することではなく、知的好奇心をもって理解し分析することこそ必要なのだと教えている。

一方の阿見や土浦は、辺野古のように、軍事基地をめぐる賛成派と反対派の鋭い政治的対立は表面化してこなかった。踏み込んでいえば、反対運動が盛り上がらないほど基地がなじんだ地域だからこそ、研究されてこなかったともいえる。調査に入りにくかったのでも避けられたのでもなくて、そもそも見過ごされやすかったのだ。

本書は、〝何も問題が起きていない〟ようにみえる地域を探究し続けた酔狂である。目指したのは問題の告発ではなく、問題を物語に織り込むことである。それは、郷土史家たちの饒舌の積み重なりのうえに成り立っている。郷土史家や民俗学徒、町医者、新聞記者たちが、地域に生きた人々の声を書き残してきた。本書は、新たな資料を加えながら、軍都の饒舌の連なりを追いかけていった、饒舌の端くれにすぎない。

けれども、軍都の饒舌の輪のなかに分け入りながら、不協和音を編み込んだ新たな物語をつくりだす実践であった。本書が軍都の内側と外側をつなぐ結節点となることを願う。きっと、分断と相互不信の時代の出口は、敬意と好奇心をもって恐る恐る、もう一方の片隅へ近づいてみる〝冒険〟の果てにあるはずだから。

エピローグ　記憶の器

生きとろうが死しんどろうが　もう会えん人が居ってものがあって　うちしか持っとらんそれの記憶がある　うちはその記憶の器としてこの世界に在り続けるしかないんですよね

（こうの史代『この世界の片隅に　新装版　下』コアミックス、二〇二二年、一八四頁）

二〇一二年師走、荒川沖駅を降りて、筑波おろしの寒風のなか自転車をこぎだす。目的地は、陸上自衛隊武器学校の隣に、二〇一〇年に開館した予科練平和記念館である。自転車で阿見原を突っ切ると、幅の広い道路の両側に霞ヶ浦駐屯地の柵が広がる。かつて海軍航空隊があり、「予科練のまち」を標榜し、自衛隊駐屯地があるとは一体どのような町なのだろう。緊張感と好奇心があった。まだ大学三年生だった私の、阿見町との出会いである。

翌春、予科練平和記念館の学芸員さんへのインタビューに行った際、歴史調査委員の方々をご紹介いただいた。海軍飛行予科練習生出身の戸張礼記さん、元自衛官の赤堀好夫さん、井元潔さん、中川龍さんである。私は、初めての単独フィールドワークで、コチコチに緊張し、しどろもどろだった。

一方で、今思えば彼らも、東大生がやってきたということで、なにがしか身構えていた。「東大生といえば、あんたらの先輩は全共闘で安田講堂に立てこもって……」といった話題がふられ、赤堀さんは「俺は農家の出で、農本主義の右翼だ」などと冗談をいっていた。私はどことなく、〝向こうの世界から来た人〟として扱われていた。

それでも、何度も通ううち、私も歴史調査委員のおじいさんたちも、肩の力が抜けていったようだ。私自身は、彼らの熱心な歴史調査活動に接し、さまざまな人々との出会いを仲介いただくなかで、好奇心が敬意へと深まっていった。郷土史家たちは、私などよりはるかに多くの住民の声を聴いてまわり、歴史を調べ、書き、語る楽しさを満喫して生きていた。歴史が(あるいは青宿の食堂でごちそうになったラーメンが)、私たちをつないだ。それから幾人も出会った人々への敬意と親しみ、徐々にみえてきた阿見・土浦の歴史の魅力が、一〇年もの間、足を運ばせ続けた。

二〇二〇年三月三〇日、赤堀さん(コラム1・5参照)から電話がきた。博士号取得を報告すると「社会学も論理だけじゃないよな。夢や希望をもたせるのが学者だろうよ。ロマンだ!」と、スケールの大きな言葉を贈られた。ついに歴史調査委員を引退するけれども自宅に大量に資料があるので「いらないかもしれないが、もらってくれないか」とお願いされた。結局、新型コロナウイルス感染症の流行のなかで勇気を出せず、訪問できなかった悔いが残っている(1)。

この一冊をつくる機会を得たとき、陽気に歴史を語る赤堀さんの顔を思い浮かべた。一人の社会学博士として研究するのみならず、一人の郷土史家見習いとして物語ることに挑戦したくなった。気がつけば、山ほどの資料や聞き取り記録が、書棚やラックやＰＣに、赤堀さん宅から届いた段ボール箱にたまっていて、しきりに執筆を促してきた。「歴史は書かなきゃ残らないからな[2]」。調べ書くにつれ、赤堀さんの饒舌は鮮明に耳に甦る。

　とはいえ、赤堀さんと歴史観や価値観が合致していたわけではない。正直なところ、「夢や希望」や「ロマン」は手に余る。物語に伴う、不確かさや美化や権力や抑圧も意識しないわけにはいかない。なにより私は、基地のない町のよそ者で、一冊の本を書いたって、軍都の人々を理解できたといえば傲慢に過ぎる。

　それでも、赤堀さんと同じく「歴史する」営みを愛し、真剣に楽しんでいる。アボリジニの郷土史家に真摯に向き合った三二歳の青年の言葉を借りれば「ギャップはあるんだけれども、ギャップごしのコミュニケーションは可能なはずだって思う[3]」。少なくとも、現在・過去の阿見・土浦のさまざまな声から受け取った学びや刺激に触発されなければ、このかたちで本書が誕生することはありえなかった。

左から中川龍さん(コラム 4)，筆者，赤堀好夫さん
2014 年 2 月 26 日，卒論報告の際に予科練平和記念館のいつもの事務室奥の歴史調査委員のテーブルにて

　あの日、この世界の片隅で、私が彼らを見つけたと同時に、彼らが私を見つけてくれた。そこから始まる無数の人々と資料との出会いが生んだ本書は、私の物語であるとともに、彼らの物語でもある。心から感謝を込めて、一冊の「記憶の器」を世に送り出したい。

＊　＊

もちろん歴史調査委員のみならず、予科練平和記念館職員、特に豊崎尚也さんほか学芸員の方々には所蔵資料の閲覧やインタビュー対象者のご紹介など大変お世話になりました。野口淳一さん、抜井重智さん、戸張園子さん、八木司郎さん、霞月楼の堀越喜久枝さん、小林将人さん、掩体壕の山本康子さん(仮名)、土浦セントラルシネマズの寺内龍地さん、ほかインタビューにご協力くださった方々への感謝は尽きません。土浦市立図書館では『常陽新聞』マイクロフィルムや『いはらき』新聞データベースを閲覧させていただきました。土浦市立博物館や阿見町立図書館、海原会、霞ヶ浦駐屯地広報班にもお世話になりました。

本書の企画は、岩波書店刊行『シリーズ戦争と社会2 社会のなかの軍隊/軍隊という社会』所収の「自衛隊基地と地域社会」という論文を執筆した際の、担当編集者の猿山直美さんとの出会いに始まります。理系出身の猿山さんとは、歴史への興味、本への愛、『この世界の片隅に』のファン、という共通点でつながり、研究者に限らない読者に開かれた歴史書を書きたいという願いを聞き入れてくださいました。

大学を中心とする世界の住人たちへの感謝も、ここでは書ききれないほど広く深いものがあります。「自衛隊基地と地域社会」論文は野上元先生からの依頼で、ゼミでも発表の機会をいただきました。下宿の分析は『ソシオロゴス』誌掲載論文「軍隊と地域の結節点としての下宿」、海軍の「ボイコット」や「芋掘り」は二〇一七年の現代民俗学会の研究会「戦う身体の民俗学」での報告が出発点で、当時いただいたコメントは大変有益でした。社会学の院生・ポスドクを中心とする Urban and Regional Studies 研究会(通称、あり研)では、本書の序章・終章などの草稿を検討いただき、視野を広げる示唆を得ました。若林幹夫ゼミでは第二章初稿を発表し重要な助言をいただきました。そして筑波大学で博士号を取得した目黒茜さんには研究補助者として、原稿全体への歴史社会学的観点からのコメントや知識提供、『いはらき』新聞データベース調査に大活躍いただきました。もちろん本書の瑕疵は全て筆者の責任にあります。なお本書の調査には、ＪＳＰＳ特別研究員奨励費(16J07783, 20J00313)を活用しています。

最後に、数ある本のなかから、本書を手にとってくださったあなたへ。読後に少しでも地域の歴史の「魅力」を感じたならば、ぜひ現地へ足を運んでみてください。武蔵大学の学生たちと霞月楼を見学させていただいた際、百畳の「松の間」に入ると、女将さんが問わず語りを始めました。「あの、芋掘りという海軍の、悪ふざけのような遊びがありました……」。建物や人は代わっても、歴史はいまここに息づいています。

二〇二二年一〇月　予科練平和記念館「霞空１００年記念展」のチラシを見ながら

清水　亮

注

プロローグ

（1）よく読めば、主人公は「家」に束縛された「昔の女」だ（こうの史代「戦争を描くということ」『平凡倶楽部』平凡社、二〇一〇年、一一頁。『毎日新聞』二〇二〇年一月二三日「「この世界の片隅に」新作　すずとリンの会話が表す「家制度」「貧困」」一ノ瀬俊也インタビュー）。

（2）「インタビュー　土浦セントラルシネマズ代表取締役寺内龍地　土浦と呉はちょっと似ているところがある」2019「この世界の片隅に」製作委員会編『劇場アニメ公式ガイドブック　この世界の（さらにいくつもの）片隅に』双葉社、二〇二〇年、一八頁。

（3）『朝日新聞』二〇一八年一二月八日広島版「愛され二年、ロングラン「この世界の片隅に」　茨城の映画館で祝福」。別の記事で館長は「作品の舞台となった広島県呉市同様、土浦も海軍航空隊を擁した海軍の街と似た文化や風俗を持っていたことから、地元の若い世代に街の歴史を知ってもらう契機になればという思いもあった」と語っている（「〝このセカ〟の聖地となった茨城の映画館、超ロングラン上映に幕」『シネマトゥデイ』二〇二一年一〇月二九日 https://www.cinematoday.jp/news/N0126778）。

（4）二〇二二年一〇月一二日の寺内龍地さんとの立ち話。市村壮雄一『茶の間の土浦五十年史』いはらき新聞社、一九六五年、三三七―三四一頁。一九三二年の『土浦商工会誌』（一六七頁）には蓄音機専門の楽器店とある。ギタリスト寺内タケシの父でもある。

（5）『かめのこジャーナル第二号』地立堂、二〇一九年三月一六日、カラータブロイド判四ページ。土浦セントラルシネマズ、土浦市立博物館、市内の古民家カフェ城藤茶店などで無料配布されていたようだ（蓮子「「時代の風景――この世界の片隅の映画館のあるまち」完成！（茨城県土浦市）」ブログ『昭和のくらし博物館の日々』二〇一九年四月五日 http://blog.showanokurashi.com/article/185817250.html）。片渕須直監督も「『この世界の片隅に』という題名は、その片隅の外に広がる世界があることを暗示しています。ひとつの片隅の外側には何があるのか、皆さんで想像し、発見し、広げていっていただければ」と呼び掛けている(「二一世紀における空襲の記憶と表現」『戦争社会学研究』第五巻、二〇二一年、一一〇頁)。

(6) 山代巴編『この世界の片隅で』岩波新書、一九六五年。原爆スラムと呼ばれた相生通りや被差別部落などに光を当てている点で、中間層の主婦「すずさん」のそれとはまったく異なる底辺の生活が描かれている。

(7) 社会学の文脈におけば、理論的解釈よりも、明快なストーリー性をもった事実を提示しながら「具体的で特殊な形態をとる普遍性」に迫ろうとする「モノグラフ」の実践である(玉野和志「魅力あるモノグラフを書くために」好井裕明・三浦耕吉郎編『社会学的フィールドワーク』世界思想社、二〇〇四年)。歴史研究の文脈におけば、「軍都」を体験し想起する人々の歴史実践に注目しつつ、郷土史家などの多様な担い手や、写真などの多様な資料とともに、郷土史の物語性と学術的な批判性を交差させて構築するパブリック・ヒストリーでもある(菅豊・北條勝貴編『パブリック・ヒストリー入門――開かれた歴史学への挑戦』勉誠出版、二〇一九年)。

序章

(1) 漫画家の西島の「わかりやすい「反戦」や「平和」みたいなものに対して、戦争の〝面白さ〟もはっきり描こうとしている気がします」という発言に続く、こうの史代の発言。

(2) 今村洋一『旧軍用地と戦後復興』中央公論美術出版、二〇一七年、三頁。荒川章二『軍用地と都市・民衆』山川出版社、二〇〇七年、九八頁。

(3) 河西英通『せめぎあう地域と軍隊――「末端」「周縁」軍都・高田の模索』岩波書店、二〇一〇年、一一・一九頁。

(4) 松下孝昭『軍隊を誘致せよ――陸海軍と都市形成』吉川弘文館、二〇一三年、一頁。具体的には、旧城下町には市街の一等地の城址に兵営が立地したことも多く、年に一度の「軍旗祭」の一般開放では「余興や出し物が披露されて、付近の住民にとっては最も楽しい年中行事の一つであった」。

(5) 原田敬一「軍隊の存在と地域社会」林博史・原田敬一・山本和重編『地域のなかの軍隊9 軍隊と地域社会を問う 地域社会編』吉川弘文館、二〇一五年、二一―三頁。

(6) ジョン・ダワー、三浦陽一・高杉忠明訳『増補版 敗北を抱きしめて――第二次大戦後の日本人(上)』岩波書店、二〇〇四年、七頁。

(7) 前掲松下『軍隊を誘致せよ』二頁。中野良「「軍隊と地域」研究の成果と展望――軍事演習を題材に」『戦争責任研究』四五号、二〇〇四年、四一頁。研究史の紹介は割愛するが、中野良『日本陸軍の軍事演習と地域社会』吉川弘文館、二〇一九年、序章などを参照。

(8) たとえば、呉に生まれ育ち鎮守府に勤める北條周作は、広島市から嫁入りしてきたすずとともに呉軍港の戦艦大和を見下ろし、「あれが東洋一の軍港で生まれた世界一の戦艦じゃ」「「お帰り」言うたってくれ　すずさん」と誇らしげに語る(こうの史代『この世界の片隅に　新装版　下』コアミックス、二〇二二年、一一一頁)。

(9) たとえば、すずは、前掲注8で戦艦大和を見下ろしたのと同じ場所で軍港の風景を描いている際に憲兵に詰問され、絵を描いた右手は軍港を灰燼にした空襲で失う。その頃には戦艦大和も沈没している。

(10) もちろん学術的にも「軍隊と地域」研究隆盛の端緒から「地域経済振興論による軍隊誘致・共存論が(中略)軍隊への批判力形成と表裏(二面的)の関係にある」ようなアンビバレンスは注目されていた(荒川章二『増補　軍隊と地域――郷土部隊と民衆意識のゆくえ』岩波現代文庫、二〇二一年(初版、青木書店、二〇〇一年)、三五五頁)。あるいは社会学者ロジェ・カイヨワも、戦争は魅惑と恐怖という両義的で強烈な感情を抱かせる「聖なるもの」と論じるが、軍隊・軍都の両義的「魅力」は、より世俗的で日常的なところがミソだろう(秋枝茂夫訳『戦争論――われわれの内にひそむ女神ベローナ』法政大学出版局、一九七四年、一五五―一五七頁)。

(11) 前掲河西『せめぎあう地域と軍隊』一五六・一九九―二〇〇頁。河西は、軍都高田(新潟県)において、神社境内が戦時と平時とで大きく変容しなかったことや、紀元二六〇〇年の国防博覧会も毎年恒例の観桜会との抱き合わせで開催されたことを踏まえ「滞留・連続する日常性こそが地域住民に総力戦体制を自然に受容させていった〈アトモスフィア〉なのである」と、戦時と平時の連続性への着目を促す。片渕須直監督が語るように、『この世界の片隅に』も「時代の空気感、雰囲気みたいなものを」、「日常生活を起点として」描き出そうとした作品だ(前掲「二一世紀における空襲の記憶と表現」一〇四―一〇五頁)。

(12) 前掲河西『せめぎあう地域と軍隊』七―一一・二〇四―二〇五頁。すべての地域からあまねく徴兵し、国民の平等性を志向する軍隊は、特定の地域を特別扱いすることになる「軍都」の誇示に消極的だったとされる。なお軍都についてはさまざまな類型論が展開されてきたが(荒川章二「「軍隊と地域」研究の現状と課題」『横浜開港資料館紀要』三七号、二〇二一年)、言説や経験としての「軍都」の探究を主目的とする本書は、類型への位置付け作業には踏み込まない。本書の取り上げる海軍航空隊は都市部ではなく郊外に立地したが、一九三八年に陸軍飛行場などが建設された柏(千葉県)のように「軍郷」と称されることはなかった(上山和雄「「軍郷」における軍隊と人々――下総台地の場合」上山和雄編『帝都と軍隊――地域と民衆の視点から』日本経済評論社、二〇〇二年)。

(13) 前掲河西『せめぎあう地域と軍隊』一一頁。

(14) 研究蓄積も多く、「軍港都市史研究」シリーズ(清文堂出版、二〇一〇―二〇一八年)のほか、高村聰史『〈軍港都市〉横須賀――軍隊と共生する街』吉川弘文館、二〇二一年、上杉和央『軍港都市の一五〇年――横須賀・呉・佐世保・舞鶴』吉川弘文館、二〇二一年など。

(15) 茨城県内については、東敏雄編『百里原農民の昭和史』三省堂、一九八四年。安岡健一「基地反対闘争の政治――茨城県鹿島地域・神之池基地闘争にみる土地利用をめぐる対立」野田公夫編『農林資源開発の世紀――「資源化」と総力戦体制の比較史』京都大学学術出版会、二〇一三年など。

(16) アーロン・スキャブランド「「愛される自衛隊」になるために――戦後日本社会への受容に向けて」田中雅一編『軍隊の文化人類学』風響社、二〇一五年。T. Sasaki, *Japan's Postwar Military and Civil Society: Contesting a Better Life*, Bloomsbury Academic, 2015. 番匠健一「酪農のユートピアと地域社会の軍事化――根釧パイロットファームの再編と北海道・矢臼別軍事演習場の誘致」『立命館大学国際平和ミュージアム紀要』二〇号、二〇一九年。松田ヒロ子「高度経済成長期日本の軍事化と地域社会――石川県小松市のジェット機基地と防衛博覧会」『社会学評論』二八七号、二〇二一年など。

(17) 「結節点」の社会学的意義については、清水亮「軍隊と地域の結節点としての下宿――軍人と地域住民との相互行為過程を通した関係形成に着目して」『ソシオロゴス』四〇号、二〇一六年、七九―九四頁。もちろん「軍隊と地域」研究も「人と人とのつながり」を注視してきたが、方法として「主軸にはできず」にいるようにみえる(前掲荒川『増補 軍隊と地域』三四八頁)。本書は、自治体史の編纂などを通して膨大な史料を収集・分析してきた歴史学の緻密で目配りのよい記述を到底及ばずながら見習いつつも、聞き書き資料やインタビュー、図像資料の解読や個人への着目などから「軍隊と地域」の社会史・文化史記述の可能性を開拓しようとした。

(18) 生活史という言葉の根幹は、生活の歴史への探究心であって、オーラルな「語り」に限定する必要はない。インタビュー調査を重視する岸政彦も、生活史を「統計データや文書資料などの力も借りながら、特定の歴史的・社会的条件――私の言い方でいえば「歴史と構造」――のなかで生きている人びとの人生について考える方法」とも説明している(『マンゴーと手榴弾――生活史の理論』勁草書房、二〇一八年、三頁)。生活史は、歴史学や民俗学で「地域史」や「社会史」とほぼ同じ意味で使われることもあり、生活記録(ドキュメント・オブ・ライフ)の一部と位置付けることもできる(谷富夫「ライフ・ヒストリーとは何か」同編『ライフ・ヒストリーを学ぶ人のために』世界思想社、一九九六年、五―六頁。具体例として西川祐子『古都の占領――生活史からみる京都 1945–1952』

平凡社、二〇一七年)。「生活」は、抽象的な「社会」に対して「個人の身の回りの時間と空間の具体的な形態」を指す言葉であり、生活史は「それぞれの顔をもち役割をもつ人々」の重層的なつながりの集積から、人間や社会の構造を解読する試みであると本書は考えている(佐藤健二「ライフヒストリー研究の位相」中野卓・桜井厚編『ライフヒストリーの社会学』弘文堂、一九九五年、一九―二一頁)。

第1章

(1) 横田惣七郎『土浦商工会誌』土浦商工会事務所、一九三二年、九頁。
(2) 一九三一年、阿見村の廣岡写真館が発行した非売品『霞空十年史』年表部より。原本には頁数の記載がない。原本の冒頭には当時の霞ヶ浦海軍航空隊司令の筆跡や、副長による序文がある。序文には、「廣岡君苦心蒐集する所を纒めて霞ヶ浦十年史を編纂せんとし其の序文を嘱す」とある。
(3) 前掲荒川『増補 軍隊と地域』一八九―一九一頁。
(4) 特に断りがなければ以下の写真は『霞空十年史』より。
(5) 阿見町史編さん委員会編『阿見町史』一九八三年、五二四頁。羽田空港の前身である東京飛行場ができるのは一九三一年を待たねばならない。
(6) 『霞空十年史』キャプション部(一九二四年五月二四日)。
(7) 佐賀純一『霞ヶ浦風土記――風と波に生きた人々』常陽新聞社、二〇〇二年(初版一九九五年)、四七五頁。
(8) 小林将人「むらと海軍――茨城県稲敷郡一村落の「近代化」」筑波大学大学院地域研究研究科一九九三年度修士学位論文、一九九四年、一五四頁。
(9) 一八八〇年に創設された、英語教育中心の、慶應義塾の関連校である。旧制第一高等学校などへ卒業生を輩出し、一九二三年に組閣された第二次山本内閣には卒業生四名などが含まれていたため「錦城内閣」と呼ばれたという、名門校である。
(10) 前掲『土浦商工会誌』一九五頁。
(11) 前掲『土浦商工会誌』二一七頁。日本全国の自動車保有台数(バス・トラックなどを含む)は一九二〇年に約一万台、一九三〇年に約一〇万台に過ぎない(森永卓郎監修『明治・大正・昭和・平成　物価の文化史事典』展望社、二〇〇八年、三八四頁)。
(12) 前掲小林「むらと海軍」一三〇・一四四頁。一九一一年生まれの女性が一九三三年に土浦市右籾から、一九〇九年生まれの女性が一九三〇年に舟島村島津から嫁入りした際に、「多田さんのハイヤー」を使ったと語る。
(13) 保立俊一『水郷つちうら回想』筑波書林、一九九四年、五二頁。初出は一九八九年。
(14) 内山純子「海軍航空隊と阿見地域(一)」阿見町史編さん委員会編『阿見町史研究』一号、一九七九年、四九―五二頁より。摂政宮は、霞ヶ浦海軍航空隊開隊前の海軍臨時航空術講習部時代の一九二二年六月にも行啓し、落下傘降下や飛行機の機関銃射撃を視察、土浦駅前には奉迎アーチが建てられた(伊藤純郎『特攻隊の〈故郷〉――霞ヶ浦・筑波山・北浦・鹿島灘』吉川弘文館、二〇一九年、一三頁)。一連の見学や奉送迎を「視覚的支配」を通した住民教化とみることもできるだろう(中野良「行軍演習と住民教化」前掲『日本陸軍の軍事演習と地域社会』)。
(15) 阿見町『阿見と予科練――そして人々のものがたり』二〇〇二年、四一頁。
(16) 「水兵さんと学童 連合記念運動会 霞空隊の海軍記念日」『いはらき』新聞、一九三七年五月八日。
(17) 前掲『阿見と予科練』三四六頁。仮装行列は、陸軍の連隊の軍旗祭の名物でもあり、しばしば女装の踊りなどの滑稽さが観客の笑いを呼び、模擬戦には張り子の戦車や飛行機が現れた(能川泰治「鳥取・松江の連隊誘致と陸軍記念日」坂根嘉弘編『地域のなかの軍隊5 西の軍隊と軍港都市 中国・四国』吉川弘文館、二〇一四年、九六―九七頁)。
(18) 坪内祐三『靖国』新潮社、一九九九年。明治期の陸軍の招魂祭でも、競輪や提灯行列などの余興が盛大に行われる「祝祭空間」が出現し、地元の商店も潤った。不謹慎にみえるかもしれないが、遺族にも、戦没者と遺族を慰めるために盛大な余興を開いてもらっていることへの感謝の態度がみられた(小林啓治「軍都姫路と民衆」原田敬一編『地域のなかの軍隊4 古都・商都の軍隊 近畿』吉川弘文館、二〇一五年、八四―八七頁)。
(19) 『いはらき』新聞、一九三一年四月二五日第二面「飛行船からの落下傘降下実演 空中陸上余興のかずかず霞ヶ浦神社大祭準備」。
(20) 『いはらき』新聞、一九三一年五月一日第五面「空の妙技、地上の競技 鳥人爆笑の一日 霞ヶ浦神社春季大祭賑う」。
(21) 『霞ヶ浦海軍航空隊練習生生活の思ひ出』(廣岡写真館、一九三四年六月。予科練平和記念館蔵。一九三四年五月始業の第二八期普通科整備術練習生のアルバム)。発行日と、写真の周囲に「慰霊祭」のキャプションや仮装行列の写真があることから春季大祭と推定される。奥付に「霞ヶ浦航空隊検閲済」とあるのだから、キング・コングは問題視されてなかったのだろう。鎌倉や浅草の張りぼてについては『季刊映画宝庫創刊号 われらキングコングを愛す』(芳賀書店、一九七七年、五八―五九頁)。なお『キング・コング』上映の新聞広告は日中戦争下の一九三八年にもみられ、検閲により上映中止に追い込まれたのは一九四〇年八月であり、人気の根強さがうかがえる(『朝日新聞』一九四〇年八月四日夕刊「往年の名作でも再検閲の網に　先ず「キング・コング」上映中止」)。ちなみにコングの大衆的人気を利用した海軍の宣伝について『飛行機の戦争 1914–1945——総力戦体制への道』(一ノ瀬俊也、講談社現代新書、二〇一七年、一四〇頁)も触れている。

(22)『霞空十年史』年表部。ただし、東京駅は長さだけみても約三三〇メートルあり、誇張表現である。だが、その誇張表現は、帝都東京の中心的建造物と並ぶものが茨城の農村部にできたという誇りを暗示する。すでに一九二四年の『いはらき』新聞には「我国第一の建築物と称され東京駅が形を変えずそのまま入るという雄大さである」との表現がみられる(一九二四年四月三日第七面「霞浦航空隊の大格納庫　建築家の大家が観察研究」)。戦後にも「東京駅がすっぽり入ると云われた程の大格納庫」という表現がある(川田松次郎「昭和還暦に憶う」『阿見文化』第二〇号、一九八五年、七頁)。

(23) 浜日出夫「メディア・イベントと集合的記憶」同編『ツェッペリンがやってきた——メディア・イベントと集合的記憶』筑波大学社会学類、一九九九年。前掲『阿見町史』五二五頁。野口佐久『土浦史』茨城県土浦町立図書館内土浦史編纂事務所、一九三二年、一七九頁。

(24) 丸山恒子「山河語らず——霞ヶ浦土浦航空隊の今昔」阿見文化会編『阿見文化』一五号、一九七九年、七頁。外食のうどん・そばが一〇銭だった時代である(前掲『物価の文化史事典』一二〇頁)。

(25) うるの拓也『ツェッペリンが舞い降りた日——巨大飛行船に乗った少年』土浦ツェッペリン倶楽部、二〇一〇年。「飛行船に乗った少年／堀越恒二氏インタビュー」『土浦ツェッペリン倶楽部』公式HP(https://tsuchiura-zeppelin.com/original/interview/)。

(26)「飛行場は特にバラ線など張ってなく、入ろうと思えば入れた」(鈴木区、高橋光義)(前掲『阿見と予科練』七六頁)。『霞空十年史』キャプション部にも、「全国から集った参観者に見学を許した」とある。土浦市立博物館『夢の空へ——ツェッペリン伯号と初期航空機の時代』一九九〇年、二〇頁も参照。

(27) 二〇一五年五月三〇日実施の抜井重智さんへのインタビュー(赤堀好夫さん同席)、ならびに阿見町『続・阿見と予科練——そして人々のものがたり』二〇一〇年、二五五—二五六頁。

(28)『東京朝日新聞』一九二九年八月二〇日「ツエペリン来る」。

(29)「昭和四年、茨城県通常県会速記録」として、『阿見町史研究』創刊号に引用されている(前掲内山「海軍航空隊と阿見地域(一)」四八頁)。傍線部は筆者。

(30) 一方で、同年一一月には、昭和天皇が霞ヶ浦海軍航空隊へ行幸し、土浦町民が提灯行列を行う光景もみられ、ナショナリズムと無縁だったわけではない(土浦尋常高等小学校編『土浦郷土読本』一九四〇年、二〇頁)。
(31) 霞月楼『霞月楼百年』一九八八年、二六頁。
(32) 和田博文『飛行の夢 1783-1945――熱気球から原爆投下まで』藤原書店、二〇〇五年、一八三―一八四頁。皮肉にも、西條は対米戦争中に再び霞ヶ浦湖畔の土浦海軍航空隊を訪れて、「いくぞ敵陣なぐり込み」などという平和とは縁遠い歌詞の戦時歌謡「若鷲の歌」を作詞する。
(33) 前掲『土浦商工会誌』二二二頁。
(34) 前掲『土浦史』三二・二二五頁。
(35) 前掲『阿見と予科練』七九―八〇頁。
(36) 霞ヶ浦神社の詳細は、丸山泰明「殉職と神社――日本の軍隊および警察における殉職者の慰霊をめぐって」前掲田中編『軍隊の文化人類学』。
(37) 小松沢喜一「大正時代の小学生の思い出」『阿見町立君原小学校創立百周年記念誌きみはら』一九七九年、五五頁。
(38) 前掲『阿見と予科練』八二―八三頁。以下の記述は鈴木区在住の赤堀好夫による聞き書き・執筆に基づくもので、阿見町鈴木区『鈴木区史』一九八八年、一一〇―一一一頁と同一である。初出は武器補給処内部で発行されていた『武器』(一九八六年一一月号)に武器補給処の二等陸尉赤堀好夫が寄稿したもの。
(39) 前掲『阿見と予科練』一三頁。
(40) 前掲『阿見と予科練』一七頁。一九一八年のことと語っている。初出は前掲『鈴木区史』二九頁。
(41) 『東京日日新聞』一九一九年一一月九日茨城版「阿見飛行場の住民五百名立退を嫌って騒ぐ／移民の喧噪が全敷地内に波及す／近く委員を挙げて当局陳情」(前掲『阿見町史』五二〇―五二一頁より)。
(42) 『東京日日新聞』一九二〇年二月一七日茨城版(茨城県立歴史館所蔵)「余裕綽綽たり!! 阿見の移住地 行方、東茨城の四百町歩 売買契約は案外手間取らん」「湯原氏の寝返り 又復高値を唱う」、同二六日「飛行場買収期日延期 湯原氏態度未決」、同三月三日「空中と地上より爆弾投下と砲撃 汽船より大風船を飛揚せしむ 湯原氏契約整う」。大正後期は土地収用法の発動が頻発していた(前掲荒川『軍用地と都市・民衆』八二頁)。
(43) 屋口正一「旧海軍による阿見沿岸の権益取得経過――旧霞ケ浦・土浦海軍航空隊における事例研究」『CROSSつくば』三一号、二〇一〇年。

(44) 前掲内山「海軍航空隊と阿見地域(一)」三九―四〇頁および前掲『阿見町史』五二三頁。
(45) 塙泉嶺編『稲敷郡郷土史』宗教新聞社、一九二六年、二一六頁。
(46) 『阿見村発達史』は前掲内山「海軍航空隊と阿見地域(一)」四五頁より。阿見高等小学校で編纂されたようだが、予科練平和記念館所蔵の複写物にも刊行年の記載はない。日中戦争に関する記述はあるが、一九四〇年設置の海軍航空廠に関する記述がないことから、一九三〇年代末にまとめられたものだろう。
(47) 前掲小林「むらと海軍」一五一・三〇―三一頁。前掲『阿見と予科練』四六頁。
(48) 前掲『阿見と予科練』三九・六七・七五―七六頁。
(49) 先行研究として、陸軍軍事演習時の民家への宿営での「歓待」に関する実証研究(前掲中野『日本陸軍の軍事演習と地域社会』)がある。また、ドイツ歴史学も、軍人の民家への宿営という現象から、軍隊から社会への一方向的・強制的な影響力を強調する「社会の軍事化」のみならず、兵士との共謀や婚姻など市民側の能動的な対応からなる「軍隊の市民化」を見出している(鈴木直志「ドイツにおける「新しい軍事史」研究――軍隊の社会史研究によるパラダイム転換」『広義の軍事史と近世ドイツ』彩流社、二〇一四年)。
(50) 前掲丸山「山河語らず――霞ヶ浦土浦航空隊の今昔」八頁。なお下宿に関する詳細な分析は、前掲清水「軍隊と地域の結節点としての下宿」。
(51) 前掲『阿見と予科練』三四三頁。ただしこの回想は一九四一年頃の様子である。
(52) 前掲小林「むらと海軍」三三二―三三三頁。
(53) 前掲小林「むらと海軍」一二七・一三二―一三三頁。吉田節子「素晴らしい出会い」『阿見文化』第二〇号、一九八五年、一四頁。
(54) 以下の内容は、特に注記がなければ、前掲小林「むらと海軍」巻末の「資料編　家々の航空隊との関わり」(一二七―一六一頁)に基づく。話者ごとに、フィールドノートに書いた内容を①家の歴史・話者について、②航空隊との関わり、③新町、④なりわいの変化、⑤空襲・戦時、⑥戦後という項目ごとに整理してある。
(55) 前掲小林「むらと海軍」三三三頁。
(56) 海軍省教育局「感化の力」『思想研究資料第九八号――海軍下士官兵の善行美談(昭和七年)』一九三三年四月、八―九頁。
(57) 佐賀純一『田舎町の肖像』図書出版社、一九九三年、三五六頁。一八八九年につくば市吉瀬で生まれ、土浦市木田余の農家に嫁入りした羽成ともに、土浦の開業医が聞き取りして文章化したもの。ただし、彼女の経験は一九一〇年代頃のものであり、農家の規模等によっても異なるだろう。
(58) 丸岡秀子『日本農村婦人問題』ドメス出版、一九八〇年(初版一九三七年)、三二頁。さらに製糸・紡績工場への出稼ぎや、蚕の飼育、縄綯い、むしろ織りなどがあって睡眠時間は短く、胃腸病、リューマチ、神経痛、高血圧などに悩まされる。このような過労と栄養不足が、死産や流産、高い乳児死亡率を招いていた(「女たちの昭和史」編集委員会編『女たちの昭和史』大月書店、一九八六年、一八頁)。
(59) 前掲丸岡『日本農村婦人問題』一三五—一四三頁。
(60) 奥井亜紗子『農村—都市移動と家族変動の歴史社会学——近現代日本における「近代家族の大衆化」再考』晃洋書房、二〇一一年、七一頁。
(61) 佐賀純一『戦争の話を聞かせてくれませんか』新潮文庫、二〇〇五年、二六九頁。
(62) 大濱徹也・小沢郁郎編『帝国陸海軍事典』同成社、一九八四年、三一一頁。
(63) 前掲小林「むらと海軍」一一二頁。
(64) 博士号取得の頃からか、いつしか赤堀さんは私に「先生」をつけるようになったけれども、いつも教えられるのは私のほうだった。
(65) 文書資料の形態・生態を分析しつつ、「重なりあう声の痕跡」を解読した実践例として、佐藤健二『流言蜚語——うわさ話を読みとく作法』(有信堂、一九九五年、vii・四二頁)。

第2章

(1) 前掲佐賀『田舎町の肖像』一九〇頁。前掲『土浦史』一六八・二一二・二二一・二二六頁。単純計算で一年分の航空隊食糧費は約一六万円、当時の土浦町の総歳出額一五万円を上回る。航空隊一カ年の購買力は五〇万円と推定されているとの記述もある。
(2) 市村壮雄一『度胸一代』いはらき新聞社、一九七三年(初版一九四一年)、一二三—一二七頁。
(3) 前掲保立『水郷つちうら回想』二二頁。
(4) 前掲市村『度胸一代』一二八頁。
(5) 前掲市村『茶の間の土浦五十年史』二四九頁。前掲佐賀『戦争の話を聞かせてくれませんか』二六六頁。前掲『土浦史』一七二頁。
(6) 前掲佐賀『戦争の話を聞かせてくれませんか』二六五—二六七頁。一九一三年生まれの柿沼は、一九三一年海軍入隊、一九三二年に航空機の整備兵として上海事変に出征したのち、霞ヶ浦海軍航空隊に勤務した。

（7）佐賀進・佐賀純一『絵と伝聞　土浦の里』筑波書林、一九八一年、九五頁。梅香は芸名、一九一五年生まれ。元新聞記者が最盛期の一九三六年に四三軒、一八三名という数を挙げている（前掲市村『茶の間の土浦五十年史』二四九頁）。ただ、梅香は公娼だけではなく、公的に登録されていない私娼も含めて語っているのかもしれない。なお、遊女屋の常連客（一九〇六年生まれ）は、客には日雇い人夫も多く、一晩の料金は五〇銭に過ぎず、しかも経営者の取り分を除くと遊女の手取りは一五銭だったと語る（前掲佐賀『田舎町の肖像』四六―四八頁）。

（8）藤目ゆき『性の歴史学――公娼制度・堕胎罪体制から売春防止法・優生保護法体制へ』不二出版、一九九七年、九三―九九頁。前掲松下『軍隊を誘致せよ』二一〇―二二七頁。

（9）前掲佐賀『田舎町の肖像』三三〇頁。小千代は芸名。

（10）前掲藤目『性の歴史学』二九六頁。

（11）以下のボイコット事件に関する引用文は、前掲『土浦史』一六八頁より。当該時期の『いはらき』新聞をデータベースから網羅的に探索したが、欠号も多く、ボイコット事件の記事は確認できなかった。戦後の郷土史では、土浦市役所職員の本堂清による『土浦町内ものがたり』（常陽新聞社、一九八九年、二七二―二七四頁）に『土浦史』よりもかなり詳細な情報が記載されており、参考図書に『いはらき』新聞を挙げていることから、記事を発見していた可能性が高い。事件の記述は、一九三二年刊の『土浦史』を参照しつつ、主に『土浦町内ものがたり』に依拠した。

（12）当時の酌婦は、売春を業とする場合も多く、公娼と区別して私娼の代名詞としても使われてきた。（喫茶店ではなく、接客を目当てとする）カフェーの女給も含まれる（『日本生活史辞典』吉川弘文館、二〇一六年、一四〇・三〇四頁）。戦間期の接客婦たちの低賃金・搾取に関しては前掲藤目『性の歴史学』第八章を参照。おそらく値下げのしわ寄せは酌婦たちに負わされていたことであろう。

（13）三和義勇「山本元帥の思い出」（一九四三年九月二五日発行『水交社記事』「故山本元帥追悼号」。新人物往来社編『追悼山本五十六』二〇一〇年、一七九―一八〇頁より）。事件の年月日は不明だが、三和は一九二五年一二月に転出するため、第一回ボイコット事件のことである。外出禁止は約四〇日間続いたとするが、さすがに誇張であろう。また海軍側にとって不都合な婦女暴行事件に一切触れず、ボイコットは「土浦の町で兵隊が町の与太者から喧嘩をしかけられたり、若い兵が、一寸立寄った小料理屋で法外の金を取られたりした」ことから下士官・兵が願い出たものとされる。なお、事件当時の副長は山本五十六だったと書いているが、山本の霞ヶ浦海軍航空隊着任は二四年九月、副長を務めたのは二四年一二月から一年間であり、ボイコットを二四年二月とする郷土史の記述と矛盾する。郷土史が誤りで二五年の冬に起きた可能性もあるが、いずれも新聞記事が見つからず、真相は藪の中である。「霞ケ浦海軍下士官兵集会所設立に関する件」JACAR(アジア歴史資料センター)Ref.C04015010700、公文備考 官職三 巻三(防衛省防衛研究所)。

(14) 前掲『土浦史』一七一頁。

(15) メディアの注目を集めた軍部と警察の対立の背景は複雑だが、しばしば軍部の増長を物語る一エピソードとして言及される(山田邦紀『軍が警察に勝った日――昭和八年ゴー・ストップ事件』現代書館、二〇一七年。三輪泰史「大阪 ゴーストップ事件」前掲原田編『古都・商都の軍隊 近畿』)。なお、同年広島県の福山で、カフェーで泥酔し乱暴を働いた和服姿の陸軍将校を警察が保護検束したことに対して、歩兵連隊が反発した際にも「将校のうちには、地元からの商品購入を取りやめようと主張する者も」いた(坂根嘉弘「陸海軍と中国・四国・瀬戸内の経済成長」前掲『西の軍隊と軍港都市』一五二頁)。

(16) 前掲『阿見村発達史』(前掲『阿見町史』五二二頁より)。頻繁に転勤する軍人には税金の滞納者も多くいたと記されている。

(17) 『いはらき』新聞、一九二四年四月三日第七面「航空隊水兵の傷害 飲食店で立回」。

(18) 海軍省教育局「陰徳」『思想研究資料第七七号――海軍下士官兵の善行美談(昭和六年)』一九三二年二月、六五頁。

(19) 前掲『土浦史』一七一頁。

(20) 二〇一九年の土浦全国花火大会の公式パンフレットにも記載されている。副長就任は一九二四年一二月で、離任は翌年一一月末のため、第一回花火大会をみたことだろう。下宿していたこと自体は、前掲三和「山本元帥の思い出」(『追悼山本五十六』一八〇頁)からも確認できる。

(21) 前掲『土浦史』一四〇―一四一・一六七・一七一頁。

(22) 土浦市立図書館所蔵『土浦町立図書館日誌』。同館は一九二四年に開館した。

(23) 『東京日日新聞』一九二五年九月六日茨城版「きのう土浦の天地を領して 全国煙火大会と空の犠牲者の追弔祭」(土浦市立博物館編『花火と土浦――祈る心・競う技』土浦市、二〇一八年、九六頁より)。三和中尉は前掲注13の三和義勇だろう。

(24) 『いはらき』新聞、一九三一年一〇月一二日「殉難者追悼会から 煙火大会へ 押し寄せた土浦の人波」、『いはらき』新聞、一九三五年一〇月二一日「絶好の日和に恵まれ　花火景気は満点　土浦は洪水の様な人出」(前掲『花火と土浦』一三三・一三八頁より)。

(25) 茅原華山『湖海静游記――一名常総遊記』内観社、一九二八年、九六頁。

(26) 前掲『土浦商工会誌』九七・一〇九・一一六・一一七頁。作詞は茨城出身の詩人・横瀬夜雨で、桜川堤から料亭・日新楼の屋形船に乗って詩作の素材としたという(前掲市村『茶の間の土浦五十年史』二三六頁)。

(27) 第二回ボイコットの資料は、前掲『土浦史』一七八―一七九頁に限られる。『土浦史』は土浦町立図書館内で編纂、一九二八年から資料収集を開始し、「畏友」の新聞記者二名が「序」を寄せた。一定の信頼性を持つ資料だろう。『いはらき』新聞データベースや土浦市立図書館所蔵の複製版は、一九二九年四月はすべて欠落しており、五月も一日分のみである。藤川捨吉の伝記(前掲市村『度胸一代』)にもボイコット事件の記載はない。資料がない以上は禁欲すべきかもしれないが、もともと資料が乏しい郷土史なのだから、さまざまな文脈から事件の推理に挑戦してみるのも物語の一興だろう。

(28) 前掲市村『茶の間の土浦五十年史』一三四頁。

(29) 前掲市村『度胸一代』一二三―一二五頁。

(30) 前掲『土浦史』一七五―一七六頁。前掲市村『度胸一代』一五三―一五九・一七七―一八八頁。

(31) 雨倉孝之『帝国海軍下士官兵入門――ジョンベラ気質徹底研究』光人社、二〇〇八年、二五頁。柳生悦子『日本海軍軍装図鑑――幕末・明治から太平洋戦争まで』並木書房、二〇〇三年、一七六頁。海軍には「伍長」という階級はなく、役職に対する通称である。

(32) 前掲佐賀『戦争の話を聞かせてくれませんか』二七九・二七二―二七三頁。

(33) 前掲佐賀『戦争の話を聞かせてくれませんか』二七六頁。

(34) 前掲『土浦史』一九八頁。「[一般的な]女郎屋の構えは、ごく普通の家つう格好だったが、とよのやは他よりも大分立派で、門と前庭が」あったという証言があるように、豊の屋は有力な事業者だったのだろう(前掲佐賀『田舎町の肖像』四八頁)。

(35) 『いはらき』新聞、一九三一年五月七日第二面「航空隊下士官兵　又も二業地出入禁止　一水兵の硝子戸破壊に損害賠償を要求され」。一連の記事には「ボイコット」という表現は使われていない。第三回ボイコット事件に関する『いはらき』新聞記事は土浦市立図書館所蔵の複製版を利用。

(36) 『いはらき』新聞、一九三一年五月八日第五面「哨兵を立たせて二業地への禁足　航空隊[下]士官兵の徹底ぶり在軍分会の停調〔調停〕も不調」。
(37)『いはらき』新聞、一九三一年五月一〇日第二面「二業地への禁足解禁 水兵さん仲裁者に一任」。
(38)前掲『土浦史』一九八―一九九・二〇二―二〇四頁。
(39)櫛戸博「私の土浦」土浦市高齢者クラブ連合会編『人生の軌跡から――出合い 見聞 回想』一九九六年、一〇頁。
(40)以下の水害記述については、前掲市村『茶の間の土浦五十年史』二六一―二七七・二八七―二九三頁。市村は元記者で、当時の新聞に依拠して記述している。
(41)前掲保立『水郷つちうら回想』三五頁。
(42)『東京朝日新聞』一九三八年七月一日記事タイトル不明(土浦市史編さん委員会編『土浦市史』一九七五年、一〇五二頁より。水害当時の「亀城会会報」に転載されていたものの引用)。
(43)前掲佐賀『戦争の話を聞かせてくれませんか』二六八頁。
(44)前掲『霞月楼百年』三七頁。
(45)前掲『霞月楼百年』三七頁。秋元長女の結婚相手は菊池朝三。戦後は土浦市議となり、航空殉難者や予科練習生の慰霊に携わった人物だ。
(46)前掲佐賀『霞ヶ浦風土記』四七六頁。
(47)前掲佐賀『田舎町の肖像』三二三頁。ただ「世間知らず」な一面もあったという。
(48)前掲佐賀『霞ヶ浦風土記』四六五頁。小藤は芸名で、一八九六年生まれ。前掲『霞月楼百年』(二八頁)によれば、さすがに最後に畳は敷き直したようだ。
(49)手塚正己『海軍の男たち――士官と下士官兵の物語』PHP研究所、二〇一二年、二一八頁。
(50)前掲『帝国陸海軍事典』四〇五―四〇六頁。英語をもとにした、性的な隠語が多い。海軍士官の生態をうかがわせる例を挙げれば、エスプレー＝芸者遊び、エムエムケー＝もててもててこまる、ナンバー＝女と交わった回数、フォースする＝むりやり女をモノにする、プラム＝梅毒。霞月楼は「KG」と呼ばれた。
(51)前掲三和「山本元帥の思い出」一七八頁。前掲『霞月楼百年』二八頁。副長・山本五十六が飛行学生たちをかばい、陳謝のみで済ませたという。やはり身内に甘い。
(52)前掲佐賀『田舎町の肖像』三二四頁。
(53)磯部利彦『火だるまからの生還――磯部海軍大尉の体験と信条』高文研、二〇一二年、一二四―一二五頁。

「宴会作法」は少尉任官時に先輩士官から、女遊びの注意点とともに教わったそうだ(一一四頁)。磯部は戦後にも霞月楼を訪ねており、同書は霞月楼の女将・堀越喜久枝さんからご紹介いただいた。

(54) 前掲佐賀『霞ヶ浦風土記』四六五頁。

(55) 前掲佐賀『霞ヶ浦風土記』四六九頁。小勘吾は芸名で、一九〇六年生まれ。

(56) 本段落の立論に際し参照・依拠したのは、前掲カイヨワ『戦争論』第七章「社会が沸点に達するとき」における戦争と祝祭(fête)に関する類比的考察である。祝祭は単なる「決められた儀礼」の履行にとどまらず、集まった人々が「体力を消費し、その資材を濫費し、その生命力を確かめあい、祖先を祭り、若者に社会の仲間入りをさせ、興奮し、集団的狂乱を分かちあい、同時にそのなかで消耗しながらおのれを栄光あるものとする」聖なる時空間だ(二三七頁)。戦争と祝祭に共通する特徴として「蓄積経済の代わりに浪費経済を行う」「強烈な感情の生まれる時」「規則と放縦とが共存」「道徳規律の根底的逆転」(二三八—二三九頁)などを指摘している。

(57) 霞月楼の歴史資料室は一九六五年の改装時に新設されたそうだ。記事は『読売新聞』や『東京朝日新聞』で、現在は複製に差し替えてある。パイロット・参謀として著名な源田実の「つけ」も未払いで残っている。戦死者の未払いはやむをえないとしても、源田は戦後に自衛隊航空幕僚長や国会議員をつとめた人物である。

(58) 『常陽新聞』一九六五年八月一五日「お客は士官さん 酒やビールは持ち込み モンペで通った芸者」。

(59) 前掲佐賀『霞ヶ浦風土記』四六五—四六六頁。小藤。

(60) 前掲佐賀『霞ヶ浦風土記』四六九頁。小勘吾。

(61) このような関係性は、陸軍演習時の民家への宿泊でもみられた(前掲中野「「軍隊と地域」研究の成果と展望」四五—四六頁)。

(62) 前掲磯部『火だるまからの生還』一二五・一三七—一五四頁。「Sプレー」(芸者遊び)にはまり、「ナイスボーイ」といわれた彼も、顔面ケロイド状態となる。

(63) 芸者の名前であることなど、二〇二二年八月一〇日に霞月楼「菊の間」にて、屏風を前に女将・堀越喜久枝さんにご説明いただいた。屏風に書かれた「昭和一九年五月」は完成日で、宴会のたびに書き足していったと伝え聞いているそうだ。予備学生たちが送り出された戦地は不明だが、同年六月マリアナ沖海戦、一〇月レイテ沖海戦で、海軍航空部隊は壊滅し、特攻作戦も開始されていく。

(64) 前掲佐賀『田舎町の肖像』三二七頁。

(65) 前掲佐賀『戦争の話を聞かせてくれませんか』二八〇頁。前掲市村『茶の間の土浦五十年史』二四九頁。

(66)　江見水蔭『北国中国東国』江水社、一九三四年、八〇頁。
(67)　神立尚紀『証言 零戦 搭乗員がくぐり抜けた地獄の戦場と激動の戦後』講談社＋α文庫、二〇一八年、二六一二七頁。引用部は鈴木實の証言部分。
(68)　前掲佐賀『霞ヶ浦風土記』四七九頁。
(69)　前掲手塚『海軍の男たち』二二〇―二二一頁。

第3章

(1)　『いはらき』新聞、一九三六年一月一〇日「久しぶりで　空の珍客訪問　霞空で歓迎準備」。
(2)　厳密にいえば、これは満州事変や国際連盟脱退などの国際的孤立の影響よりも、一九三一年の国際民間空港の東京飛行場(のちの羽田空港)開港が大きいだろう。
(3)　前掲伊藤『特攻隊の〈故郷〉』二八頁によれば「支那事変〔日中戦争〕以来わが海軍航空隊の空爆はまったく胸のすく状況で〔中略〕部隊長和田少佐は〇〇〇〔霞ヶ浦の伏字〕航空隊教官だけに空都土浦町の歓喜ぶりは非常なもので一両日中において、更に敵の首都南京の最後的大爆撃を待って全町挙げての大提灯行列を行う〔後略〕」(記事タイトル不明)。すでに「空都」は一九三二年に、『読売新聞』多摩版で陸軍の飛行連隊が駐屯する立川飛行場(東京都)を指す用語として登場し、頻繁に使われている(鈴木芳行『首都防空網と〈空都〉多摩』吉川弘文館、二〇一二年、四六頁)。立川も、土浦と同じく一九四〇年に市制施行した。
(4)　『いはらき』新聞、一九三七年九月二四日第三面「空爆祝勝提灯行列　きょう土浦町の賑い」。ただし、前日記事の「歓喜ぶりは非常なもの」と全く同じ定型的修辞表現であって、実際の「歓喜ぶり」の程度は要検討だ。
(5)　伊香俊哉「戦略爆撃から原爆へ――拡大する「軍事目標主義」の虚妄」倉沢愛子ほか編『岩波講座アジア・太平洋戦争5　戦場の諸相』岩波書店、二〇〇六年、二七九頁。前田哲男『戦略爆撃の思想――ゲルニカ－重慶－広島への軌跡』朝日新聞社、一九八八年、六二―六七頁。海軍省の記録によれば八月一五日の渡洋爆撃から一二月一三日の南京占領までの海軍航空隊の南京爆撃は五十数回、延べ九百余機、投下爆弾は百六十余トンに及んだ。九月二二日に爆撃に遭った下関の難民収容所には、戦場となった上海からの戦災者が生活しており「現場には犠牲者のばらばらになった遺体がからみあったままかなり広範囲にわたって散乱していた」様子をロイター通信記者が目撃した(笠原十九司『南京難民区の百日――虐殺を見た外国人』岩波現代文庫、二〇〇五年、二七・二一頁)。
(6)　『いはらき』新聞、一九三七年一〇月五日「戦捷祝賀を兼ねて　日本一の煙火大会　中止どころか・土浦の煙火」(前掲土浦市立博物館編『花火と土浦』一三三頁より)。
(7) 前掲『花火と土浦』一三八・一三四頁。敗戦後は早くも一九四六年に開催された。もはや航空殉職者慰霊は掲げず、進駐軍幹部が招待され見物した。
(8) 伊藤純郎「『いはらき』新聞に見る戦時下の土浦」土浦市立博物館編『第四〇回特別展　町の記憶――空都土浦とその時代』二〇一九年、一〇八・一一三頁。
(9) 前掲伊藤「『いはらき』新聞に見る戦時下の土浦」一〇六頁。
(10) 前掲小林「むらと海軍」一一三―一一四頁。
(11) 記事(タイトル不明)は前掲伊藤『特攻隊の〈故郷〉』二三―二五頁より。一〇一号作戦については、潘洵、柳英武訳『重慶大爆撃の研究』岩波書店、二〇一六年、一二二頁、前掲伊香「戦略爆撃から原爆へ」二八二頁。国内の新聞も「敵都連続攻撃三十回の輝かしい記録を空軍史に打ち樹て」た爆撃で「市街は火の海と化す」様子を報じていた(前掲伊香「戦略爆撃から原爆へ」二八七頁、引用部は『朝日新聞』一九四〇年八月二一日)。海軍の戦闘機「零戦」の初任務も、四〇年八月の重慶への爆撃機護衛である(前田哲男「重慶爆撃の全体像」戦争と空爆問題研究会編『重慶爆撃とは何だったのか――もうひとつの日中戦争』高文研、二〇〇九年、一〇三頁)。戦略爆撃や特攻の主唱者として著名で、第二連合航空隊司令官として一〇一号作戦を指揮した大西瀧治郎は、センピル教育団で講習を受け霞ヶ浦海軍航空隊教官をつとめ、霞月楼では名妓との交際や支払いきれないほどの豪快な遊興ぶりで知られた人物だ(前掲『霞月楼百年』三六頁)。
(12) 前掲伊藤『特攻隊の〈故郷〉』二六―二七頁。記事見出しは「海鷲の育ての親海軍航空隊開隊式　きょう霞ヶ浦湖畔で挙行」。「水戸黄門」のコスプレもいたそうな。
(13) 前掲『阿見と予科練』一一五・一二〇頁。もちろん戦争末期には衰退する。
(14) 『朝日新聞』一九四三年五月二一日夕刊「土浦の町　土浦・霞ヶ浦②」。岩田豊雄のペンネームは獅子文六。前年に本名で真珠湾攻撃の九軍神の一人の人生を描いた小説『海軍』を連載し、同年に出版・映画化された。また、予科練習生が夏季休暇で帰省する際にお土産にワカサギを買っていったという話もある(前掲小林「むらと海軍」一三四頁)。
(15) 『いはらき』新聞、一九四三年六月二日「皇太子殿下　海の雛鷲御見学、霞、土両航空隊に行啓」。一九三六年に建て替えられた土浦駅は、軍艦のような形といわれたモダンな駅舎で、貴賓室も設けられていた。
(16) 前掲『阿見と予科練』一六六・一七三・二三〇・二四五―二四六頁。

(17) 前掲荒川『軍用地と都市・民衆』九三頁。
(18) 前掲『阿見と予科練』六八頁。
(19) 前掲『阿見町史』五三三―五三四頁より。
(20) 以下の証言は順に、前掲小林「むらと海軍」一五一・一三五―一三七・一三二・一四八頁。
(21) 冨永謙吾『受験参考　海軍航空読本』東雲堂、一九四三年、一〇三頁。
(22) 清閑寺健『江田島』小学館、一九四三年、一六五頁。中條是龍『江田島精神』大日本雄弁会講談社、一九四三年、六四頁。
(23) 二〇一六年二月一六日のご自宅でのインタビュー、および二〇二二年三月二九日の電話での聞き取り、および前掲『続・阿見と予科練』二五八―二六一頁。
(24) 市川彰編『ふるさとの想い出　写真集明治大正昭和土浦』国書刊行会、一九八〇年、一四五頁。一九四二年一二月入隊の予科練乙種一九期生の一人が卒業記念文集に記した「予科練膝栗毛」と題した歌は「第一撃は保長店志るこ〔汁粉〕の山もまたたく間　安倍川あん餅取り寄せて　ミルク飲みつつ食った後　口っ払いにミツ〔蜜〕豆を舌にとかせて保長出る」と、保長食堂のメニューを伝えている(前掲『阿見と予科練』一一九頁より)。予科練習生の生活については、前掲伊藤『特攻隊の〈故郷〉』など。
(25) 一九四二年、予科練平和記念館所蔵。『雄飛』以外は筆者所有。
(26) 前掲保立『水郷つちうら回想』五六―五七頁。戦没率は、常陽新聞社編『等身大の予科練――戦時下の青春と、戦後』二〇〇二年より。
(27) 前掲『続・阿見と予科練』五八頁。
(28) 前掲『続・阿見と予科練』六六頁。ただし数字には資料によりばらつきがある。
(29) 以下の記述と引用部は、前掲小林「むらと海軍」一四八―一五〇頁の長南善治・静証言、前掲『阿見と予科練』二〇八頁の長南静証言、前掲佐賀『戦争の話を聞かせてくれませんか』六五頁の長南静証言に依拠。佐賀純一も小林将人も一九九〇年代前半に長南家を訪ねて聞き書きをしていたことになる。
(30) 以下の記述は、二〇一六年五月一一日実施の戸張園子さんへのインタビューならびに前掲『続・阿見と予科練』一五一―一五八頁、前掲『等身大の予科練』二七八―二八〇頁。一九三〇年生まれ。園子さんは戦後に学校教師となる。土浦海軍航空隊の予科練に入隊し復員後に、水戸から阿見町の旧軍用地へ移転していた茨城師範学校で教員免許を取得した戸張礼記さんと勤務先で知り合い結婚する。

(31) 内山純子「海軍航空隊と阿見地域(二)」阿見町史編さん委員会編『阿見町史研究 第二巻』一九八〇年、五三頁掲載の「戦時災害救助調書」より。

(32) 前掲『続・阿見と予科練』六四頁。数字に諸説あり。

(33) 前掲『阿見と予科練』三四八―三四九頁。青宿に住んでいた叔父は死亡した。

(34) 前掲『土浦市史』九一四―九一六頁。ただし、土浦在住の海軍軍人が阿見町の海軍施設で亡くなったケースなどもあるようだ。米軍の戦略爆撃は航空機関連産業と大都市の市街地を狙ったため、金沢や高田など軍都でも空襲被害を受けていないケースがみられる(山辺昌彦「日本の都市空襲と軍都」前掲『軍隊と地域社会を問う 地域社会編』)。

(35) 平賀伸一「呉市街地への空襲について」『史泉』六八号、一九八八年。

(36) 阿見町役場総務課『阿見町勢要覧』一九七〇年、二頁。

(37) 『常陽新聞』一九五二年一二月一一日「変貌する新軍都阿見 東洋精機来春操業」。

(38) 前掲市村『茶の間の土浦五十年史』二五四頁。前掲ダワー『増補版 敗北を抱きしめて(上)』一四一頁。林博史「遊郭・慰安所」前掲『軍隊と地域社会を問う 地域社会編』四九頁。

(39) 屋口正一『桜水物語――戦中派の中学時代』私家版、一九八七年、四七〇―四七二頁。

(40) 前掲『続・阿見と予科練』二五六頁。

(41) 戦後開拓については、茨城県史料農地改革編収録「稲敷郡農地改革小史」(一九五一年一〇月)をもとに、前掲『阿見と予科練』二四三―二四四頁に記載。証言は前掲『阿見と予科練』二九八―二九九頁。茨城県開拓十年史編集委員会編『茨城県開拓十年史』茨城県開拓十周年祭委員会(茨城県農地部開拓課)、一九五五年、一二八頁。

(42) 前掲『阿見町史』六四八・六五一―六五六頁。

(43) 前掲伊藤「『いはらき』新聞に見る戦時下の土浦」一一六頁に記載された一九四五年一一月六日の同名記事ならびに、『いはらき』新聞、一九四五年一一月二二日「土浦に市立中学 学園都市へ着々整備」。

(44) 前掲『阿見と予科練』二五六・二六五頁。

(45) 『常陽新聞』一九五四年二月二三日「考えぬ土浦市との合併 阿見町は独自の構想で冷静に 廿五日に合併調査会」。前掲『阿見町史』六九六・五三三頁。

(46) 以下の記述は、前掲『続・阿見と予科練』二六二―二七〇頁、前掲『等身大の予科練』二九九―三〇七頁、ならびに予科練平和記念館で二〇一二年七月一四日に行われた講演映像(予科練平和記念館HP「映像ライブラリー」

https://www.yokaren-heiwa.jp/06library/02eizo_detail.php?id=54)に基づく。

(47) 以下の記述は、前掲『続・阿見と予科練』一四六―一五〇頁ならびに前掲『等身大の予科練』一九九―二〇五頁に基づく。いずれも夫の芳雄さんも同席している。

(48) 竹内正浩「掩体壕の戦後」『戦争遺産探訪 日本編』文春新書、二〇〇七年、二〇八―二一五頁。

(49) 本コラムの記述は、二〇一七年六月一〇日実施の山本康子さん(仮名)へのインタビューと、前掲『阿見と予科練』に掲載された「父の思い出と掩体壕について」(三〇二―三〇四頁)に基づく。

(50) 前掲『茨城県開拓十年史』九六頁。

第4章

(1)『常陽新聞』一九五二年九月七日「躍進阿見町に訊く本社主催座談会(四) 予備隊に持つ期待 誘致運動は三年前から」。『常陽新聞』記事を用いた先行研究として、白岩伸也「予科練をめぐる集合的記憶の形成過程――第二次世界大戦後における茨城県稲敷郡阿見町の地域変容に着目して」『筑波大学教育学系論集』四〇巻一号、二〇一五年。

(2)『常陽新聞』一九五四年二月五日「軍都土浦の復活」。

(3) 前掲松下『軍隊を誘致せよ』二五六―二五九頁。大学生の経済力が相対的に弱いことなどを理由に、学校を立ち退かせてまで警察予備隊を誘致した自治体もみられた。なお厳密にいえば、旧土浦海軍航空隊跡地には学校以外にも営業中の民間業者五社があったが、阿見町長の協力を得て、補償未済のまま学校開設に差し障らないよう立ち退きがなされた。一九五二年度時点では、旧軍用地内で開拓農地となっていた旧教練場・射撃場は取得できていないとの記述もある(陸上幕僚監部総務課文書班隊史編さん係『警察予備隊総隊史』一九五八年、一八〇頁)。

(4)『常陽新聞』一九五二年三月二六日「土浦予算市会審議始る 予備隊誘致に特別委」など。特に土浦市の財政は「健全財政が危〔ぶま〕れている」と議員が一般質問で述べているように悪く、起債のための融資の調達は先遣隊の移駐が始まる八月まで難航し、しばしば紙面をにぎわせた(『常陽新聞』一九五二年八月三日「予備隊住宅漸く解決す 資金常銀で借入れ 敷地は小岩田に三千坪」など)。財政危機については、前掲東編『百里原農民の昭和史』一三三頁。一方の国も財政難で、予備隊は増員に伴い一九五二年度に一三七二戸の国設宿舎を大蔵省に要求したが、認められたのは三八二戸のみで、しかも三〇〇戸は北海道に優先配置された(前掲『警察予備隊総隊史』一八〇頁)。

(5)『常陽新聞』一九五二年六月二三日「阿見に予備隊景気 早くも特飲街出現 土地は十倍、家屋が二倍」によると八八二五人であったが、前掲『常陽新聞』一九五四年二月二三日「考えぬ土浦市との合併」によると一万一五〇〇名余りにまで増加していた。

(6) 大嶽秀夫編『戦後日本防衛問題資料集第三巻 自衛隊の創設』三一書房、一九九三年、九七―一一三頁。

(7)『常陽新聞』一九五二年三月三〇日「制服など大量注文 予備隊景気で活気ずく《ママ》土浦産業界」、同五月二日「阿見武器学校と御用商人 慰安クラブ表面化 活発な飲食関係業者」。

(8)『常陽新聞』一九五二年四月一九日「風俗営業許可願が続出 料理屋四件パチンコ屋十二件 阿見に武器学校景気」、同五月五日「パチンコ裏街道を行く」。前掲同五月二日「阿見武器学校と御用商人」。

(9)『常陽新聞』一九五二年六月二三日。「某旅館」は、現在「割烹みとや」として続く青宿の水戸屋旅館か。

(10)『常陽新聞』一九五二年六月五日「予備隊土浦に移駐 右もみに補給廠設置決定」。

(11)『常陽新聞』一九五二年五月三日「阿見武器学校の全貌 学生の貸売り禁止 購買は厳正競争入札」、同五月七日「武器学校校長に訊く 品物その都度入さつ 一部業者に独占させず」。

(12)『常陽新聞』一九五二年八月三日「先遣隊阿見に移駐、厳粛な国旗掲揚式」。スピーチをした「予備隊総隊総監部武器課長岡一等警視正」は、のちに武器学校長となり、予科練之碑建立に尽力する岡新次。

(13)『常陽新聞』一九五二年八月一五日「七度迎えた終戦記念日 土浦は大きく変貌 予備隊移駐に活気ずく《ママ》」。なお同九月八日「躍進阿見町に訊く本社主催座談会(五) 予備隊員の福利施設 町発展のために完備」でも、商業に従事している阿見町議が「阿見に元海軍が在った当時は盛大であった、その後終戦になってからは本当に火の消えたような形になっている」と語っていた。

(14) 前掲『阿見と予科練』二三七頁。『常陽新聞』一九五二年四月一七日「霞空ケーブル事件を衝く 協力かブタバコか 阿部脅して6・5トン運ぶ」、同四月一八日「ケーブル事件益々拡大 不正払下で日興酸素急襲 元土浦憲兵隊長も取調」。

(15) 前掲『常陽新聞』一九五二年八月一五日「七度迎えた終戦記念日」。

(16)『常陽新聞』一九五二年四月三〇日「阿見の発展と武器学校(阿見―一読者)」、同五月六日「武器学校と飲食街(一市民)」。前掲松下『軍隊を誘致せよ』二五九頁。

(17) 前掲『常陽新聞』一九五二年九月八日「躍進阿見町に訊く本社主催座談会(五)」。対照的に、武器学校校長はインタビューで「生徒も幹部級が多いので旧軍隊と違い悪い人間はいませんよ」と懸念の火消しに努めている(前掲同五月七日「武器学校校長に訊く」)。

(18)『常陽新聞』一九五二年九月四日「躍進阿見町に訊く本社主催座談会(一) 大正九年に航空隊 当時の人口は六千」。
(19)『常陽新聞』一九五二年九月六日「躍進阿見町に訊く本社主催座談会(三) 打算につよい農村 軍都当時の阿見町」。
(20) 前掲『常陽新聞』一九五二年九月四日「躍進阿見町に訊く本社主催座談会(一)」。ちなみに八月二一日記事(一二五頁)に「人口二万程」とあるが、実際は航空隊駐屯直前の人口は四〇〇〇名に満たない。
(21) 前掲『常陽新聞』一九五二年九月八日「躍進阿見町に訊く本社主催座談会(五)」。
(22)『常陽新聞』一九五二年九月九日「躍進阿見町に訊く本社主催座談会(六) 非常に多い零細農 商工業者の協力が必要」。
(23)『常陽新聞』一九五二年七月二五日「食堂は東京業者に PX関係業者選定終る」、同七月二八日「入札総額は十九万円 武器学校件数では土浦トップ」。
(24)『常陽新聞』一九五二年九月一〇日「躍進阿見町に訊く本社主催座談会(七) 町がまとまり入札願 同じ価格で新鮮なもの」。
(25)『常陽新聞』一九五二年八月二一日「阿見のプロフィール」。
(26)『常陽新聞』一九五二年九月一四日「ラッパに明け暮る阿見 旧軍人が納入商人 街の話題は総選挙より予備隊」。
(27)『常陽新聞』一九五二年九月一八日「歓迎攻めの第二夜 予備隊の町阿見誕生」。
(28) 前掲『物価の文化史事典』三九九頁。
(29) 前掲『常陽新聞』一九五四年二月五日「軍都土浦の復活」。
(30)『常陽新聞』一九五三年二月六日「阿見武器学校一日入校記」。
(31)『常陽新聞』一九五二年九月二四日「夜の街に予備隊色 明日阿見町で開庁式」。
(32)『常陽新聞』一九五二年九月二六日「きのう盛大に開庁式 予備隊土浦駐とん部隊」。共同広告「祝 躍進阿見町」も掲載され、町役場と商工会、消防団に加え、株木建設など土建業者が多く、常陽銀行阿見支店や新町の水戸屋旅館、徳島屋食堂をはじめとした「新町」「隊門前」の食堂が並ぶ。
(33)『常陽新聞』一九五二年九月一三日「躍進阿見町に訊く本社主催座談会(一〇) 娯楽場をふやす 人口二万人以上に膨張か」。

(34)『常陽新聞』一九五二年八月四日「予備隊ブームに沸く　国道筋の水田一躍二倍」。
(35)『常陽新聞』一九五二年八月三一日「深刻な住宅難時代　予備隊移駐で家賃跳ね上がる」。
(36)前掲『常陽新聞』一九五二年九月二四日「夜の街に予備隊色」、同九月一二日「躍進阿見町に訊く本社主催座談会(九)　住宅問題に主力を　土地改良と計画栽培」。
(37)『常陽新聞』一九五四年一月二五日「保安隊員の「憩の家」　共同出資のクラブ誕生」。
(38)二〇二二年七月七日実施の中川龍さんへのインタビュー。
(39)前掲『常陽新聞』一九五四年二月五日「軍都土浦の復活」。
(40)『常陽新聞』一九五二年三月一九日「予備隊誘致は反対　飯島市議等市長に要求」、同四月一五日「強制送かん反対など　朝鮮人ら阿見町朝日村に陳情」。
(41)相沢一正『茨城県における朝鮮人中国人の強制連行』ロゴス、二〇一一年、三八・四三・二四一―二四二頁。茨城県内の朝鮮人は徴用ないし「強制連行」もあった戦時下に増加の一途をたどり、一九四五年四月には日本通運土浦支店だけで一五八人の朝鮮人がいた。白岩伸也「戦死をめぐる記憶と教育の歴史――予科練之碑設立の経緯と背景を中心に」『教育学研究』八九巻二号、二〇二二年、五頁にも言及あり。
(42)『常陽新聞』一九五二年五月二日「閑散なメーデー」。
(43)前掲ダワー『増補版　敗北を抱きしめて(下)』三七九―三八三頁。
(44)一九五三年一〇月の『土浦市議会会議録』で、白岩伸也『海軍飛行予科練習生の研究――軍関係教育機関としての制度的位置とその戦後的問題』風間書房、二〇二二年、二六九頁より転載。
(45)前掲『常陽新聞』一九五二年八月二一日「阿見のプロフィール」。
(46)前掲『常陽新聞』一九五二年八月二一日「読者の声　住みよい街に」。
(47)『常陽新聞』一九五六年五月一〇日「自衛隊員が暴行」。
(48)前掲東編『百里原農民の昭和史』。前掲安岡「基地反対闘争の政治」。
(49)前掲市村『茶の間の土浦五十年史』四三〇―四三三頁。「荒川沖駅ではレール上に労組員がピケをはり、車を置いて阻止したが、土浦署員、機動隊員百人によりつぎつぎに排除され」た(『読売新聞』一九六二年九月七日「ナイキ、土浦に格納　ピケ隊排して」)。
(50)陸上自衛隊霞ヶ浦駐屯地編『霞ヶ浦駐屯地三十年の歩み』霞ヶ浦駐屯地創設30周年記念写真集編纂委員会、一九八四年、五〇頁。

(51) 前掲『阿見と予科練』二六六―二六七頁。

(52) 前掲『阿見と予科練』二四一・二八五頁。前掲『霞ヶ浦駐屯地三十年の歩み』三〇・三二頁。すでに一九五二年八月の決定に基づき、一九五三年八月に武器学校に航空機(連絡機)の整備課程が設けられていた。五三年一〇月武器課から中央建設部長への通知では、滑走路地区の一つは五四年三月までに、残りは同年五月までに整備完了予定とされていたので、二年間も遅れたことになる(陸上幕僚監部総務課文書班隊史編さん係『保安隊史』一九五八年、八〇・一七三頁)。

(53) 『常陽新聞』一九五二年九月一四日「元霞空に飛行部隊　十一月から整備に着手」、同一九五四年一月九日「阿見に飛行場設置　保安庁が元霞空飛行場買収か」。

(54) 開拓地の阿見町鈴木区の郷土史家・赤堀好夫さんからの聞き取りによると、予備隊誘致にも奔走した町長の丸山鉎太郎は、阿見町の開拓組合を率い、開拓民の支持を受けて町長に当選したという。

(55) 『常陽新聞』一九五四年一月一九日「買収に地元は反対　霞空飛行場買上げ問題」。防衛庁が直接的に意向を訊ねたのではなく、茨城県農地事務局を介した打診への回答だ。一九五二年の国民一人当たりの熱量摂取量は未だ二〇〇〇キロカロリーを下回っており、主穀を輸入に依存し、独立により米国からの食料援助も打ち切られる状況下で、国は食糧増産・自給を政策的に推進していた。農林省は、軍用地は極力農地以外から調達し、農地の場合は承認を得てから買収交渉をするよう求めていた(前掲安岡「基地反対闘争の政治」二三二―二三四頁)。

(56) 前掲東編『百里原農民の昭和史』、前掲安岡「基地反対闘争の政治」など。

(57) 安岡健一「基地とコンビナート――高度成長期日本における社会変容と人びとの歴史意識」『人民の歴史学』二一三号、二〇一七年、一六頁。

(58) 前掲安岡「基地反対闘争の政治」二三七―二三八頁。

(59) 前掲『常陽新聞』一九五四年二月五日「軍都土浦の復活」。ちなみに一九五八年に神之池基地反対を掲げて鹿島町長に当選し基地誘致計画の挫折を決定づけた黒沢義次郎は戦前からの天皇主義的農本主義者であり、五・一五事件(一九三二年)などに関与した愛郷塾の橘孝三郎とも戦後にいたるまでつながりがあった(前掲安岡「基地反対闘争の政治」二六一―二六二頁)。

(60) 前掲『茨城県開拓十年史』一〇五―一〇六頁。前掲東編『百里原農民の昭和史』。

(61) 前掲『茨城県開拓十年史』(一九五五年一一月刊)、二七七頁。なお、阿見町では一九五一年に駐留軍の要求で開拓地接収問題が持ち上がったが、国会やメディアを巻き込んだ反対運動によって接収除外を達成したという前史も書かれている。

(62) 前掲白岩『海軍飛行予科練習生の研究』二七〇頁。引用部は、『常陽新聞』一九五五年一一月六日「学生代表と話し合い／海軍航空殉職慰霊塔建設問題」である。慰霊塔については、元海軍航空殉職者慰霊塔奉賛会の文書「旧海軍航空殉職者慰霊塔の由来」より。下宿していた元軍人から奉賛会を引き継いだ野口淳一さん(第三章)より提供いただいた。霊名簿は民家分散秘匿後に武器補給処で保管されていたが、期成会に自衛隊関係者はいない。霞ヶ浦神社境内にあった山本五十六歌碑も移設されたが、天皇への命を懸けた忠節を歌う文言だ。天皇制・軍国主義賛美を批判するならともかく、自衛隊と結びつけるのはやはり飛躍がある。

(63) 『朝日新聞』一九五五年一一月二二日「整えられぬ教授陣　茨城大学の場合　学生は「軍都復活」と闘う」。ただ、組織的な基地への反対運動は記録に残っていない。

(64) 一九六二年時点では、航空学校霞ヶ浦分校と東部方面ヘリコプター隊が駐屯し、小〜中型の輸送用ヘリコプター三種(H-13、HU-1、H19)と連絡機一種(L-19)が配備されている(防衛施設庁史編さん委員会編『防衛施設庁史　第二巻各論編第五部』一九七九年、一六三頁)。

(65) 永野節雄『自衛隊はどのようにして生まれたか』学習研究社、二〇〇三年、二四二頁。

(66) 神之池については前掲安岡「基地反対闘争の政治」、百里については前掲東編『百里原農民の昭和史』が詳しい。

(67) 前掲東編『百里原農民の昭和史』一五三・二三〇頁。『常陽新聞』一九五四年二月一一日「二千余名の観閲式　保安隊武器補給廠きょう開庁式」。

(68) たとえば一九五〇年代後半から誘致を行い一九六〇年代半ばに演習場ができた北海道別海村の事例でも、地元の農産物や林産物を供給でき、基地交付金と固定資産税に加え住民税も徴集可能な駐屯地の設置を誘致派は要求した(前掲番匠「酪農のユートピアと地域社会の軍事化」)。

(69) 自衛隊関連の被害補償は当初は個別対処だったが、一九六六年制定の「防衛施設周辺の整備等に関する法律」で自治体単位での被害防止や損失補償、「民生安定施設」への助成金支給が始まり、さらに一九七四年制定の「防衛施設周辺の生活環境の整備等に関する法律」で「特定防衛施設関連市町村」への自由度の大きい交付金へと強化される(佐々木知行「自衛隊と市民社会――戦後社会史のなかの自衛隊」蘭信三ほか編『シリーズ戦争と社会2　社会のなかの軍隊／軍隊という社会』岩波書店、二〇二二年、一四〇―一四四頁)。「特定防衛施設」は「ジェット機が離着陸する飛行場」などに限定されている。住宅防音工事の助成対象となる「第一種区域」(加重等価継続感覚騒音基準WECPNL75)への指定は、ジェット機を有する百里飛行場は一九七八年の指定開始から三年後の一九八一年であるのに対して、ヘリコプター配備の霞ヶ浦飛行場や宇都宮飛行場は一九九七年で、大幅に遅い(防衛施設庁史編さん委員会編『防衛施設庁史——基地問題とともに歩んだ45年の軌跡』防衛施設庁、二〇〇七年、一三〇—一三一・一六五頁)。

(70)「町村合併に関する調書」を典拠として、前掲『阿見と予科練』二八七頁。

(71)『常陽新聞』一九五四年三月二八日「軍都阿見の政情混沌　早くも噂に四候補　丸山町長の県議選送り出し説」。

(72)前掲『常陽新聞』一九五四年二月二三日「考えぬ土浦との合併」。

(73)『常陽新聞』一九五四年二月五日「地代は一躍数倍に　阿見に新たな息吹き」。

(74)阿見町議会史編纂特別委員会『阿見町議会四十年史』阿見町議会、一九九六年、七一頁。

(75)経済企画庁編『経済白書(昭和31年度)』至誠堂、一九五六年、四二頁。

(76)『常陽新聞』一九六〇年一一月三日「現勢」(「近代的経営に脱皮」「来年は市街地開発区域に指定」「東京のベッドタウンに」)。

(77)『常陽新聞』一九六〇年一一月三日「今昔二十年土浦を語る座談会(上)　海軍の町より脱皮　二度の水害から立上る」、同一一月四日「今昔二十年土浦を語る座談会(中)　積極的な観光開発　交通網は北関東一」、同一一月五日「今昔二十年土浦を語る座談会(下)　十五年後に二十万人　工場住宅用地買収に五億円」。

(78)前掲『土浦商工会誌』二二一—二二三頁。他に水運を利用した商圏拡大や遊覧都市としての発展にも言及しており、やはり戦前からの構想が戦後に実現したかたちだ。いや厳密にいえば「工業都市」化は戦時期の海軍航空廠などの設置によって一度は叶って敗戦で潰えた夢だった。

(79)前掲『阿見と予科練』二八八頁。開拓地にも貸家アパートを建てる動きが現れる。

(80)阿見町役場『阿見町の生い立ち』一九六八年、六〇—六三頁。

(81)『常陽新聞』一九六一年九月二七日「軌道に乗る阿見開発　本社主催座談会」。

(82)『常陽新聞』一九六一年九月三〇日「銃弾から楽器へ　鮮かに転換の東洋精機(土浦工場)　津山製作所が合併」。転換理由には「日本の防衛産業が兵装備の高度機械化と航空兵力への増強など防衛計画の推移に従って転換し、銃弾の製造が頭打ちになった」こともあるようだ。設立については、『常陽新聞』一九五二年一〇月一五日「外貨獲得のニュー・フェイス　阿見町に軍需工場　工員は八百名設置本格化」、前掲同一二月一一日「変貌する新軍都阿見」、同一九五三年一月二四日「乗出す阿見の東洋精機　兵器の生産に着手　今春、資本四億増資」、前掲『阿見と予科練』二六五頁。

(83) 阿見町役場広報課『合併20周年記念町勢要覧』一九七五年、一五頁。

(84) 阿見町『80EXTEND 阿見　阿見町町制25周年記念　阿見町商工会商工会法制定20周年記念』一九八〇年。

(85) 二〇一六年二月一六日実施の野口淳一さんへのインタビュー。予備隊移駐の一九五二年の日本全国の自動車保有台数は九万台に過ぎなかったが、一九七一年には一〇〇〇万台を、一九七八年には二〇〇〇万台を突破していた(前掲『物価の文化史事典』三八四―三八五頁)。

(86) 二〇一四年九月二四日実施の赤堀好夫さんへのインタビュー。コラム1・5も参照。

(87) 二〇二二年七月七日実施の中川龍さんへのインタビュー。コラム4も参照。

(88) 加藤陽三『私録・自衛隊史――警察予備隊から今日まで』「月刊政策」政治月報社、一九七九年、二三一―二三二・二三六―二三七頁。

(89) 小熊英二『〈民主〉と〈愛国〉――戦後日本のナショナリズムと公共性』新曜社、二〇〇二年。色川大吉『昭和史世相篇』小学館、一九九〇年、九―一一頁。

(90) 注記がなければ、二〇一八年から二〇二二年七月七日までに行ったインタビューによる。実は二期生の総代で、現在も同期会の事務局長を務める(会長は置かないので実質的な取りまとめ役)。当時の自衛隊生徒については、安田武『少年自衛隊』東書房、一九五六年、逸見勝亮「自衛隊生徒の発足――1955年の少年兵」『日本の教育史学』四五号、二〇〇二年。

(91) 前掲『物価の文化史事典』三九五頁。

(92) 以下の記述は、二〇一五年三月四日実施のインタビューによる。末尾のエピソードはあくまで広報班長からの見え方である。

第5章

(1) 野上元「自衛隊と広報」吉田純、ミリタリー・カルチャー研究会編『ミリタリー・カルチャー研究――データで読む現代日本の戦争観』青弓社、二〇二〇年、三五二頁。徴兵制ではなく志願制の自衛隊にとって死活問題の「募集」にも、広報活動は大きくかかわる。

(2) 朝日新聞社編『自衛隊』一九六八年、二三二―二三五頁。ただ、物々しい表現の内実は、次の「話術の高度な技術」の例示のように、まるで訪問販売員のマニュアルのような低姿勢だ。「犬にほえられたら「番犬にもってこいですね。安心ですね」。犬がいてもほえなかったら「おとなしいですね。愛がん用にもってこいですね」。すでに警察予備隊時代、トップの総隊総監・林敬三は訓示で「これからの相手方はゲリラ行動を伴うことも予想される。されば一旦出動の場合、田舎の一老婆までが隊員に対し心からなる一掬の水をくんでこれを励まし、すすんで捷径はこちらだと教えて呉れるような予備隊でなくては本当の役にはたたないのである」と述べていた(一九五一年八月「国民の予備隊たらん」前掲『警察予備隊総隊史』三九八頁)。

(3) サビーネ・フリューシュトゥック、花田知恵訳『不安な兵士たち――ニッポン自衛隊研究』原書房、二〇〇八年。

(4)『常陽新聞』一九五三年二月九日「先遣隊は三百名　保安隊武器補給廠十一日午後に来浦」。前掲『霞ヶ浦駐屯地三十年の歩み』二七頁。もちろん資料の性質上、歓迎の程度や広報活動の効果については割り引いて考える必要があるだろう。

(5)『常陽新聞』一九五四年一月一三日「約千人が移駐　三地区から補給廠へ」、同一月二一日「きのう補給廠移駐一千名で土浦市内行進」。たとえば呉でも、同年一〇月の海上自衛隊の開庁式の日には「祝海上自衛隊」の歓迎幕や看板が立てられ、翌日には「大名行列」が五時間にわたり市内を練り歩くなど「祝賀気分」が広がっていた(上杉和央「軍港都市〈呉〉から平和産業港湾都市〈呉〉へ」前掲『西の軍隊と軍港都市』一二七頁、一九五四年一〇月二日付『中国新聞』記事に基づく)。

(6)『常陽新聞』一九五四年二月一一日「保安隊音楽隊の公開演奏会」。

(7) 前掲『常陽新聞』一九五四年二月一一日「二千余名の観閲式」。

(8)『常陽新聞』一九五四年二月一二日「きのう補給廠開廠式」。

(9) 前掲『常陽新聞』一九五五年二月一二日「堂々の観閲式　市民の歓呼をあびて　自衛隊」。

(10) 前掲『霞ヶ浦駐屯地三十年の歩み』三〇頁。引用文は、同書に掲載されている市中行進の様子を伝える記事から。『常陽新聞』ではないので、他紙か、駐屯地の刊行物と推定される。なお厳密にいえば、ジープは3/4トンウェポンキャリア、トラックは2 1/2トンカーゴで、多くは米軍貸与品から国産品に切り替わっていた。すでに警察予備隊は一九五〇年一二月から、朝鮮特需用に米軍発注で生産していたニッサン、トヨタ、いすゞ各社の車両を購入し始め、保安隊も調達を続け一九五三年時点ですでに貸与品を大幅に上回っている(前掲『警察予備隊総隊史』一四八頁、前掲『保安隊史』一七二・二九五頁)。国産戦車の生産・普及は一九六〇年代以降だ。

(11) 前掲ダワー『増補版　敗北を抱きしめて(下)』三六九頁。典拠はフランク・コワルスキー『日本再軍備』。ただし邦訳(勝山金次郎訳、サイマル出版会、一九六九年)から該当の文言を発見できなかった。

(12) 以上の記述は、前掲『霞ヶ浦駐屯地三十年の歩み』三六―三八頁。陸上自衛隊の観閲行進は、「平和都市」広島の中心市街地でも恒例行事だった。例年は県庁前通りで行われていた海田市駐屯地(一九五〇年開設)の第一三師団の観閲行進が、一九六五年に平和記念公園前に続く平和大通りに変更になり、公園内の原爆慰霊碑参拝も含めたことから賛否の論争が起きた。当初は公園内に観閲台を設け公園前を通過する予定が、元安川を挟んだ対岸の平和大橋東詰から公園の反対方向へ出発するルートに変更された。当日は空にはジェット戦闘機一二機などが編隊飛行し、平和大通りには戦車を含む車両一八八両、砲四六門、隊員一六〇〇人が行進し、県知事らが観閲台にあがり、約三万人の観衆が来て、自民党県連が配った日の丸の小旗を振る家族連れの姿がみられた。災害派遣で貢献する自衛隊には支持も根強く、社会党県本部・県労連も「市中行進そのものには反対ではないので、例年どおり県庁前通りで実施するよう」師団に申し入れただけだ。市中行進は少なくとも一九七〇年代初頭まで行われていたようだ。いわずもがな広島は帝国陸軍第五師団の軍都だった(『中国新聞』広島版、一九六五年一〇月二一日「平和公園で観閲行進」、二二日「高まる賛否両論」、二四日「平和公園を使うな」、二七日「観閲行進に大賛成」(投書)、二九日「余震続く平和公園問題」、三一日「空からも二十一機」、一一月一日「広島市内を観閲行進」など。この件は、仙波希望『ありふれた〈平和都市〉の解体――広島をめぐる空間論的探求(仮)』(以文社より近刊)草稿検討会の際に「序論」で記述されていたことから同氏にご教示を賜り、『中国新聞』記事は自ら収集した。既刊先行研究に、ラン・ツヴァイゲンバーグ、若尾祐司ほか訳『ヒロシマ――グローバルな記憶文化の形成』名古屋大学出版会、二〇二〇年、二三六―二四〇・二四九頁)。

(13) 『常陽新聞』一九五三年一月一八日「保安隊二一日に開校式　保安隊音楽隊も来校」。保安隊の軍用トラックの荷台に人を乗せたのだろう。

(14) 『常陽新聞』一九五三年一月二二日「武器など一般公開　きのう武器学校一周年式典」。「科」は土浦駐屯地内部の組織単位である。

(15) 前掲『常陽新聞』一九五三年二月六日「阿見武器学校一日入校記」。

(16) 前掲『常陽新聞』一九五二年九月六日「躍進阿見町に訊く本社主催座談会(三)」湯原四郎農業協同組合長談。

(17) 前掲『霞ヶ浦駐屯地三十年の歩み』三五頁。

(18) 一九五六年四月入隊の中川龍氏所蔵アルバム『武器生徒生活』は、生徒を直接指導した「区隊長」が撮影した写真をスクラップ帳に貼った手づくりのもの。

(19)二〇二二年七月七日および翌年二月二六日実施の中川龍さんへのインタビューより。コラム4も参照。
(20)以下の記述は前掲『霞ヶ浦駐屯地三十年の歩み』四〇・三一頁。
(21)『常陽新聞』一九五二年七月二一日「仮装行列で市中行進　土浦の日共創立卅周年記念　武装警官七百名が警戒」。
(22)『常陽新聞』一九五五年一一月四日「三位まで自衛隊　土浦の仮装行列審査」。
(23)『常陽新聞』一九五五年一一月一五日「気の毒な人々に　仮装行列優勝賞金の一部で自衛隊員が手拭贈る」。
(24)横浜商工会議所編『横浜開港百年記念国際仮装行列』横浜商工会議所、一九五八年。
(25)前掲『霞ヶ浦駐屯地三十年の歩み』四四・四六・五三頁。
(26)前掲松田「高度経済成長期日本の軍事化と地域社会」二七〇―二七二頁。自衛隊の部隊発足記念の「駐屯地祭」は、旧陸軍において連隊旗が天皇から授与された記念日「軍旗祭」と同様に、広報と地域興しを通して、軍隊と民衆との接点をつくる祭典との指摘がある(原田敬一『国民軍の神話――兵士になるということ』吉川弘文館、二〇〇一年、一―二頁)。
(27)伊藤公雄「戦後男の子文化のなかの「戦争」」。高橋由典「一九六〇年代少年週刊誌における「戦争」――「少年マガジン」の事例」中久郎編『戦後日本のなかの「戦争」』世界思想社、二〇〇四年。
(28)前掲『霞ヶ浦駐屯地三十年の歩み』三〇頁。『常陽新聞』一九六四年三月六日「お母さんお姉さん　自衛隊に一日入隊」。
(29)前掲『霞ヶ浦駐屯地三十年の歩み』四八―四九頁。
(30)前掲朝日新聞社編『自衛隊』二三五頁。
(31)前掲本堂『土浦町内ものがたり』二六一―二六二頁。
(32)前掲『霞ヶ浦駐屯地三十年の歩み』四一頁。
(33)『常陽新聞』一九六一年六月二九日「水の脅威におののく土浦　桜川増水遂に決壊　漏水、溢水で避難命令」。
(34)『常陽新聞』一九六一年六月三〇日「土浦にも災害救助法　恐怖の夜明け危機やや薄らぐ」。
(35)『常陽新聞』一九六一年七月三日「土浦の水害をふりかえって」「三百人では守りきれない　指揮系統の不統一も一因」「水防特設部隊設置へ　激賞の的、自衛隊の活躍」。
(36)前掲『霞ヶ浦駐屯地三十年の歩み』三六・三九・四〇頁。防衛庁一号館朝雲編集室編『日本の防衛』日本の防衛刊行会、一九六二年、二二四・二二八頁。伊勢湾台風では、全国各地の自衛隊から人員延べ約六三万人、車両延べ約九万両、航空機延べ八一〇機が派遣された。実はチリ沖地震の四半世紀前の一九三三年の昭和三陸津波の際にも、発生当日中に霞ヶ浦海軍航空隊から水上偵察機二機が派遣され一早く被災地の情報収集を行ったが、翌日には霞ヶ浦に帰着し、直接的な支援ができたわけではない(伊藤大介「昭和三陸津波と軍隊」山本和重編『地域のなかの軍隊1　北の軍隊と軍都　北海道・東北』吉川弘文館、二〇一五年、二一七頁)。なお、戦前の災害出動制度と戦後の災害派遣制度には連続性がある(吉田律人「昭和期の「災害出動」制度——関東大震災から自衛隊創設まで」『史学雑誌』一二七巻六号、二〇一八年)。

(37) 前掲『霞ヶ浦駐屯地三十年の歩み』三〇・四〇・四二・四三頁。

(38) 『常陽新聞』一九六五年七月一六日「〝台風、本県に突入〟　六百二十人が見事な演習　土浦で防災総合訓練」。

(39) 前掲阿見町役場広報課『合併20周年記念町勢要覧』一六頁。

(40) 以下の記述は赤堀好夫「新旧阿見音頭の創作に係る昔話」阿見町文化財調査研究会民話班編『爺さんの立ち話——阿見原と海軍にまつわる話ほか　第六集』阿見町教育委員会生涯学習課、二〇一九年、一一—一七頁による。小松本人に聞き取りをしている。

(41) 『常陽新聞』一九六八年八月三日稲敷版「慰霊盆踊り大会」。

(42) 土浦駐屯地広報班長の中川龍さんが、実行委員会の広報宣伝部会部長を務めており、「アミゴン」と名付けた怪獣の張りぼてをつくった。当時深刻化した霞ヶ浦の汚染問題を背景に、霞ヶ浦に生息する恐竜が嘆いて地上にでてきたという設定だった。張りぼては、移動式のものを武器学校工作科が製作し、自衛隊のジープが牽引した。仮装行列のノウハウは、町おこしの祝祭イベントにも活かされたのだろう(中川龍「まいあみまつりとアミゴン」前掲『爺さんの立ち話　第六集』)。

(43) 予科練雄飛会『雄飛』第六号、一九六四年二月、五頁。

(44) 『常陽新聞』一九六六年二月九日「武器学校に一日体験入隊　青年学級の二四人」。

(45) 以下詳細は、清水亮『「予科練」戦友会の社会学——戦争の記憶のかたち』新曜社、二〇二二年、第四章「地域婦人会の記憶と行動——軍隊と地域の歴史的文脈から」。

(46) 以下古谷発言は、海原会『予科練』第一四〇号、一九八八年五月、四—五頁。

(47) 茨城雄飛会『赤とんぼ』第二号、一九六四年九月、二頁。翌日には霞ヶ浦駐屯地でヘリコプターを、土浦駐屯地で旧予科練兵舎を見学した。

(48) 予科練雄飛会『雄飛』第一八号、一九六六年一一月、二—三頁。

(49) 前掲『霞空十年史』。高松宮妃喜久子『菊と葵のものがたり』中央公論社、一九九八年。福地周夫『予科練物語 ああ南海の若桜』甲飛会全国本部、一九七二年、二一七頁。そのほか詳細は、前掲清水「『予科練』戦友会の社会学」第五章「戦後社会の戦友会支援ネットワーク――元軍人・自衛隊から政財界まで」。

(50) 予科練雄飛会『雄飛』第二七号、一九六九年一月、三―五頁。

(51) 予科練之碑保存顕彰会『予科練』第一号、一九六七年四月、三頁。

(52) 前掲佐々木「自衛隊と市民社会」一三四―一三九頁。林武『長沼裁判――自衛隊違憲論争の記録』学陽書房、一九七四年、一六―一七頁。ただし、町外から押し寄せた赤旗とヘルメットのデモ隊に対する長沼町住民の反応は「複雑」で「困惑」がみられた。

(53) 予科練之碑保存顕彰会『予科練』第六号、一九六九年二月、二頁。

(54) 以下の記述は、陸上自衛隊武器学校『武器学校史(昭和四三年度)第一三巻』陸上自衛隊武器学校総務課印書班、一九六九年、一一二頁、「自衛隊記念日における駐とん地司令式辞」(頁記載なし)。

(55) 前掲『阿見町の生い立ち』六一頁。

(56) とはいえ土台の上に何を建てるかは別の物語である。町立予科練平和記念館建設の紆余曲折や予科練記念館との差異、および土浦市における海軍航空隊展示に関しては、清水亮「公立戦争博物館における教育・観光の分業と兼業――海軍航空隊展示製作過程における施設認識のせめぎ合い」『軍事史学』五七巻四号、二〇二二年。

(57) 二〇一四年九月二四日のフィールドノートのメモから、赤堀さんの口調を再現したもの。ちなみに当日、昼食を青宿の太郎ラーメンでごちそうになった。

(58) E・H・カー、近藤和彦訳『歴史とは何か　新版』岩波書店、二〇二二年、四三頁。かの有名な金言「歴史とは、歴史家とその事実のあいだの相互作用の絶えまないプロセスであり、現在と過去のあいだの終わりのない対話なのです」の手前に位置する文章である。

(59) 以下は、二〇一七年三月二二日、二〇一八年二月二一日の、赤堀さん宅での聞き取りのフィールドノートによる。当時は病身で、布団から半身を起こして語っていた。

(60) 赤堀さん宅にお邪魔した際に、奥さんが淹れてくださるお茶は絶品である。赤堀さん宅を長らく訪問し続けているノンフィクション作家も同様に書いている(倉田耕一『最後の大空のサムライ――第八期海軍飛行科予備学生の生と死』さくら舎、二〇一九年、二八頁)。

(61) 二〇一三年三月六日実施の赤堀好夫さんへのインタビュー。

(62) 以下は、二〇一九年一月一一日実施の八木司郎さんへのインタビューと提供資料より。
(63) 予科練平和記念館整備推進室「予科練平和記念館だより 第三七回」『広報あみ』二〇〇九年一〇月号。
(64) このテーマに関する社会学の議論として、中筋直哉「地域が歴史を創り出す 歴史が地域を造り出す」森岡清志編『地域の社会学』有斐閣、二〇〇八年、九三―一一六頁。

終章

(1) シンシア・エンロー、上野千鶴子監訳・佐藤文香訳『策略――女性を軍事化する国際政治』岩波書店、二〇〇六年、五二―五三頁。
(2) 前掲エンロー『策略』二一八頁。
(3) 前掲エンロー『策略』二一四頁。佐藤文香『女性兵士という難問――ジェンダーから問う戦争・軍隊の社会学』慶應義塾大学出版会、二〇二二年、五二―五三頁。
(4) 大野光明「基地・軍隊をめぐる概念・認識枠組みと軍事化の力学――基地問題と環境社会学をつなぐために」『環境社会学研究』二五号、二〇一九年、四二頁。
(5) 大澤真幸『不可能性の時代』二〇〇八年、岩波新書、九四―一〇九頁。
(6) 前掲エンロー『策略』二一頁。
(7) 前掲佐々木「自衛隊と市民社会」一二八頁。
(8) ジョージ・L・モッセ、宮武実知子訳『英霊――創られた世界大戦の記憶』柏書房、二〇〇二年、一二・一三一―一五八頁。モッセの議論は、神話化と平凡化を区別・対比しているが、両者が同時に顕現するアンビバレントな二重性も重要だ。ベンジャミン・ウチヤマによれば、大衆文化に着目すると、日本の総力戦は、聖なる犠牲崇拝と俗なる娯楽消費が重なり混合したアンビバレントな「カーニバル戦争」の様相を呈した(布施由紀子訳『日本のカーニバル戦争――総力戦下の大衆文化 1937–1945』みすず書房、二〇二二年)。本書の地域においてもおそらく、飛行機やパレードをみた群衆は科学技術を崇拝すると同時にスペクタクルとして消費してもいた。本書が描いたのは、戦間期から戦後高度成長期を貫いて「軍都」にみられ、基地と大衆を結合させ続けた〝カーニバル・ミリタリゼーション〟であるともいえる。
(9) 本書の立論とは異なるが、軍事化論と平凡化論を接続した先駆的議論として、望戸愛果『「戦争体験」とジェンダー――アメリカ在郷軍人会の第一次世界大戦戦場巡礼を読み解く』明石書店、二〇一七年。あるいは「平凡化」の「非日常」性を重視すれば、管理された「祝祭」の「楽しみ」が「軍都」を大衆的に根づかせていた、と本書をまとめることもできる。戦前は、飛行場開場式、霞ヶ浦神社例大祭、花火大会、提灯行列、戦後は市中行進、市制記念式典、開設記念行事や運動会……。これらは軍用地内外で軍事組織と地方行政が企画した「開放系管理志向型祝祭」にあたる。松平誠は、現代産業社会における祝祭を「日常生活の反転、それからの脱却と変身によって、日常的な現実を客観化・対象化し、それによって感性の世界を復活させ、社会的な共感を生み出す共同行為」と広く定義し、世俗のイベントや盛り場の見世物も含めて考察した。自治体や商工団体が催すパレードや市民祭などの地域振興行事のような「開放系管理志向型祝祭」は、観衆を巻き込む点で「開放」的だが、上から計画され観衆の自由な「楽しみ」を企画者の目的へと誘導し従属させる「管理志向」をもつ(松平誠『都市祝祭の社会学』有斐閣、二〇〇一年(初版一九九〇年)、五・一三・一八・三三六・三五五―三六四頁)。本書の随所で登場した仮装行列は、ユーモラスに「変身」した兵士・隊員たちを、どこにでもいる身近で平凡な若者として「対象化」しつつ、彼らと観衆との間に「共感」や「楽しみ」に浸る「感性の世界」を生み出し、基地の受容へと誘う「開放系管理志向型祝祭」といえる。

(10) 前掲佐々木「自衛隊と市民社会」一二八頁。

(11) 基地受け入れとは正反対の、一九五〇年代の米軍基地反対闘争を突き動かしていたものも、反米ナショナリズム以上に「郷土愛」だったという指摘がある(松田圭介「一九五〇年代の反基地闘争とナショナリズム」『年報・日本現代史』一二号、二〇〇七年、一一四頁)。

(12) 前掲安岡「基地反対闘争の政治」二六六頁も参照。

(13) 丸山眞男「現代における人間と政治」『増補版　現代政治の思想と行動』未來社、一九六四年、四九〇―四九二頁。国防のための基地受け入れや軍事のエンターテイメント化を賞賛するような、外側からの肯定も、内側の住人の実感には単純に届かないだろう。

(14) アーリー・ラッセル・ホックシールド、布施由紀子訳『壁の向こうの住人たち――アメリカの右派を覆う怒りと嘆き』岩波書店、二〇一八年、vii―viii・ix頁。

(15) 熊本博之『交差する辺野古――問い直される自治』勁草書房、二〇二一年、三四三頁。生活史は「異なる歴史をもった、異なる状況にあり、異なる信念を持つ、同じ人びと」から学び、彼らを想像し続ける実践といわれる(岸政彦編『生活史論集』ナカニシヤ出版、二〇二二年、xxvi頁)。この基本姿勢を共有しつつ本書は、下宿の六畳間から広大な軍用地までのさまざまな場に着目しながら、軍都という特異な時空間を生きた人々の生活を理解し説明しようとした、〝片隅の生活史〟である。〝過去の彼ら〟が暮らしていた片隅は、〝現在の私たち〟とは遠く隔たっていても、人や資料を介して想像しうる、地続きの世界にある。

エピローグ

（1）記録を紐解くと二〇一六年一一月八日、頸椎骨折で苦しむ赤堀さんから電話がきて、「阿見音頭」についてひとしきり語った後に「ほんとに自分を引き継いでくれるのは、あんたしかいないんだよ」といわれていた。それにどう答えたか、フィールドノートにはない。「軍隊の地域社会における受容の社会学的研究」と題した、ぱっとしない修士論文を書いた後、研究関心は戦友会へ移り、徐々に足は遠のいていた。そんな私に赤堀さんは折々電話をかけてくれた。私はとんだ不孝者である。

（2）二〇一三年九月四日、大学四年生の筆者に。

（3）保苅実『ラディカル・オーラル・ヒストリー——オーストラリア先住民アボリジニの歴史実践』岩波現代文庫、二〇一八年、三〇頁。清水亮「歴史実践の越境性——消え行く媒介者としての趣味人コレクターの倫理」『戦争社会学研究』第六巻、二〇二二年も参照。赤堀さんは私の書き方も尊重してくれていた。『社会学評論』という学術雑誌に掲載された予科練出身者と地域婦人会に関する論文を送ると、「さっそく読んだ」「たいしたものじゃないか」と電話がきた(二〇一九年三月二日)。自衛隊でも「情報」科目で論文の書き方を習うが、序論・本論・結論がしっかりしていることが大事だと教わったという。……とはいえ「もっとも俺は、もっとゆるく、面白く読み物を書くのが好きだけれども」というのも忘れない。保苅も、「すべての歴史が面白おかしいわけじゃない。いや、ほとんどの歴史はむしろその深刻さに特徴がある」と強調しつつも、「どことなくユーモラスに、笑いを伴って」歴史語りをしていた郷土史家たちを回想し、「歴史は楽しくなくちゃ」というのも忘れない(三〇九頁)。無数の声に誘《いざな》われるなかでパブリック・ヒストリー化していった本書は、「楽し」い「読み物」になれただろうか。いや、天国の赤堀さんは「物語といったからにゃ、もっとゆるく、面白くせにゃならんでしょうよ」と笑うに違いない。

図版出典一覧

表紙……大日本帝国陸地測量部による1903年測図1929年修正，土浦周辺地図
図0-4……『時代の風景――この世界の片隅の映画館のあるまち』地立堂，2019年
図1-1……横田惣七郎『土浦商工会誌』土浦商工会事務所，1932年
図1-2〜4，1-7〜9，1-11，1-13，1-14，1-18，5-25……廣岡写真館『霞空十年史』1931年(筆者蔵)
図1-5，1-12，1-16，3-10……市川彰編『ふるさとの想い出　写真集明治大正昭和土浦』国書刊行会，1980年，133，118，134，149頁
図1-6……「錦城中学校霞ヶ浦飛行場見学記念」写真葉書，錦城会，1927年
図1-10……廣岡写真館『霞ヶ浦海軍航空隊練習生生活の思ひ出』1934年(予科練平和記念館蔵)
図1-15……『大阪朝日新聞』1929/8/20号外
図1-17，2-3，2-4……土浦市文化財愛護の会古写真調査研究部編『むかしの写真土浦』土浦市教育委員会，1990年，196，14，20頁
図2-1……佐賀純一『霞ヶ浦風土記』常陽新聞社，1995年
図2-5，2-6，2-9……霞月楼『霞月楼百年』1988年，15，31，33頁
図3-1，3-2，3-8……乙種14期飛行予科練習生のアルバム『雄飛』1942年(予科練平和記念館蔵)
図3-3……予科練平和記念館ホームページ内の「予科練とは」に掲載「昭和20年8月ころの霞ヶ浦周辺地図(主な海軍施設)」を加筆修正
図3-4……予科練平和記念館所蔵の写真
図3-5〜7……甲種7期飛行予科練習生のアルバム『揺籃の翼』1942年(筆者蔵)
図3-9……乙種15期飛行予科練習生のアルバム『雛鷲の夢』1942年(筆者蔵)
図3-10……阿見町『阿見と予科練――そして人々のものがたり』2002年，203頁
図4-1，5-3……『常陽新聞』(1952/6/23，1954/2/11)
図4-2，4-5，5-1，5-2，5-4〜11，5-14〜22……陸上自衛隊霞ヶ浦駐屯地編『霞ヶ浦駐屯地三十年の歩み』霞ヶ浦駐屯地創設30周年記念写真集編纂委員会，1984年，27〜53頁
図4-3，4-4，4-6〜8，5-12，5-13……1956年4月生徒入隊中川龍氏所蔵アルバム『武器生徒生活』
図5-23……陸上自衛隊武器学校編『郷土史』88頁
図5-24……予科練雄飛会本部が保管していた写真帳「第二回予科練慰霊祭」(現在は予科練平和記念館蔵)
図5-26……予科練雄飛会『雄飛』第27号，1969年1月
図5-27……陸上自衛隊武器学校『武器学校史(昭和43年度)第13巻』1969年(筆者蔵)

略年表(1919–1968)

年	阿見・土浦の出来事	本書に関連する出来事
1919	霞ヶ浦海軍飛行場の用地買収が始まり開拓民の抗議発生	パリ講和会議でヴェルサイユ条約締結
1920	用地買収完了	国際連盟成立
1921	飛行場開場式，イギリスのセンピル教育団の講習開始	四カ国条約締結により日英同盟の破棄決定
1922	摂政宮(のちの昭和天皇)初行啓，霞ヶ浦海軍航空隊開隊	ワシントン海軍軍縮条約締結
1923	土浦発阿見飛行場行バス開通，飛行船隊が横須賀から転入	関東大震災
1924	アメリカ・イギリスの世界一周機が飛来，浄真寺事件から第一回ボイコット事件へ	
1925	海軍機墜落による中島なを死亡事故，土浦で第一回煙火大会開催	
1926	常南電鉄開通，桜町の埋め立て完成・二業地集団移転，下士官兵集会所を土浦町が無償提供，航空隊内に霞ヶ浦神社創建	昭和天皇即位
1929	第二回ボイコット事件，ドイツからツェッペリン伯号飛来	世界恐慌始まる
1931	第三回ボイコット事件，アメリカからリンドバーグ夫妻飛来	満州事変勃発
1932	「土浦音頭」お披露目，飛行船訓練中止・廃止へ	五・一五事件，第一次上海事変
1933	昭和三陸津波へ霞ヶ浦海軍航空隊の水上偵察機派遣	日本・ドイツが国際連盟脱退，大阪でゴー・ストップ事件
1934	霞ヶ浦神社春季大祭にキング・コングの張りぼて現る	
1937	南京空爆報道で土浦が「空都」と呼称	日中戦争勃発，第二次上海事変，海軍航空隊渡洋爆撃
1938	土浦大洪水，常南電鉄廃線	国家総動員法公布
1940	土浦市制施行，予科練教育の土浦海軍航空隊開隊式	重慶爆撃101号作戦，日独伊三国同盟調印，検閲により『キング・コング』上映中止
1941	土浦大洪水，第一海軍航空廠設置，花火大会以後中止	アメリカ・イギリスと開戦(真珠湾攻撃)

1943	皇太子(のちの平成天皇)が航空隊行啓	映画『決戦の大空へ』公開(主題歌「若鷲の歌」)
1944	霞月楼の屏風に対する「芋掘り」	マリアナ沖海戦・レイテ沖海戦で敗北，神風特別攻撃開始
1945	阿見町制施行，B29が土浦海軍航空隊を空襲，米軍進駐	終戦，海軍解体
1946	航空隊跡地に私立霞ヶ浦農科大学・霞ヶ浦農業学校など新設，日本体育専門学校など転入，花火大会再開	農地改革始まる，日本国憲法公布
1950	警察予備隊誘致運動開始	朝鮮戦争勃発，警察予備隊発足
1951	日本体育専門学校転出	サンフランシスコ講和条約・旧日米安保条約締結
1952	共産党や朝鮮人などの予備隊誘致への抗議運動，先遣隊が移駐し土浦駐屯地開設，霞ヶ浦駐屯地飛行場開拓地買収開始	日本独立回復，保安隊発足
1953	先遣隊が移駐し霞ヶ浦駐屯地開設	朝鮮戦争休戦
1954	武器補給処開庁(霞ヶ浦駐屯地内)	自衛隊発足
1955	阿見町近隣三村と合併，霞ヶ浦駐屯地飛行場着工，海軍航空殉職者慰霊塔建立，土浦市制一五周年記念式典仮装行列	55年体制成立，自衛隊生徒発足
1956	霞ヶ浦駐屯地飛行場使用開始	経済白書が「もはや戦後ではない」と記載，国際連合加盟
1961	土浦水害に霞ヶ浦・土浦駐屯地から災害出動，銃弾製造の東洋精機土浦工場がジュークボックス製造工場へ転換	世界初の有人宇宙飛行(ソ連のガガーリン)
1962	霞ヶ浦駐屯地ナイキ・ミサイル反対運動，阿見町・土浦市が低開発地域工業開発地区指定，土浦駐屯地広報館開館，武器学校で第一回阿見町合同納涼盆踊り大会が開催され「阿見音頭」が流れる	防衛施設庁発足
1963	土浦市・阿見町が首都圏市街地開発地区指定	
1966	土浦駐屯地で予科練之碑除幕式	「防衛施設周辺の整備等に関する法律」制定
1968	土浦東映で『あゝ予科練』封切(主題歌「若鷲の歌」)，土浦駐屯地で予科練記念館竣工式，『阿見町の生い立ち』刊行	大学紛争激化，新宿騒乱，航空自衛隊長沼ナイキ・ミサイル基地建設反対運動開始，明治百年記念式典

清水 亮
1991年東京都生まれ．東京大学大学院人文社会系研究科博士課程修了．博士(社会学)．日本学術振興会特別研究員PD(筑波大学・早稲田大学)を経て，現在，東京大学未来ビジョン研究センター特任助教，武蔵大学社会学部非常勤講師．
著書に『「予科練」戦友会の社会学——戦争の記憶のかたち』(新曜社)，共著書に『シリーズ 戦争と社会2　社会のなかの軍隊／軍隊という社会』(岩波書店)，『社会の解読力〈歴史編〉』(新曜社)，『戦争社会学研究6 ミリタリー・カルチャーの可能性』『なぜ戦争体験を継承するのか』(みずき書林)など．

「軍都」を生きる——霞ヶ浦の生活史 1919-1968

2023年2月16日　第1刷発行
2023年5月25日　第2刷発行

著　者　清《し》水《みず》 亮《りょう》

発行者　坂本政謙

発行所　株式会社 岩波書店
〒101-8002 東京都千代田区一ツ橋2-5-5
電話案内 03-5210-4000
https://www.iwanami.co.jp/

印刷・理想社　カバー・半七印刷　製本・松岳社

ISBN 978-4-00-022647-9　Printed in Japan